EL CAMINO DE LOS MILAGROS

EL CAMINO DE LOS MILAGROS

Los siete principios transformadores que te conducirán

a la realización y al propósito

por

SAMUEL RODRIGUEZ

con

CARLOS HARRISON

PREFACIO POR JIM WALLIS

A CELEBRA BOOK

CELEBRA

Published by New American Library, a division of
Penguin Group (USA) Inc., 375 Hudson Street,
New York, New York 10014, USA
Penguin Group (Canada), 90 Eglinton Avenue East, Suite 700, Toronto,
Ontario M4P 2Y3, Canada (a division of Pearson Penguin Canada Inc.)
Penguin Books Ltd., 80 Strand, London WC2R 0RL, England
Penguin Ireland, 25 St. Stephen's Green, Dublin 2,
Ireland (a division of Penguin Books Ltd.)
Penguin Group (Australia), 250 Camberwell Road, Camberwell, Victoria 3124,
Australia (a division of Pearson Australia Group Pty. Ltd.)
Penguin Books India Pvt. Ltd., 11 Community Centre, Panchsheel Park,
New Delhi - 110 017, India
Penguin Group (NZ), 67 Apollo Drive, Rosedale, North Shore 0632,
New Zealand (a division of Pearson New Zealand Ltd.)
Penguin Books (South Africa) (Pty.) Ltd., 24 Sturdee Avenue,
Rosebank, Johannesburg 2196, South Africa
Penguin Books Ltd., Registered Offices:
80 Strand, London WC2R 0RL, England

First published by Celebra,
a division of Penguin Group (USA) Inc.

First Printing, April 2009
1   3   5   7   9   10   8   6   4   2

Copyright © Reverend Samuel Rodriguez, 2009
foreword copyright © Jim Wallis, 2009
All rights reserved

CELEBRA and logo are trademarks of Penguin Group (USA) Inc.

Set in Bulmer PT
Designed by Elke Sigal
Printed in the United States of America

ÉSTE LIBRO ESTÁ DEDICADO A

…la mejor compañera de viaje que Dios haya podido darme, mi esposa Eva. Eres la personificación de la perseverancia, la integridad, el coraje y el amor. Gracias por ser la amiga, compañera, madre y esposa ideal. No puedo imaginar cómo sería mi vida sin ti.

…mis mayores milagros, Yvonne, Nathan y Lauren. Sus sonrisas y su alegría me dan fuerzas constantemente. Vivo para dejarles algo mejor a ustedes y a su generación. No sólo son mis hijos, son los miembros ejecutivos del Comité de Sueños de la familia Rodríguez. No olviden que si algún día se caen, allí estará su padre para recogerlos.

…mis padres, Samuel y Elizabeth. Los mejores padres que alguien pueda tener. La manos de mi padre me inculcaron la importancia del compromiso con el trabajo, mientras que la sabiduría de mi madre me guió desde el primer día. Uno de los momentos más importantes de mi vida fue el día en que encontré a mi padre arrodillado orándole a Dios Todopoderoso. Este hombre fuerte y poderoso me demostró que la fuerza viene de arriba. Mamá, siete veces alrededor de Jericó y los muros siempre caerán.

…mis dos hermanas, Reina y Lydia. Su cariño, amor y fidelidad hacen que cada día le agradezca a Dios el que me haya hecho el hermano menor que siempre puede recostarse en la fortaleza de dos mujeres poderosas, mi resguardo. ¿Los ángeles de Charlie? ¿Ya puedo dejar de jugar a ser Bosley?

…Félix Posos. Mi torniquete. Un día te celebraré en el Cielo. Te echo de menos, Pastor. David Espinoza, mi Pastor, gracias por tus oraciones, tu apoyo y tu resguardo; el Padrino. Dr. Jesse Miranda, somos tus hijos y los herederos de los sueños. Gracias por tu liderazgo ejemplar. Gilbert Velez, gracias por creer, ¡WOW! Mira lo que Dios ha hecho. Eres un amigo verdadero. Núñez, un auténtico padre espiritual.

…La Conferencia Nacional de Líderes Hispanos Cristianos y 3DBN, la organización cristiana más grande de los Estados Unidos y una poderosa real mundial de líderes de fe, es para mí un honor servirles.

…Nick Garza, mi Hermando del Tercer Día. Lo profético siempre le gana a lo patético. ¡Gracias mi Hermano!

…El EQUIPO. Ed y Damaris, Bobby y Liz, José y Diana. Ferdinand, Efraín, Oscar, Joshua Pérez, Pastor Dan Delgado, Israel "Pastor Jerry," Charlie Rivera, John Raymer, Sam Schneider, David Sandoval, Charlie Olmeda, Daniel González, Raúl Feliciano, Randy Thomas, Steve Perea, CCA Sacramento y la familia de las Ásambleas de Dios en América y en todo el mundo. ¡la Alianza funciona!

AGRADECIMIENTOS

❦

Quiero darle las gracias a Raymond Garcia y a la familia de Penguin por creer en este libro y en un chico de Newark, New Jersey que creció en Bethlehem, Pensilvania, con un sueño. Su profesionalismo y compromiso de excelencia son como ningún otro. Además, quiero agradecer a Carlos Harrison. Tú eres la prueba que en compañía se pueden lograr mejores cosas. Por favor envíame las facturas por las sesiones, la terapia fue todo un éxito.

Finalmente, quiero agradecer a la National Hispanic Christian Leadership Conference y 3DBN junto con el Third Day Worship Center Fellowship y mi familia de las Asambleas de Dios, gracias por permitirme servir y prestarle una voz a la Comunidad de Fe Hispana. Sigo comprometido con reconciliar ambos elementos de la Cruz, tanto lo vertical como lo Horizontal, la Rectitud y la Justicia, el Reino y la sociedad, la Alianza y la Comunidad, la Fe y el Interés Público, Billy Graham y Martin Luther King, Juan 3:16 y Lucas 4.

CONTENIDO

PRINCIPIO TRES

☙

Dios nos programó para tener compañeros

PRINCIPIO CUATRO

☙

Una tumba vacía siempre precede a un salón lleno

PRINCIPIO CINCO

❧

El orden precede a la ascensión

PRINCIPIO SEIS

❧

Hay transformación seguida de reconocimiento

PRINCIPIO SIETE

❧

Tienes asegurado un salón lleno

PREFACIO

❦

Sam Rodríguez es un líder cristiano único. Son muy pocas las personas descritas como "lo que sucede cuando echas a Billy Graham y a Martin Luther King Jr. en una licuadora y le agregas salsa".

El aspecto y la fe de los Evangélicos en ese país continúa cambiando. Más del 37 por ciento de la población hispana de este país se identifica como evangélica. Es lo que Sam llama el "bronceamiento" del movimiento evangélico. De continuar las tendencias actuales, para mediados de este siglo, la mayoría de los cristianos evangélicos de este país serán de descendencia hispana. Si quieren saber sobre estos cambios, vean el caso de Sam. Él es el único líder cristiano que conozco que no sólo ha dirigido manifestaciones pidiendo una reforma migratoria, sino que también ha sido Maestro de Ceremonias de la Liberty University. La cristiandad en nuestro país ya no será igual.

Lo que favorece este cambio, y lo que es la premisa principal de este libro, es que la fe cristiana es tanto vertical como horizontal. El llamado de Dios a la Iglesia y a la misión de nuestras vidas es vivir en el lugar donde se cruzan la piedad personal y la comunitaria. Es en este lugar donde vemos los milagros de Dios.

Con mucha frecuencia, cuando escuchamos la palabra " milagro", pensamos en un Dios que hace magia para concedernos lo que queremos. Pero sólo tenemos que ser lo suficientemente buenos y seguir los mandamientos adecuados para que Dios nos conceda todos nuestros deseos. A través de su labor y de este libro, Sam nos muestra que la mayoría de los milagros son realidades diarias que ocurren cuando permitimos que el Reino de Dios toque la Tierra a través de nosotros.

Nuestra capacidad para trabajar unidos en la construcción del Reino, incluso si estamos en desacuerdo, muestra la fuerza de la diversidad y la belleza de la armonía sin la homogenización. Es gracias al hecho de aprender de otras personas diferentes a nosotros, que somos capaces de vernos realmente a nosotros mismos.

Mi libro más reciente, *The Great Awakening* (El Gran Despertar), es conocido con otro título en los mercados internacionales: *Seven Ways to change the World* (Siete formas de cambiar el mundo). Si seguimos los *Siete principios* de Sam, el mundo será diferente. Los principios son simples y están descritos con una prosa accesible. Sin embargo, el lector debe tener cuidado: Los principios para transformar el mundo pueden ser simples, pero nunca son fáciles. *El camino de los milagros* es una guía para la fe, ofrecida por uno de los líderes cristianos más jóvenes y esperanzadores de nuestra época.

—Jim Wallis

❧

Capítulo 1

El Camino de los Milagros

Prepárate: Tu vida está a punto de cambiar.

Estás a punto de descubrir el camino hacia una vida llena de éxito; de realizaciones, logros, recompensas y prosperidad. De relaciones saludables y felices y de amor duradero. De trabajo satisfactorio y éxito en tu empleo. De construcción de riqueza e independencia económica.

Todo esto ya.

Este libro te mostrará cómo hacerlo: Yo seré tu guía.

Rick Warren habla acerca del propósito y Joel Osteen del resultado final. Yo estoy en el medio. Señalo el camino. Estoy aquí para enseñarte el proceso.

Dios tiene una maratón de milagros esperando a que los disfrutes ahora mismo, en esta vida; y los siete sencillos principios de este libro te enseñarán a descubrir el poder que hay dentro de ti para conseguir esos tesoros aquí y ahora.

Verás tus sueños hacerse realidad, como jamás imaginaste: no sólo se cumplirán, sino que rebasarán todas tus expectativas. Esta es la receta y la forma de hacerlo. Te mostraré el camino. Te enseñaré a tener una vida que está completa y absolutamente por encima de todo lo que hayas deseado. Descubrirás el "factor ¡guau!", el "¡Eso es!".

Estos principios te guiarán por el Camino de los Milagros para encontrar riquezas celestiales, recompensas, bondad y bendiciones aquí en la Tierra, en este instante.

Lo mejor de todo es que no tienes que esperar. ¿Por qué deberías hacerlo? Jesús dice: "Yo he venido para que tengan vida y para que la tengan en abundancia".[1] Él no dijo que tienes que esperar hasta que mueras para tenerla. Él no dijo que las recompensas llegan sólo en la vida eterna.

---

1   Juan, 10:10

La abundancia está aquí. No sólo en la vida eterna. No. No. No. No. No. No y no.

¿Enfaticé en la palabra NO?

Lo importante es ló que dice la Biblia: "Venga tu reino. Hágase tu voluntad en la *Tierra*, así como en el cielo".[2]

¿Por qué esperar entonces hasta la muerte para vivir en la abundancia? ¿Por qué tenemos que esperar hasta la muerte para ver a Dios? ¿Por qué tenemos que esperar a morir para experimentar la verdadera alegría? ¿Por qué tenemos que esperar hasta la muerte para vivir completa y absolutamente por encima de todo?

Todo eso nos está esperando aquí y en este instante.

> *Cualquier cosa que desees puede suceder:*
> *en esta vida y a partir de ahora.*

La resurrección de Cristo me garantizó la vida eterna. Él dijo que tendremos vida eterna. Que después de la muerte hay vida. Que mi alma no morirá y que mi espíritu continuará viviendo. Que mi conciencia y mis sentidos vivirán para siempre *a través* de Cristo y *en* Cristo.

Sin embargo, esto no significa que yo tenga que vivir *en* el infierno y *a través* del infierno para poder ir al cielo. Puedo ver el reino de Dios aquí en la Tierra. Puedo experimentar el amor de Dios y Sus riquezas, justo aquí.

Los siete principios de este libro activan el cielo de manera que podemos vivirlo aquí. Podemos experimentar el cielo aquí en la Tierra.

Venga tu reino en la Tierra. Es lo que dice la Biblia.[3]

Estos Principios del Reino serán los parámetros de tu vida. Te ayudarán a entender algunas de las razones por las que has fracasado, y por qué no has sido capaz de levantarte después de haber caído. Pero cuando los adoptes y todos los días los sigas lleno de fe, *serás* capaz de levantarte de nuevo, de intentarlo de nuevo y de triunfar. Con ellos, no sólo encontrarás la fuerza para continuar y el deseo de sobrevivir, sino también los medios para triunfar.

---

2 Mateo, 6: 9–13
3 Mateo, 6:10

> *Tú puedes experimentar el cielo en la Tierra y vivir*
> *completa y absolutamente por encima de todo.*

Estos principios te transformarán en un atleta espiritual, y verás tus dificultades como un entrenamiento y no como un problema. Encontrarás poder en las pruebas de la vida, energía en sus tormentas y fuerza en sus retos.

Y cada día encontrarás menos obstáculos, menos impedimentos, menos problemas, menos obstrucciones, menos tropiezos y menos dificultades. Porque los siete Principios del Reino nos cambian de tal forma que no volvemos a ser los mismos. Seremos mejores. La vida será más fácil. Todo será más grandioso, más desbordante. No será simplemente *suficiente*, sino completa y absolutamente, por encima de todo.

Lo sé por experiencia propia. Me han descrito como si mezclaran a Billy Graham y a Martin Luther King Jr. en una licuadora con un poco de salsa encima. Y este libro dice por qué estoy aquí. Para mí, no se trata de un sermón: yo lo *vivo*. En realidad, este libro define los principios que nos guiaron para establecer la mayor organización cristiana e hispana de la nación, el desarrollo de muchos programas de gran alcance, y de congresos de liderazgo en los cincuenta estados; y a hacer denuncias en nombre de tantos que no podían hacerlo por sí mismos.

Gracias a estos principios, he podido servir como conducto y voz para casi 18.000 iglesias evangélicas y para los dieciséis millones de hispanos cristianos de Estados Unidos y Puerto Rico que han "nacido de nuevo en la fe", para difundir la palabra de Dios en un programa diario en la radio nacional, en washingtonpost.com —un blog semanal— y a través de un grupo de asesores en asuntos de fe y justicia para las campañas presidenciales de John McCain y Barack Obama.

Crecí en Pennsylvania; soy nieto de un ministro de las Asambleas de Dios y estudiante devoto de la Biblia. Y aunque comencé a predicar a los catorce años, sólo descubrí estos principios algunos años después. Los Principios del Reino son simples, poderosos y transformadores, pero al igual que muchos de los mensajes de Dios en las Escrituras, fueron entretejidos dentro de ellas, esperando a ser revelados.

Y como dije, mi vida ha cambiado desde que los descubrí. Tal como dice en Salmos 119:130: "La explicación de tus palabras ilumina e instruye a la gente sencilla".

El hecho de que yo sea un cristiano evangélico no significa que tú también tengas que serlo para beneficiarte de estos principios. Funcionan para *cualquiera*, sin importar cuál sea tu credo. Pueden servirte incluso si llevas un tiempo sin ir a la iglesia. Puedes ser agnóstico y decir: "Estos principios me dicen algo".

Estos principios funcionan para cualquier persona que quiera una vida más rica y plena, amistades más sólidas, relaciones más amorosas, una profesión más gratificante, y más riqueza y alegría.

La respuesta para hacer tus sueños realidad está aquí: ¡AHORA MISMO! Bien sea que estés en una situación terrible y buscando el camino para salir de ella, o que a pesar de haber alcanzado un éxito relativo, sepas que aún puedes hacer y lograr más cosas. Estos principios son la respuesta. Cualquier cosa que desees puede suceder: en esta vida y ahora mismo.

Estos principios son incluso para aquellos que no saben que están buscando una respuesta. Es probable que ni siquiera sepas que falta algo en tu vida. Pero el hecho de que Dios haya puesto este libro en tus manos y en este momento, significa algo. Como verás en estas páginas, probablemente no sepas qué estás buscando en la vida ni qué te hace falta. Puedes ignorar incluso que te *está* faltando algo. Pero Dios lo sabe. Él sabe qué te hace falta y sabe lo que necesitas.

Puedes tener una vaga conciencia de que *algo* no está bien del todo, de que en algún lugar hay algo mejor. Tal vez no seas capaz de decir qué es, pero lo *sabes*.

> *Dios sabe qué te hace falta, y también sabe lo que necesitas.*

También podrías ser plenamente consciente del hecho de que te falta algo en tu vida. Puede ser esa relación perfecta, llena de amor, de solidaridad, de compañerismo, y también de pasión. Puede ser ese trabajo perfecto, satisfactorio, gratificante y estimulante; tú sabes de qué estoy hablando: de ese empleo en que no te da pereza levantarte todas las mañanas, que te hace esperar con ansias a que sea lunes en lugar de desear que nunca llegue ese día.

(¿Sabes que un estudio publicado en el *British Medical Journal* encontró que el riesgo de paro cardiaco aumenta hasta en un veinte por ciento el día lunes, cuando la gran mayoría de las personas comienzan su semana laboral?, ¿Piensas que esas personas que sufren infartos se sienten felices y satisfechas?)

Puedes haber estado buscando la respuesta durante mucho, mucho tiempo.

Puedes haber tambaleado de una mala relación a otra, tenido rupturas sentimentales o matrimonios fracasados, y haberte preguntado con el corazón destrozado por qué te sucede esto una y otra vez. Puedes haber renunciado a empleos, cambiado de profesión o haberte resignado a una vida laboral llena de monotonía e insatisfacción. O puedes haber visto cómo cada vez que comenzabas a salir adelante —o por lo menos a saldar asuntos pendientes— tu auto o refrigerador se averiaron, tus hijos tuvieron que ir al dentista, o te despidieron del trabajo, y tus deudas se dispararon de nuevo.

Puedes haber buscado la respuesta en otros libros, en otras filosofías, y hasta en otras religiones.

No busques más. Tú búsqueda ha terminado.

Este es el Camino de los Milagros.

Capítulo 2

〜❧〜

El pensamiento del Tercer Día

La respuesta a una vida nueva, más rica y plena, siempre ha estado presente en el libro más vendido de todos los tiempos: la Biblia. Específicamente, esta respuesta se encuentra en cuatro capítulos breves que describen la resurrección de Cristo y los días inmediatamente posteriores, cuando ascendió al cielo para sentarse a la derecha del Padre.

Este relato es conocido (¡o debería serlo!) por todos los cristianos, ya que es el clímax de la historia de Cristo y revela la gran promesa que espera a todos sus seguidores: La vida eterna en el más allá.

La historia en sí es breve, simple y está narrada con sencillez. Pero es más que una simple explicación de la resurrección. En la brevísima descripción de uno de los eventos más importantes de la historia se encuentra el secreto para vivir una vida llena de las riquezas y recompensas de Dios, de realización y de abundancia en tus relaciones, en tu trabajo y en tu comunidad. En todos los aspectos de tu vida.

Esta es la historia en pocas palabras:

Tres días después de la muerte y crucifixión de Cristo, María Magdalena fue a ungir su cuerpo con perfumes. Esa era la costumbre, y ella no esperó la luz del día. Corrió hacia el sepulcro en la noche y llegó cuando todavía estaba oscuro, justo antes del amanecer. Pero en vez de encontrar a Cristo envuelto en los paños limpios que eran sus ropajes, descubrió que la tumba estaba abierta, y que su cuerpo había desaparecido.

María Magdalena corrió a contárselo a Pedro y a Juan, quienes corrieron para ver la escena con sus propios ojos. Cuando miraron la tumba vacía, encontraron las ropas de Cristo, los paños en los que había sido envuelto, doblados ordenadamente junto al lugar donde había estado su cuerpo.

María miró adentro y vio dos ángeles sentados y serenos, justo donde se suponía que debía estar el cuerpo de Cristo. Salió gritando y encontró a un hombre a quien tomó por un jardinero. Era Jesús, pero ella no lo reconoció porque él se había transformado.

Ese mismo día, más tarde, Cristo se apareció a sus discípulos en su refugio, un salón ubicado en un segundo piso. Este salón, era un centro especial de reunión para ellos, pues allí compartieron la Última Cena. Y, después de que Cristo se les apareció allí, Dios vino como una ráfaga y les dio el poder de hablar en una lengua que cualquiera pudiese comprender, sin importar de dónde fuese.[1]

El resto es historia. Ellos difundieron la palabra, y la Cristiandad se convirtió —de manera explosiva— en la fuerza mundial que es hoy en día.

Simple, corta y asombrosa: La historia describe la resurrección de Cristo, el milagro en el verdadero núcleo de la cristiandad, y nos promete la vida eterna en el más allá. Sin embargo, también contiene la lección de los siete Principios del Reino:

1. *Las mayores oportunidades de la vida surgen durante nuestra hora más oscura.*
2. *La fe y el miedo siempre van juntos.*
3. *Dios nos programó para tener compañeros.*
4. *Una tumba vacía siempre precede a un salón lleno.*
5. *El orden precede a la promoción.*
6. *Hay transformación seguida de reconocimiento.*
7. *Tienes asegurado un salón lleno.*

María Magdalena, Pedro y Juan corrieron hacia la tumba en la oscuridad, antes del amanecer.

Cuando amaneció y el sol y el Hijo ascendieron, ellos reconocieron el milagro que habían recibido y del que habían sido testigos. Pero no todo terminó allí, pues se desencadenó una maratón de milagros.

---

[1] Juan, 20,21; Hechos, 1,2

> *Tú puedes desencadenar una maratón de milagros en tu vida.*

La Biblia dice que "Jesús hizo muchas otras cosas; tantas que, si se escribieran una por una, creo que en todo el mundo no cabrían los libros que podrían escribirse".[2] En otras palabras, él hizo un milagro tras otro: toda una maratón de milagros.

Y lo que sucedió en aquel entonces también te puede suceder a ti. Los Principios del Reino te guiarán hacia tu amanecer. Ellos desencadenarán una maratón de milagros en tu vida. Te permitirán descubrir los tesoros que Dios tiene para ti, y vivir completa y absolutamente, por encima de todo.

Por cualquier cosa que pidas, Dios te dará diez veces más, cien veces más. No hay nada en las Escrituras que diga que Dios responda a nuestros pedidos. Dicen que Él satisface *completa y absolutamente*, más allá de todo lo que podamos pedir o imaginarnos.

Si sigues estos principios y pides una casa, no recibirás una casa: recibirás una casa con una piscina en el patio trasero y un auto estacionado afuera.

Esa es la activación del Camino de los Milagros. Tú cambias. Tu vida cambia. Y la lluvia de regalos y tesoros y bendiciones comienza. Si incorporas estos principios a tu vida, recibirás más de la cuenta y absolutamente, por encima de todo.

Sin embargo, la esencia primaria eres *tú*. Dejarás de aplicar lo que llamo el pensamiento del Primer o Segundo Día. Aplicarás el pensamiento del Tercer Día. Ya no le pedirás una casa; le pedirás a Él que te cambie y así podrás tener la casa: y entonces, Él no sólo te dará la casa, sino también la piscina, el auto y el perro.

¿Y sabes algo? Él ya lo ha hecho. Las cosas están esperándote en algún lugar.

Eso se llama *Activación*. Es lo único que se necesita. Esas cosas ya están en algún lugar. Existen. Literalmente existen en la realidad espiritual cósmica. En ese dominio espiritual hay un Dios que es activo, que está involucrado, pero que opera dentro de los parámetros del libre albedrío.

Todo lo que tenemos que hacer es activar y "encender" las cosas.

Y todo esto empieza corriendo en la oscuridad.

---

2 Juan, 21: 25

Principio Uno

❦

Las mayores oportunidades de la vida surgen durante nuestra hora más oscura

Capítulo 3

❧

CORRIENDO EN LA OSCURIDAD

No es una coincidencia que fueran Pedro, Juan y María Magdalena quienes corrieran hacia la tumba.

Cada uno de ellos representa una historia en particular, que gira alrededor de su relación con Jesús y con su viaje personal. Cada uno de ellos tiene un recorrido personal que lo animó a seguir. Yo creo, de todo corazón, que no es una coincidencia que fueran Pedro, Juan y María Magdalena los primeros en constatar la realidad de que la tumba estaba vacía.

> *Podemos correr juntos, pero cada uno encuentra*
> *lo que está destinado a encontrar.*

Cada uno de ellos estaba corriendo con el propósito de encontrar aquello que le faltaba.

No era algo ambiguo ni podía tener un final cualquiera. Era un proceso dirigido y orientado. Era algo específico. Cada uno estaba buscando algo diferente y lo impactante de su descubrimiento fue que cada uno encontró lo que necesitaba.

Eso también puede sucedernos a nosotros. Podemos correr juntos a medida que avanzamos en nuestro viaje, pero cada uno encuentra lo que se supone que debe encontrar, lo que quiere decir que cuando tú y tu compañero de carrera llegan juntos a un punto específico, encuentras lo que debes encontrar, y él o ella podrán encontrar algo completamente diferente. Tú encuentras lo que necesitas. Y los demás encuentran lo suyo.

Pedro corrió por miedo

La relación de Pedro con Jesús ilustra muchas de nuestras vidas: Momentos de gran fe, de gran angustia; momentos de fortaleza, de debilidad; montañas y valles. No se trata de un ascenso constante en el que experimentamos un crecimiento espiritual, en el que estamos completamente inclinados a adoptar todo lo que Dios tiene que ofrecernos para nuestras vidas, cuando somos optimistas durante las veinticuatro horas del día.

Nos estamos reafirmando durante el transcurso del día y de nuestras vidas. Hay una confesión, hay una reafirmación de nuestras familias y relaciones.

Nuestra relación con Dios es semejante a la que tiene un barco con un mar encrespado: Está llena de altibajos, y algunas veces nos desviamos, aunque vayamos en la dirección correcta.

Pedro realmente representa esto. Es el mismo Pedro que dice: "¡Tú eres el Mesías, el Hijo del Dios viviente!".[1] Esta afirmación es el fundamento de la iglesia, y acto seguido, es reprendido por el Señor: "Apártate de mí, Satanás".[2]

Es esta dicotomía la que realmente habla de nuestra existencia.

En un momento dado tenemos la mayor fe en nosotros y en Dios. Pero instantes después, resulta que no creemos en Dios ni en nosotros mismos; que no creemos en nuestro viaje ni en nuestro propósito.

Así que el hecho de que Pedro estuviera allí el tercer día, en esa mañana tres días después de la muerte y sepultura de Cristo, y que hubiera corrido hacia la tumba vacía, es algo que nos dice muchas cosas.

> *Pedro representa la dualidad que hay en todos nosotros:*
> *Es valiente y temeroso, creyente y escéptico.*

¿Quién está corriendo? No es solamente Pedro. Es cada ser humano. Es todo aquel que ha dudado. Es todo aquel que ha hecho algunas afirmaciones y compromisos y promesas increíbles y quien luego, al siguiente día, no las cumple. Es todo aquel que tiene la audacia de salir del bote tal como

---

1   Mateo, 16:16; Marcos 8:29
2   Mateo, 16:23; Marcos 8:33

lo hizo Pedro, de seguir a Cristo y caminar a través de las aguas turbulentas tal como él lo hizo; pero que luego vacila, se siente derrotado y flaquea por causa del miedo y la duda, tal como le sucedió a Pedro, cuando cayó al agua.[3]

Así somos nosotros. Y Pedro ilustra muy bien esto. Él representa a esos individuos de quienes Jesús puede decir: "…hombres de poca fe".[4]

Este es, por supuesto, el mismo Pedro que negó conocer a Cristo para salvar su propio pellejo. Él negó por temor.[5] Pero, justo antes de hacerlo, el mismo Pedro tomó su espada y golpeó a Malco, el soldado que vino a arrestar a Cristo, y le cortó la oreja.[6] Temió que el soldado se llevara lejos a Jesús. Su miedo lo hizo actuar con valor. Y por más contradictorio que pueda parecer, ¡realmente no lo es! Pedro encarna la dualidad que hay en todos nosotros: Es valiente y temeroso, creyente y escéptico.

Así pues, Pedro representa a toda la humanidad. Nos habla con mucha claridad.

Y cuando Pedro corrió ese día (Juan, capítulo 20) fue la fe la que corrió, pero también el temor. Fue la fuerza. Fue la debilidad. Fue la ansiedad y la seguridad. Fue ese caminar sobre el agua y el caer a ella. Fue todo eso y más. Pedro estaba corriendo por temor, para afrontar su inquietud e inseguridad. Así fue que corrió aquel día.

Juan corrió en la fe

Luego tenemos a Juan. Juan es el discípulo amado. Juan es quien siempre estaba cerca de Jesús.[7] Muchos especialistas bíblicos están de acuerdo en que Juan era uno de los discípulos más jóvenes, tal como se menciona en las Escrituras. Juan representa la juventud, la fe ciega, el amor, el factor ¡guau!. Juan estaba atemorizado con el ministerio y la vida de Jesús, pero era su compañero fiel.

Pero yo veo a Juan con otro prisma, el de las últimas palabras de Cristo sobre la cruz. Él miró a Juan, a María, su madre, y le dijo a Juan: "¡Ahí tienes a tu madre!" Y a María le dijo: "¡Mujer, ahí tienes a tu hijo!"[8]

---

3 Mateo, 14:29–30
4 Mateo, 6:30
5 Mateo, 26:69–75
6 Juan, 18:10
7 Juan, 13:23
8 Juan, 19:26–27

Esto nos dice, por supuesto, que Jesús consideró a Juan como parte de su familia.

Pero también nos dice otras cosas. Cristo mira a Juan, quien representa la fidelidad. Juan es fiel; fue quien estaba con Jesús siempre en todo momento. Según las Escrituras, adonde quiera que Jesús fuera, Juan estaba con él. Él era el discípulo fiel y amado.

Y María, la madre de Jesús, representa la santidad, la virtud, la pureza y la perseverancia.

Entonces, lo que Jesús dice realmente es que cuando la santidad y la fidelidad están juntas, cuando la fidelidad cuida de la santidad y la santidad cuida de la fidelidad, sucederán grandes cosas.

Juan es el amado. Encontró su identidad en la vida y ministerio de Jesús. Y cuando Cristo fue crucificado, Juan queda con esta maravillosa responsabilidad. Aquí, por primera vez, Juan corre por sí mismo.

> *Juan representa a todos los que nos encontramos solos,*
> *cuando dejamos de estar a la sombra de alguien.*

Ya no es Juan a la sombra de Jesús. Es simplemente Juan.

Y en ese momento, en esa mañana, Juan representa a la persona que descubre estar en un viaje sin guía. Que debe encontrar su propio camino. Juan es la persona que está, literal y figurativamente, en la oscuridad. Juan es la persona que se pregunta "¿quién soy yo?" cuando se ha ido la persona más importante en su vida, su misión, y aquello que le da su identidad. ¿Quién soy yo? ¿Quién soy yo cuando todas las cosas desaparecen y me encuentro solo? Ya no tengo a nadie que me señale el camino. No tengo la maquinaria de relaciones públicas y no tengo la campaña de mercadeo. No tengo la infraestructura. Soy solamente yo. Y yo estoy solo.

La historia de Juan habla de la soledad. Ese es el Juan que corre aquel día. El Juan de ese día es quien dice: "Estoy solo. Nunca lo había estado antes, y ahora lo estoy. Durante tres años y medio, siempre estuve en la compañía de este gran maestro y ahora estoy solo. ¿Qué haré?".

Juan representa a todos aquellos de nosotros que estamos solos, descubriendo nuestra identidad, cuando ya no estamos a la sombra de alguien. Cuando la relación de la que hacíamos parte termina. Cuando ese trabajo que nos definía se acaba. Cuando estamos completamente solos y tratamos de encontrar quiénes somos por fuera de esa relación. Cuando estamos tratando de encontrar quiénes somos, y quiénes seremos.

Juan estaba corriendo en su soledad. Muy al igual que muchos de nosotros.

Estaba buscando una respuesta, al igual que muchos de nosotros.

Pero hay algo que muchos de nosotros podríamos aprender de Juan: Aunque él no sabía cuál sería la respuesta, su fe le dijo que siguiera corriendo hasta encontrarla.

> *Cuando la soledad y la fidelidad están juntas, sucederán grandes cosas.*

Capítulo 4

❧

María Magdalena corrió
por otros

María Magdalena representa para mí el punto más importante del capítulo 20 de Juan. Esta María, esta mujer que fue curada de *siete* espíritus malignos según la narrativa bíblica.[1]

Incluyo una nota para explicar lo que esto significa:

Hay ciertos números que son parte de la narrativa judía del *Talmud* y de la *Torá,* que tienen un significado especial: siete, doce, ciento veinte, cuarenta: cuarenta días y cuarenta noches; cuarenta años. Estos son números de la cultura judía que se encuentran en la Biblia Hebrea. Y, como sabemos gracias a las Escrituras, en la narrativa judía, el siete siempre alude a la culminación de un proceso: La Creación se hizo en siete días, y el descanso de Dios en el séptimo día. Algunos dirían que es el número de Dios, porque es el número de la conclusión.

Por lo tanto, en el caso de María Magdalena, los siete espíritus malignos significan que ella estaba completamente oprimida.

Adicionalmente, y comenzando con el Papa Gregorio el Grande (del año 590 hasta el 604), la historia de la iglesia identifica a la María Magdalena que corrió hacia la tumba como la mujer que fue una especie de ramera.

Ahora, se ha debatido a través de los años si la María que anduvo con Cristo y la María de mala reputación son una y la misma mujer, pero sin importar si fue así o no, sabemos que ella tenía siete espíritus malignos y que fue salvada de ellos. Ella estaba completamente oprimida y Jesús la liberó.

Entonces, aquí tenemos a María Magdalena. Es esta María la mujer en

---

1 Lucas, 8:2

falta que fue redimida. Esta María es la María que ha sido criticada. Es la María de reputación cuestionable. Es la María que corrió.

> *Cuando sabes qué es lo correcto, no puedes dejar*
> *que aquello que los demás digan de ti te detenga.*

Ella pudo haber permanecido en su casa. Necesitaba hacerlo. Era una mujer de mala reputación, una mujer sin esperanza, sin destino. Fue absurdo incluso que corriera.

Pero lo hizo: Corrió cuando todavía estaba oscuro.

Para mí, ese es el factor decisivo. Todos los especialistas bíblicos están de acuerdo en que Juan está en lo cierto cuando dice que todo esto sucedió justo antes del amanecer. Justo antes de que saliera el sol, y la verdad es que todos sabemos que el momento más oscuro de la noche es justo antes del amanecer.

Entonces, María Magdalena corrió en el momento más oscuro. Corrió en la hora más oscura.

¿Qué la motivó a hacerlo? ¿Qué impulsó a una mujer, a una hebrea, a correr antes de que saliera el sol?

No era un buen momento para que una buena mujer judía estuviera fuera de su casa. Había cierta clase de mujeres que estarían afuera a esa hora, generalmente considerada como inapropiada, y no era alguien con un carácter virtuoso, que encarnara lo que llamaríamos un modelo ejemplar. Estaba lejos de ser una mujer ejemplar. Las mujeres que estaban afuera a esas horas de la noche eran, literal y figurativamente, mujeres de la noche.

Pero sabemos con certeza que María Magdalena —quien pudo haber sido o no una mujer de la noche, y quien pudo haber sido o no liberada de siete espíritus malignos— estaba afuera, en una hora en que las mujeres buenas y virtuosas estaban en casa con sus familias.

Ella hizo todo eso a un lado. No se preocupó por lo que dijeran los demás. María Magdalena no se preocupó en absoluto por su imagen o reputación. Ella despreció lo que hubieran dicho los recortes de prensa a la mañana siguiente, lo que hubiera aparecido en las portadas de las revistas, lo que hubieran afirmado los programas de entretenimiento en la televisión, o lo que hubieran comentado los blogs sobre ella. Corrió. Corrió en medio de la oscuridad, cuando no sabía hacia qué estaba corriendo.

Tú también tienes que hacer lo mismo. No puedes dejar que lo que otros digan de ti —o lo que *pienses* que ellos dirán de ti— te detenga. Si conoces tu propósito y tu meta, no puedes dejar que los pesimistas y los escépticos te detengan. Tienes que ignorar a los envidiosos que no quieren que a los demás les vaya mejor, y a los que pretenden detener a quienes están a su alrededor. Si sabes que estás en lo correcto, no puedes dejar que lo que digan los demás de ti te detenga.

Pero en ese día, el tercero después de que fue enterrado Cristo, ¡la audacia de esa mujer se impuso! ¡Se lanzó a correr! En la oscuridad.

Pero no por ella misma.

> *Cuando nos comprometemos a servir a otros en su momento más oscuro, descubrimos nuestro amanecer.*

Esta es una de las cosas que yo subrayaría: *Lo que la hizo exitosa fue el hecho de que no estaba corriendo en beneficio propio.* Básicamente, María Magdalena estaba corriendo para dar gracias, para "adorar", como se diría en la Biblia. Estaba corriendo, por supuesto, para untar perfumes, esencias y fragancias alrededor del cuerpo y en el cuerpo de Cristo, como parte del ritual funerario.

Pero María Magdalena no corrió por ella. Corrió por alguien más. Corrió para honrar a esa persona que la sacó del "fango", de un momento difícil. Corrió para agradecer a ese ser que la había bendecido a través de su viaje.

Jesús murió, y ella también estaba muriéndose por dentro. Porque la única persona que alguna vez la reconoció y la afirmó, que le dio valor y la sacó del fango, su salvador y su propósito en la vida, había dejado de existir.

¿Quién es ella? ¿Una mujer oscura?, ¿de mala reputación? De reputación cuestionable en el mejor de los casos. Y más adelante vino este hombre, Jesús, y esta mujer, esta posible prostituta, esta mujer del bajo fondo, que de un momento a otro capta la atención de los medios. Su caso sería como si actualmente, una prostituta o persona de la calle entrara a formar parte del gabinete presidencial, o del equipo de un personaje que realmente está transformando la realidad. Es increíble pensar en esto.

Y entonces Jesús muere.

Por lo tanto la pregunta es: ¿Volvió ella a una vida de prostitución? ¿Regresó a los siete espíritus malignos que la tenían oprimida, fueran los que fueran? ¿Regresó a su lodazal? ¿Volvió a su vida sin valores, ni identidad, ni claridad? ¿Regresó a su opresión?

Estas son las preguntas que rodeaban a María Magdalena en esa mañana fatídica. En el momento más oscuro de la noche, en esas horas negras antes del amanecer. La luz que ha venido a su vida y la ha levantado ya se ha ido. Y mientras ella corría para untar esencias y fragancias en el cuerpo de Cristo, también la perseguían muchas preguntas.

Aun así, y sin importar nada de esto, ella corrió para servir a otro en su hora más oscura.

> *Podemos encontrar nuestro amanecer si hacemos*
> *a un lado nuestra oscuridad.*

Esta mujer básicamente estaba diciendo: "A pesar de lo difícil que pueda ser mi día, a pesar de lo oscuro que pueda ser, hay alguien que está viviendo un momento aún más oscuro. Y mi labor consiste en aliviar de alguna manera esa oscuridad".

"Iré a esa tumba, hacia este hombre que es tan importante en mi vida, quien ahora está muerto, lo reconoceré y le serviré".

María Magdalena corrió para adorar a este hombre, para untar su cuerpo con fragancias y esencias. Esa es la clave. Esto nos habla de la oportunidad de encontrar nuestro amanecer cuando servimos a otro en su momento más difícil de necesidad.

Muchas veces, cuando nos comprometemos a servir a *otro* en su momento más oscuro, en realidad descubrimos nuestro amanecer. Así como María Magdalena. Nuestro amanecer no llega cuando nos hallamos concentrados y enfocados única y exclusivamente en nuestra propia oscuridad y en nuestras propias circunstancias. Cuando estamos experimentando nuestro propio infierno y cuando tenemos esa gran montaña, ese gran obstáculo frente a nosotros; el secreto de nuestro éxito y de nuestro progreso puede darse cuando no nos concentramos en esa montaña, sino en la de otra persona y tratamos, con cada fibra de nuestro ser, de servir y de sacar adelante a esa persona. Podemos encontrar nuestro amanecer cuando hacemos a un lado nuestra propia oscuridad.

> *Si puedo ayudar a quienes me rodean a salir de su momento*
> *más oscuro, también saldré del mío.*

Cuando tengo momentos de oscuridad en la vida, cuando esos momentos oscuros llegan y se hacen más y más oscuros, lo primero que debo hacer no es preguntarme: "¿Cómo puedo salir de aquí?" Lo primero que debo hacer es mirar a mi alrededor para ver quién está pasando por una situación similar y decir: "Déjame ayudarte".

Si puedo ayudar a mi hermano y a mi hermana, si puedo ayudar a aquellos a mi alrededor a superar su momento más difícil, también superaré el mío. Si les ayudo en su momento más oscuro, podré encontrar mi amanecer, así piense que no tengo nada para dar, y les dé aliento aunque no tenga valor, y les dé esperanzas aunque no las tenga.

Sé que esto suena contradictorio: ¿Cómo puedes dar algo que no tienes?

Porque puede tratarse no de algo que *tengas*, sino de algo que tú *seas*. Es decir, que tu vida y tu sola presencia dan esperanza. Puede ser que no esté arraigada dentro de ti, que no la lleves contigo, pero que sea parte de ti. Tu vida te da esperanza sin importar lo que hagas. Tu vida es la esperanza en una botella. Es la esperanza encarnada. Es nuestro ADN espiritual, la manera en que Dios nos creó. Somos esperanza. Somos la fe para alguien. Somos el amor para alguien. Somos la caridad y la justicia para alguien. La justicia no es algo que hacemos, sino lo que somos.

E incluso en nuestra hora más oscura, podemos darle esperanza a otra persona.

❧

Capítulo 5

LA FE DE DIOS

Hablemos un poco acerca de la fe. Hablemos un poco más acerca de Juan.

Le prestamos mucha atención a Pedro, y es verdad que el miedo puede ser una fuerza poderosa en nuestras vidas. Puede ser aquello que nos inmovilice, puede ser lo que nos oculte la dirección hacia la cual deberíamos correr, y es también ese ímpetu que nos hace correr.

Pero la fe nos guía. La fe nos sostiene. La fe no sólo nos sostiene y nos guía, la fe protegerá todas las cosas que son puras.

Volvamos a la crucifixión y a Jesús. Recuerda las palabras de Jesús sobre la cruz cuando le decía a Juan, el discípulo amado: "Ahí tienes a tu madre".[1] La fe cuida de las cosas que son puras en nuestras vidas: Lo inocente, lo intacto, lo ingenuo. La fe protege todo esto.

Entonces, la fe ofrece esperanzas.[2] La fe ve cosas que no podemos ver.[3] La fe facilita el camino de la transformación. La fe ríe cuando el miedo lloraría.

> *No sólo tenemos fe en Dios; tenemos la fe de Dios.*

Naturalmente, existe la fe a medias. Pero, para ser honesto, yo busco una fe que desborde la copa, completa y absolutamente. La fe normal, la fe común —ante la falta de un término más adecuado, la fe humana— ve el vaso lleno a medias. La fe humana nos da una mirada positiva. La fe humana nos ayuda a desear un mañana más brillante.

---

1 Juan, 19:26–27
2 1 Corintios, 13:13
3 Hebreos, 11:1

Pero, ¡préstale atención a esto! Hay una noción que quiero que entiendas: Esta no es *nuestra* fe.

Ni en las escrituras ni en la Biblia se dice algo acerca de *nuestra* fe. En el apóstol Pablo[4], pasando por Pedro[5] y Juan[6], leemos: "La fe *de* Dios".

Ya tenemos el gen de la fe en nosotros. No es "mi fe" o "tu fe". Es la fe de Dios. Dios nos dotó de fe. Me transfirió su ADN. Y eso es lo que me hace creer cuando otros dicen que no hay oportunidades ni esperanzas.

Hasta el día de hoy, mi madre recuerda aquella vez que entró a mi habitación, y se preocupó mucho al ver a su hijo de cinco años orando tendido en el piso. Se preocupó, porque éramos miembros de una iglesia Pentecostal y allí no se oraba de esa manera. Siempre se oraba de rodillas. Y allí estaba yo, rezando en voz alta.

Hace poco mi madre me dijo que pensó que yo tenía serios problemas psicológicos. Dijo que no era normal en un niño de cinco años estar tan comprometido con la oración. Pero yo rezaba todos los días. Me llamaba la atención la idea de un Dios Todopoderoso. Me llamaba la atención el hecho de que hubiera alguien, y que ese alguien me pudiera escuchar.

De veras, hasta que tuve siete u ocho años hablaba solo mientras me dirigía a la parada del autobús, porque rezaba. Nadie nunca me dijo que si la gente me veía rezando mientras caminaba, pensaría que estaba hablando conmigo mismo. Para mí, Dios existía; y yo quería hablar con él: ¿Por qué no iba a hacerlo?

No fue sino hasta un día en que mi hermana me acompañaba y me preguntó:

—¿Qué estás haciendo?

—Estoy rezando —le respondí.

Ella me dijo: —¿Sabes que estás moviendo los labios?

—Sí, porque estoy hablando con Dios —comenté.

Ella me respondió: —Pero la gente no entiende eso. Van a pensar que estás loco.

Y entonces supe que no todo el mundo hablaba con Dios. Pensé que Dios tenía conversaciones con todo el mundo. De verdad sentía la presencia

---

4 Hechos, 14:27
5 2 Pedro, 1:1–3
6 San Juan, 5:4

de Dios. Sabía que Dios estaba allí y que me escucharía. Porque tenía la fe de Dios en mí. Todos la tenemos.

No sólo tenemos fe *en* Dios, tenemos la fe *de* Dios.

Y es a través de esa fe, a través de ese prisma, a través de esos lentes, que veo mi mundo. A través de la fe de Dios veo un mundo mejor, cuando todos los demás dicen que no hay forma de mejorarlo. A través de la fe de Dios y a través del prisma de sus ojos veo que, de hecho, podemos cambiar el mundo para bien.

Su fe es la condición de las cosas prometedoras y la seguridad de las cosas que no se ven.[7]

Su fe es el prisma por medio del cual veo mi mundo, y es la que define cómo veo el mundo, cómo veo mi vida y mi entorno, y cómo lo veo a Él.

La fe actúa como el lente a través del cual veo a Dios, a mi comunidad, a mi familia, a lo que me rodea, a mis circunstancias y a mí mismo. Estoy usando sus lentes, sus anteojos.

Esto es realmente increíble. Porque es la fe de Dios la que me ayuda a ver, no solamente cómo es el mundo, sino cómo puede ser.

> *La fe de Dios me ayuda a ver el mundo,*
> *no sólo cómo es, sino cómo puede ser.*

La fe entrará en acción. Yo la relaciono con el trabajo, porque la fe sin trabajo está muerta.[8] Es lo que dice la Biblia. La fe sin obras es inútil.[9] La fe sin obras no tiene vida.

Pero por medio de la fe y de mis actos, puedo ayudar a cambiar el mundo. Puedo ver el cambio de mi comunidad. Puedo ver cambiar ese matrimonio y aquella relación que se reanuda. Puedo ver a ese negocio recuperarse.

Pero no es mi fe la que lo hace; es la fe de Dios.

Lo único que tengo que hacer es activarla.

---

7 Hebreos, 11:1
8 Santiago, 2:26
9 Santiago, 2:20

Capítulo 6

LA MAGNITUD DE TU GLORIA FUTURA

María Magdalena fue la primera en llegar a la tumba.

Piénsalo: María Magdalena, una mujer. La primera persona en experimentar la plenitud del secreto, en presenciar el milagro de la resurrección, fue una mujer.

Todos aquellos que están familiarizados con la historia de Adán y Eva en el Jardín del Edén, sin importar si la interpretan literalmente o como una metáfora, saben que Eva fue la primera mujer en caer en la trampa.

¡Con María Magdalena esta historia se revela por completo!

Es como si Dios le dijera: "Te voy a dar esta oportunidad para que te redimas totalmente. No sólo me limitaré a redimirte en el aspecto personal, en tu viaje personal, sino que tengo el poder de redimir toda tu historia. Tengo el poder de subsanarla. Tengo el poder de ofrecerle un contexto a tu viaje de tal manera que entiendas que aquello que viviste fue *con* un propósito y *tenía* un propósito. Que aun las experiencias negativas que tenemos, representan las cosas positivas que experimentamos, y nos dicen que están totalmente relacionadas".

Es como si Dios dijera: "Puedes determinar la magnitud de tus bendiciones futuras por el infierno que has atravesado en tu vida".

> *Puedes determinar la magnitud de tus bendiciones futuras*
> *por el infierno que has atravesado en tu vida.*

Las experiencias que has vivido tienen una razón de ser. Tú puedes determinar la magnitud de la gloria venidera, de la abundancia venidera, de todo lo maravilloso que está por llegar a tu vida, comparándolo con el infierno que has vivido. Es algo directamente proporcional.

Podemos determinar lo venidero si lo comparamos con lo que nos ha sucedido. Seremos bendecidos en proporción directa a lo que hemos sufrido. En términos teológicos, seremos *ungidos* según nuestro destino. Lo que significa que seremos preparados y equipados según nuestro destino. Seremos bendecidos en proporción directa a lo que nos ha pasado y seremos equipados y ungidos según nuestro destino.

Entonces, no podemos perder la esperanza ni la fe, porque esa oscuridad, ese momento en el abismo, nos está diciendo qué tan maravilloso será nuestro futuro.

Acoge la noche. Acógela. Puede parecer un poco masoquista, pero no lo es. San Juan de la Cruz, el notable místico católico, autor de *La noche oscura del alma*, dijo que la oscuridad nos conduce a una mayor iluminación y unión con Dios. En otras palabras, nos conduce hacia el amanecer. La noche le habla al día. Esa confrontación, ese momento negativo, esa pérdida de un pariente, no obstante lo duro y difícil que pueda ser, habla de lo que está por venir cuando salga el sol. Y, de nuevo, es algo directamente proporcional.

> *No podemos perder la esperanza y no podemos perder la fe, porque ese momento en el abismo nos está diciendo qué tan maravilloso será nuestro futuro.*

Puedo afrontar mi hora más oscura con esperanza, porque sé que mientras más calamidades padezca, mayor será mi recompensa. Es algo directamente proporcional. Realmente lo es.

Si estoy sufriendo, sé que si resisto y supero la prueba, mi recompensa será proporcional a la pena que sentí.

Voy a relacionar esto con una historia de la Escritura y con una aplicación a la vida real.

Todo el mundo conoce la gran historia de David y Goliat, la historia de cómo David, un pequeño pastor, armado solamente con una honda, le dio muerte al gigante.[1]

Dos veces al día durante cuarenta días, (¡aquí tenemos de nuevo uno de

---

[1] 1 Samuel 17: 1–58

esos números de significado especial que aparecen en las Escrituras!) Goliat
ha retado a los israelitas para que envíen a su guerrero y se enfrente a él. Pero
el rey y su pueblo estaban temerosos. Era comprensible. ¡Es que Goliat era
un gigante! Era inmenso y temible. Y David, este jovencito, armado tan sólo
de una honda y cinco piedras —ni siquiera tenía una armadura— se enfrentó
a él.

Naturalmente, el rey nombró a David comandante de su ejército después
de derrotar a Goliat. De ahí en adelante, sólo fue cuestión de tiempo para que
David se convirtiera en rey.

Pero ¿qué nos dice esta historia hoy? No se trata solamente de que Goliat
fuera un gigante y David un valiente. Nos habla del hecho de que este gigante
se levanta para usurpar, para evitar que David viera el otro lado. El gigante es
el gran rival del hombre que tiene enfrente. Y dándole muerte al gigante,
David se convierte en rey.

Es cierto que tuvo algunos obstáculos a lo largo del camino, pero eventualmente David se convirtió en rey.

Desde el momento en que se hizo cargo de la situación y lanzó la piedra,
su destino se puso en marcha. Él aceptó el reto y decidió su destino.

Lo que quiero decir es que el tamaño del obstáculo que se interponga
frente a ti, representa la grandeza de lo que Dios te tiene reservado. Si acep-
táramos esta idea, nos motivaría y animaría a correr en la oscuridad.

Cualquier cosa —una adicción que necesitemos superar, alguna dolencia
o enfermedad, un obstáculo en el trabajo que amenace con perderlo, un accidente, una muerte o cualquier cosa— habla claramente del tamaño de lo
que está por venir. Tú puedes, literalmente, determinar el tamaño de lo que
vendrá, al compararlo con las dificultades que has tenido. Es directamente
proporcional.

> *El tamaño del obstáculo que se interpone frente a ti,*
> *habla de la grandeza de lo que Dios te tiene reservado.*

Capítulo 7

ENCONTRANDO UN PROPÓSITO EN LA TRAGEDIA

Se dice que la tragedia más dolorosa es perder a un hijo. Mientras más pequeño sea éste, más trágica será la pérdida.

En una de nuestras conferencias conocí a un hombre que perdió a su hija. Era una adolescente, una víctima inocente que murió por causa de un conductor ebrio. Imaginen la pena que sufrieron sus padres cuando perdieron a su niña.

¿Cómo podemos justificar este hecho? ¿Cómo podemos siquiera contextualizarlo dentro de lo que hemos venido diciendo?

Muy bien, esto fue lo que hicieron sus padres: Se comprometieron con una causa. Después de la tragedia, entendieron que estaban llamados a despertar una gran conciencia sobre el grave peligro que supone conducir en estado de embriaguez.

> *Cada una de las tragedias y obstáculos que enfrentamos nos habla de las bendiciones, de la gloria y la grandeza que recibiremos.*

Conocemos por supuesto a las Madres Contra Conductores Ebrios (MADD por sus siglas en inglés). Pero estoy hablando de otra historia. Estos padres se comprometieron a visitar innumerables escuelas secundarias y a recrear la escena de un accidente provocado por un conductor ebrio para impactar profundamente a los jóvenes y para imprimir en sus mentes la necesidad de ser muy prudentes y no conducir en estado de embriaguez.

Mostraron a los estudiantes multitud de escenas con autos estrellados y víctimas sangrientas en muchas ciudades. Utilizaron estudiantes como actores y los salpicaron con sangre falsa, lo que hizo que todo fuera más emotivo, pues eran conocidos de los estudiantes que veían las proyecciones.

Los padres de la joven crearon los parámetros con los que regresaron varios años a las escuelas para medir el número de DUIs (sigla en inglés para Conducir Bajo la Influencia de alcohol o drogas) y el de accidentes y tragedias provocados por los egresados de estas escuelas, pero disminuyeron significativamente. Los estudiantes y egresados de las escuelas visitadas por ellos tuvieron muchos menos accidentes causados por el alcohol que los estudiantes y egresados de otras escuelas.

Así, esta pareja —que había sufrido mucho, pues perdió lo más precioso que un padre puede perder— entendió que detrás de su tragedia se hallaba un increíble amanecer que les permitió hacer un gran bien.

Esto llenó sus vidas. Vieron el espíritu de su hija encarnado en cada presentación, y vieron el espíritu de su hija diseminarse a través de actos de caridad e iluminación. Vieron el espíritu de su hija salvar a otros hijos e hijas, y salvar a muchos padres del sufrimiento que ellos padecieron.

Lo que has padecido en tu vida ha tenido un propósito.

Cada tragedia y obstáculo que enfrentamos nos habla de las bendiciones, la gloria y la grandeza que sentiremos sólo cuando nos atrevemos a correr en medio de la oscuridad y no sepamos hacia dónde vamos. María Magdalena, Pedro y Juan corrieron en la oscuridad, justo antes del amanecer, después de perder a la persona más importante en sus vidas, y se encontraron con el asombroso milagro de la resurrección de Cristo.

Capítulo 8

Templando la espada

Nuestras horas oscuras, las pruebas que enfrentamos en la vida, los retos y tribulaciones que tenemos, cumplen un propósito. Hablan de la gloria de lo que está por venir, al mismo tiempo que nos preparan y fortalecen.

Sabemos que al fabricar una espada, el herrero la somete a un proceso repetido de calentamiento, enfriamiento, martilleo y recalentamiento para endurecer y templar el acero. Es un trabajo arduo y dispendioso, pero mientras mayor sea el esfuerzo del herrero, más fuerte será la espada.

En realidad, nuestras horas oscuras nos templan. Para ampliar la metáfora: La vida es el yunque, Dios es el herrero, y las pruebas, tragedias y tribulaciones son el martillo.

En lugar de considerar el martilleo como un castigo, debemos entender que es parte del proceso para hacernos mejores y más fuertes. Tienes que templar el acero para que pueda cumplir sus funciones. Así mismo, el martilleo nos prepara para hacerles frente a nuestros enemigos y superar los obstáculos en nuestro camino.

Y al igual que con la espada, mientras más prolongado y duro sea el martilleo, más fuertes y mejores seremos cuando llegue a su fin. Una vez más, se trata de un asunto de proporción: Obtendremos resultados siempre y cuando nos mantengamos a la altura de la prueba.

Aquí tenemos otra manera de ver las cosas:

Para obtener un resultado, debemos dar algo a cambio.

¿Cuántas veces has escuchado esto?

Es algo cierto. Los atletas olímpicos, las estrellas del deporte profesional y los mejores deportistas universitarios lo saben. Saben que no puedes ser el mejor si no sigues entrenando, practicando e insistiendo aunque te duela. Si renuncias, no podrás competir.

Es así de simple. Tienes que correr a todas horas. Si quieres ir a los Olímpicos, tienes que hacer lo necesario. Tienes que sudar y esforzarte y darlo todo, aun cuando pienses que ya no tienes más para dar. Hoy tienes que intentarlo tanto como puedas. Y mañana, aún más.

> *Si renuncias, nunca alcanzarás tu meta.*

Esos atletas están templando sus cuerpos de la misma forma en que el herrero templa la espada.

Ellos saben que hay muchísimos días en los que no parece haber ninguna esperanza. Ellos saben que hay muchísimos momentos en los que pensarán que el dolor no vale la pena, que nunca alcanzarán su meta, que simplemente no son lo suficientemente buenos.

Pero también saben que si renuncian, perderán. Si renuncias, nunca alcanzarás tu meta. Nunca. Debes mantenerte corriendo. Debes intentarlo a todas horas.

Es cierto para los atletas. Es cierto para los actores. Y es cierto para ti.

Es la verdad de los grandes pensadores, de esos hombres y mujeres cuyas ideas cambiaron el mundo. ¿Piensas que Einstein simplemente se levantó de la cama y desarrolló la teoría de la relatividad un sábado por la mañana? Es el caso también de los grandes empresarios y hombres de negocios, quienes sufren muchos fracasos antes de que una idea les funcione. Se dice que Edison ensayó más de mil veces antes de poder fabricar una bombilla que se mantuviera encendida por un tiempo considerable.

Todos tuvieron sus horas oscuras. Todos tuvieron momentos en los que quisieron renunciar. Todos atravesaron su hora más oscura, un momento en el que pensaron que no podrían soportar más, que simplemente no valía la pena, que Dios no estaba de su lado.

La cantante Jewel Kilcher, más conocida como Jewel, es un ejemplo perfecto. Creció en una casa sin agua en Alaska en los años ochenta. Era tan pobre que vivía en una furgoneta y cantaba por monedas en la calle. Pero estaba decidida. No desistió. Y antes de llegar a los veintiún años, su primer disco salió al mercado y se convirtió en uno de los discos más vendidos de todos los tiempos.

Vemos a estas personas y pensamos que sus vidas son envidiables. Creemos que no han tenido ni van a tener ninguna dificultad, porque sólo reparamos en su éxito.

Pero detrás de esa apariencia de éxito, ellos pueden estar padeciendo esa hora de oscuridad. Detrás de muchas de esas historias de éxito hay dolor y sufrimiento, pruebas y tribulaciones.

La vasta mayoría de las personas exitosas —bien sean estrellas del espectáculo, o que tengan altos cargos en la industria y las finanzas— han pasado por una hora oscura… muy oscura: por la "noche oscura del alma", tal como la llama el escritor católico San Juan de la Cruz. Cuando digo oscura, me refiero a la oscuridad total. Algunos pueden estar en ella. Para varios de ellos, su imagen externa puede llegar a ser sólo eso: Una fachada que oculta, en realidad, una oscuridad continua. Hay algunos a quienes aún les falta experimentar un amanecer, sin importar cómo sea la imagen que proyectan.

Imagina lo ricas que serían sus vidas si experimentaran un amanecer. Ellos tienen éxito según la mayoría de los parámetros terrenales. ¿Qué les tiene reservado Dios que todavía no hayan descubierto? ¿Cuándo sentirán el verdadero gozo que Él tiene para cada uno de nosotros? ¿Qué sucederá entonces?

Obtendremos resultados si nos mantenemos a la altura de la prueba.

A veces escuchamos historias que suceden por azar: Individuos que han ganado inmensos premios de lotería, o varios trabajadores de una empresa que acertaron el número ganador y se llevaron un gran acumulado. Pero esto no es lo normal.

Y, más a menudo de lo que creemos, también es una victoria de corta duración. Es una muestra de lo que podría ocurrir si estuvieran dispuestos a correr más, a enfrentar sus miedos, a ayudar a otros. Es una oportunidad para demostrar que harán algo más que hablar simplemente de hacer lo correcto; es una oportunidad que tienen de ayudar realmente a otros.

No quiere decir que deberían haber devuelto el dinero que ganaron. Pero sí que deberían tomar ese dinero y fundar una obra de caridad o utilizarlo como capital semilla para una empresa que le ayude a la gente a obtener lo que de verdad necesita. Pero en lugar de hacer esto, renuncian a sus trabajos, viajan alrededor del mundo en un crucero, compran una mansión y un auto lujoso. Y pocos años después están arruinados, y en el mismo lugar en el que empezaron.

¿Qué crees que quería Dios?

Pienso que Dios les dio una oportunidad y ellos la arruinaron. Renunciaron a correr. Vieron esa ganancia como el fin, en lugar de verla como un medio para llegar al fin. La vieron como la meta de llegada, en lugar de verla como la línea de partida hacia algo mucho más grande.

Capítulo 9

❧

APROVECHANDO LA TORMENTA

Los individuos buenos se esconden cuando llega la tormenta, pero los individuos destacados se levantan y aprovechan la tormenta para impulsarse y avanzar hacia su destino. Los buenos la ven como un problema, y los grandes como una oportunidad. Esa es la razón por la que, cuando la tormenta se desata, los buenos corren a esconderse, pero los grandes avanzan y dicen: "Esta es mi oportunidad".

A propósito, esto es una realidad desde la perspectiva del pescador.

Sé algo de pesca porque soy de Pensilvana. Trabajé en Boston y Nueva Inglaterra con pescadores de langostas y cangrejos. Y es asombroso saber que la buena pesca comienza antes de la tormenta, en la calma que la precede.

Pero, ¿cuándo se da la buena pesca?, Cuando llega el oleaje. Cuando se aproxima la tormenta. Es algo riesgoso, ¿no es cierto? Pero las recompensas llegan cuando estamos dispuestos a correr riesgos.

> *Los individuos buenos ven problemas; los grandes ven oportunidades.*

No se trata de correr riesgos inútiles ni de soñar con poder saltar de un edificio y volar. No se trata de renunciar al trabajo y abrir un negocio sin tener preparación. Los pescadores saben lo que hacen. Son expertos. Están preparados. ¡Pero de todos modos es algo riesgoso!

Hace unos años presentaron *The Perfect Storm*, una película protagonizada por George Clooney, que narra la historia de unos pescadores que se esfuerzan para tener una buena pesca. A propósito, la película está basada en una historia real. Sabían que la mejor pesca se presentaría cuando las olas

33

golpearan el barco. Cuando el mar estuviera picado. Cuando hubiera nubes y truenos. Sabían que cuando arreciara la tormenta, ellos podrían tener su mejor pesca.

Es un gran riesgo, tal como lo vimos en la película. Puedes perder tu vida en el proceso, tal como les sucedió a algunos de ellos. Pero son muy pocas las personas que entienden que en la hora más oscura, cuando se desata la tormenta, realmente puedes obtener algunos de los mayores logros y resultados de la vida. Puedes terminar no sólo vivo y en buenas condiciones, sino también victorioso.

No quiero decir que pongas tu vida en riesgo. No estoy diciendo que lleves tu vida al límite. Estoy diciendo que la actitud de esconderse hasta que haya pasado la tormenta no es algo que forme parte de nuestro ADN. *Fuimos creados para confrontar la tormenta.* Fuimos creados para avanzar en medio de la tormenta.

Hay demasiados ejemplos en el mundo de los negocios y en la vida de personas que, en su momento más difícil, siguen intentándolo y salen victoriosos.

> *Cuando se levanta la tormenta en la hora más oscura, realmente puedes obtener algunos de los mayores logros y resultados de tu vida.*

Son los Lance Armstrong del mundo quienes de verdad entienden lo que significa seguir intentándolo durante la hora más oscura. Armstrong es el único ciclista que ha ganado siete veces el exigente Tour de Francia. ¡Siete! ¡Seguidos! Uno tras otro.

Y, por increíble que pueda parecer, sus siete victorias ocurrieron *después* de diagnosticarle un cáncer testicular —que se había extendido a sus pulmones y su cerebro— y de sufrir una larga y agotadora quimioterapia acompañada de un régimen de drogas para derrotar su enfermedad. La mayoría de las personas se hubieran alegrado simplemente de sobrevivir. Pero Armstrong no: Mientras luchaba contra el cáncer, tenía su mente puesta en el próximo Tour de Francia. No solamente derrotó al cáncer, sino que salió victorioso en esta competencia deportiva.

La mayoría de las personas renunciaría a seguir compitiendo si descubriera que tiene cáncer. Muchos hubieran renunciado a vivir. Muchos se habrían regodeado en la autocompasión, llorado y maldecido al cielo. Algunos habrían maldecido incluso a Dios, y seguramente habrían pensado: "Dios, ¿por qué me hiciste esto?"

Así piensan las personas que no saben correr en la oscuridad, aquellas que no saben intentarlo en su hora más oscura ni aprovechar la energía de la tormenta. Piensan que el Buen Señor les ha enviado el cáncer por rencor o como castigo por algo malo que han hecho.

Pero veamos más de cerca la historia de Lance Armstrong. Le dio cáncer y se mantuvo firme. Derrotó al cáncer y ganó *siete* veces el Tour de Francia —la carrera de ciclismo más difícil de todas. Y aquí viene lo increíble: un estudio publicado en el Medical Hypothesis en 2006, sostuvo que *el cáncer pudo haberlo ayudado a ganar.* El informe sugiere que los niveles hormonales de Armstrong cambiaron como resultado de la cirugía a la que fue sometido a la vez que mejoraron su desempeño.

¡Esto nos dice que Dios trabaja de formas misteriosas!

Pero seguir compitiendo, seguir entrenando, seguir intentándolo y no renunciar sólo dependía de Lance Armstrong. Dios no condujo esa bicicleta por las montañas de Francia. Pudo haber estado todo el camino al lado de Armstrong, pero fue Lance quien tuvo que pedalear todo el tiempo.

Esta clase de historias demuestra que debes permitir que el momento más adverso te sirva de impulso para confrontarte y tener éxito. Demuestra que tú puedes avanzar en medio del momento más difícil. Que puedes navegar a través de la tormenta y utilizarla para tu propio beneficio.

> *Aprovecha el momento más adverso para impulsarte*
> *hacia tu próximo destino.*

Digámoslo de otra manera.

Todo es cuestión de energía. La tormenta tiene más energía que la calma. Por la naturaleza misma de la actividad, la tormenta tiene mayor energía que un mar en calma: La fricción, la cantidad de energía cinética, la acumulación de energía potencial, es mucho mayor que cuando todo está calmado.

¿Por qué no canalizar esa energía? ¿Por qué no utilizar esa energía como una plataforma que te catapulte hacia tu próxima dimensión?

Eso es lo que necesitamos hacer. Necesitamos tomar la energía de la tormenta y encontrar un camino para canalizarla en lugar de escondernos. Capturemos la energía de la tormenta. Capturemos su fuerza.

En las artes marciales aprendes a utilizar el ataque, el asalto y la energía de tu oponente en contra de él. Aprendes a aprovechar el momento.

Y eso es lo que deberíamos hacer en la vida: Utilizar para beneficio propio aquello que está en contra nuestra; canalizarlo, aprovecharlo y usarlo como una plataforma que nos catapulte a nuestro próximo destino.

❧

Capítulo 10

LADRILLOS SIN PAJA

Todos conocemos la historia de Moisés y los hebreos esclavizados en Egipto.[1]

Los hebreos fueron obligados a trabajar como esclavos y realizaron proyectos masivos bajo las órdenes del Faraón. Era un trabajo difícil y extenuante. Tenían que elaborar y transportar enormes cantidades de ladrillos bajo el resplandor del sol, al calor del desierto egipcio.

Los hebreos tenían que mezclar barro y paja para hacer ladrillos. Era un trabajo muy duro, y cuando Moisés le pidió al Faraón que les permitiera a los hebreos adorar a Dios, su situación empeoró. El Faraón se disgustó tanto que les quitó la paja y básicamente les dijo: "Ya es hora de que hagan ladrillos sin paja".[2]

Su pronunciamiento fue bastante injusto. El trabajo se multiplicó; se hizo más difícil. ¿Cómo podrían convertir el mortero y la arcilla en ladrillos sin la paja que, básicamente, servía de aglomerante? El resultado sería una masa viscosa.

Entonces, el Faraón dijo: "Les voy a quitar uno de los ingredientes básicos, la paja. Ahora tendrán que hacer ladrillos sin paja".

En la vida, algunas veces somos llamados a elaborar ladrillos sin paja. Somos desafiados a seguir construyendo nuestras vidas, aunque no todos los recursos estén disponibles. Algunas veces somos llamados a construir aunque perdimos a esa persona que tanto amamos o tengamos el corazón vacío; cuando no tenemos los recursos financieros ni los mecanismos de apoyo. O cuando no creemos en nosotros mismos. Pero de todos modos somos llama-

---

1 Éxodo 2–40
2 Éxodo 5:7

dos a continuar. Tenemos que construir sin paja. Tenemos que seguir construyendo nuestras vidas.

¿Y qué hacemos?

Bien, los hebreos siguieron construyendo. Tuvieron más dificultades, pero continuaron construyendo.

Y miren la recompensa que tuvieron: El Faraón los liberó finalmente. Dios le envió todas las plagas y el monarca dijo: "No puedo soportar más", y los liberó.

Me parece asombroso cuando la Biblia dice que el pueblo egipcio regaló a los niños hebreos sus riquezas, su oro, sus ropas.

Y entonces el resultado fue una gran cantidad de antiguos esclavos que salieron caminando por el desierto como si fueran millonarios.

¿Por qué? Porque continuaron construyendo cuando no deberían haberlo hecho. Porque continuaron en medio de la mayor tormenta. Porque fabricaron ladrillos sin paja.

Y, una vez más, tenemos una de esas leyes: La recompensa superó la confrontación, la lucha, la pena, la angustia.

> *Algunas veces en la vida, se nos exige que fabriquemos ladrillos sin paja.*

Insistieron aunque no tenían los recursos adecuados. Siguieron intentándolo y haciendo lo que fuera necesario, incluso cuando uno de los ingredientes básicos para lograr el éxito les fue retirado.

¿Actúas como ellos? ¿Sigues adelante cuando te parece que es imposible triunfar?, ¿o acaso renuncias?

Renunciar es fácil. Es muy fácil decir: "Ya basta; no puedo hacerlo". Lo difícil es seguir adelante en contra de todas las probabilidades. Lo difícil es ver el reto como una oportunidad, y decir: "Ya no tengo esto: ¿Con qué *podría* reemplazarlo? ¿Cómo puedo hacer mi trabajo?".

Dicen que la necesidad es la madre de la invención. Cuando las personas realmente necesitan algo, encuentran una solución. Pues bien, estoy aquí para decirte que algunas veces Dios nos desafía para que podamos encontrar algo nuevo. Tu camino al éxito puede superar ese desafío y Dios sabe que la única manera de que tú te des cuenta de ello es poniéndote un obstáculo en el camino.

¿ Si no por qué haría eso? Si las cosas marchan bien, la mayoría de las personas siguen haciéndolas de la misma manera. Dios sabe que puedes creer en ese viejo refrán que dice: "Si no está roto, no lo arregles".

Pero, ¿y qué si se puede hacer mejor? ¿Harías del mundo un lugar mejor si ves que nada está mal? ¿Fabricarías una mejor trampa para ratas si la que tienes trabaja bien? Si lo haces, entonces Dios no pondrá desafíos en tu vida. El reto se dará en tu área más deficiente. El reto se dará en el área en que necesitas mejorar por tu bien o por el de los demás.

O, algunas veces, y tal como les sucedió a los hebreos con los ladrillos, el propósito del desafío no será obvio. El desafío no parecerá estar relacionado directamente con la recompensa. Pero no te engañes al respecto; no es algo casual. Todo sucede por una razón.

❦

Capítulo 11

LAS COSAS YA ESTÁN EN MOVIMIENTO

La razón por la que el sol sale justo después del momento más oscuro de la noche, es porque el mundo gira sobre sí mismo y todo se ha puesto en marcha. Gracias a las leyes naturales, a la física y a la creación de Dios, las cosas han sido puestas en movimiento.

En los diversos congresos en los que he participado en todos los rincones del país, hago girar un globo terráqueo y digo: "Escuchen, este es el planeta Tierra sobre su eje y aquí están los principios newtonianos: La ley de la inercia, la ley de acción-reacción".

Tal como lo explico en esas reuniones, la razón por la que la Tierra sigue girando, a pesar de los meteoritos y cometas, a pesar de los objetos del espacio exterior que han colisionado con ella —y sabemos que han colisionado con el planeta, puedes preguntarle a los dinosaurios que ya no están con nosotros— es porque ha sido puesta en movimiento. Por lo tanto, continúa en movimiento.

Hay muchos cráteres que indican que el planeta ha sido impactado a través de la historia. Sin embargo, continúa girando porque ha sido puesto en marcha. Una vez que Dios lo puso en marcha, continuó moviéndose.

Tu vida es igual. Una vez que Dios inicia las cosas en tu vida y dice: "Anda, sigues tú". Ya estás en movimiento, a pesar de los cometas y meteoritos y de otras cosas que te han golpeado.

Tu apariencia puede cambiar. Puedes encontrarte en una era de hielo. Tu entorno puede cambiar y también algunas de las personas que te rodean. Sin embargo, serás puesto en movimiento.

Todas las cosas de tu vida fueron puestas en movimiento incluso antes de que nacieras. Te explicaré lo que quiero decir:

Años después de haberme comprometido con el ministerio, mi padre me contó una historia.

—Cuando yo tenía catorce años —me dijo—, entré en una iglesia sin la más mínima intención de tener una experiencia espiritual. Para ser sincero, entré porque había una chica con quien yo quería salir.

Era claro que mi padre no era el joven más comprometido de la cristiandad en términos espirituales. Tenía un interés en mente y era aquella chica de ojos azules. Él entró ese día a la iglesia para buscarla, y una misionera que estaba de visita lo llamó.

—Tú; ven aquí —dijo ella.

Nosotros somos Discípulos de Cristo, somos cristianos de la línea principal. Pero la iglesia de mi padre en Puerto Rico se había adherido al movimiento de renovación carismática y creían que Dios podía hablar a través de ellos. (La voz profética puede ser legítima, incluso hoy. La Palabra de Dios nos habla a través de la gente).

—No te conozco —dijo la misionera—, pero sé que de ti y de tus entrañas saldrá una voz que yo el Señor he enviado; que utilizaré para mi gloria y con la que haré grandes cosas. Y será una voz muy poderosa, y muchas vidas serán cambiadas por esa voz que te protegerá a lo largo de tu viaje, por causa de esa voz que saldrá de ti.

Mi padre me dijo:

—Yo tenía catorce años y no sabía de qué me estaba hablando aquella mujer. Y salí de allí pensando, "esto no es normal".

Y varios años después volvió a decirme:

—Y yo seguía sin entender lo que había dicho ella, hasta que vi que tomaste el micrófono por primera vez. Luego —dijo él— Lo supe.

Para mi padre, esa fue una prueba de que las cosas —tanto las buenas, como las malas— fueron puestas en movimiento.

> *Tenemos que dejar que obre la fe.*

Cuando llegan los tiempos oscuros, serán seguidos de un amanecer. Las tragedias, conflictos y momentos difíciles que tenemos en la vida hablan de la bondad, de la grandeza y la plenitud de lo que estamos a punto de experimentar. Lo único que tenemos que hacer es resistir y tener la audacia de correr en la oscuridad.

No nos preocupamos cuando vemos al sol ocultarse al atardecer. Sabemos que saldrá de nuevo. No entramos en pánico cuando la oscuridad se apodera de la Tierra. No renunciamos ni nos acurrucamos a llorar en el suelo. Tenemos fe en que la luz volverá en la mañana y que su calor alejará el frío de la noche. Sabemos que la mañana llegará y que la hora oscura se irá.

Esta fe es sumamente importante. Dios ya puso las cosas en movimiento y puso el elemento de la fe en ello. Y sólo Él puede detener ese movimiento.

Sabemos eso. Y por algún motivo insignificante, podemos tener fe en las cosas grandes, pero no en nuestras propias vidas. Sabemos que el sol saldrá en la mañana. Sabemos que la marea que baja volverá a subir. Sabemos que el invierno será seguido de la primavera.

Pero ignoramos esas cosas en nuestras vidas. No nos ponemos los anteojos de Dios. Cerramos nuestros ojos a la fe y dejamos que el temor nos ciegue. Perdemos la esperanza.

Tenemos que dejar que la fe obre. Tenemos que permitirle que obre. Tenemos que dejar que la fe de Dios fluya a través de nosotros.

Y hacemos esto cuando seguimos corriendo en la oscuridad, con el miedo a nuestro lado. Algunas veces tenemos incluso que correr directamente *hacia* el miedo, hacia nuestro momento de soledad, el cual se convierte en nuestro momento de confrontación y luego nos guía hacia la revelación. Me guía hacia el momento en el cual descubro que todo me está esperando. Me guía hacia el momento en el cual descubro que Dios cuidó mi sendero, cuando descubro que todo ya había sido puesto en movimiento y que mi futuro también está en Sus manos.

Pero yo tengo alternativas. Y aunque las cosas hayan sido puestas en movimiento por Él y mi futuro esté en Sus manos, yo tengo alternativas. Se trata una vez más del libre albedrío: Puedo alejarme de la tumba o puedo correr hacia ella. Puedo correr en la oscuridad o puedo renunciar y quedarme encerrado en mi habitación.

Si renunciamos, no veremos el amanecer. Si permanecemos en casa y nos rehusamos a correr, nunca viviremos nuestra parte final. Si corremos, dejaremos atrás las horas oscuras y encontraremos nuestro amanecer. Si caemos, tendremos que levantarnos de nuevo.

Tenemos que seguir corriendo. Es así como llegamos al amanecer.

Capítulo 12

❧

PREPÁRATE PARA EL AMANECER

Aquellos que sean los primeros en correr a través de la oscuridad, serán los que primero descubran el amanecer. Mientras los demás duermen. Mientras los demás llevan una vida cómoda. Mientras los demás son complacientes. Mientras los demás están satisfechos. Quienes corren a través de la oscuridad encuentran el amanecer.

¿Qué nos dice la Biblia? "Ya es hora de despertarnos del sueño. Porque nuestra salvación está más cerca ahora que al principio, cuando creímos en el mensaje. La noche está muy avanzada y se acerca el día".[1]

Esta es nuestro gran llamado a despertar. Realmente lo es. Creo que la gran mayoría de nosotros pasamos nuestras vidas durmiendo. No literalmente. No tirados roncando en la cama, sino en términos metafóricos. Pasamos nuestras vidas con los ojos cerrados. Pasamos nuestras vidas ajenos a lo que sucede a nuestro alrededor. E incluso cuando soñamos, no nos levantamos ni hacemos estos sueños una realidad.

La inmensa mayoría de nosotros ansiamos logar nuestro sueño; trabajamos y vivimos para él. Pero debería ser al contrario. *Tiene* que ser al contrario.

Deberíamos dormir y esperar el día con ansias. Deberíamos aprovechar el sueño para recargar nuestras baterías —para renovar nuestros cuerpos, refrescar nuestras mentes y revitalizar nuestras almas— y poder salir al nuevo día y hacer que nuestros sueños se hagan realidad. Deberíamos abrir nuestros ojos y aprovechar el día. Deberíamos ir en busca de oportunidades para ser mejores y para hacer del mundo un sitio mejor. Deberíamos salir llenos de energía y listos para hacer Su voluntad, para construir una Cultura del Reino aquí y para crear un cielo en la Tierra.

---

1   Romanos 13:11–12

Imagínate todo lo que podríamos hacer si realmente despertáramos.

> *Cuando corres a través de la oscuridad, encuentras el amanecer.*

La oportunidad se encuentra en ese cambio, cuando las horas más oscuras le ceden el paso al amanecer.

La oportunidad llega cuando tú corres y los demás se rehúsan a hacerlo. Cuando corres a pesar de las críticas, a pesar de los diferentes obstáculos y estorbos. Es ahí cuando despiertas realmente y dices: "Este es mi día. Seré el primero en llegar allá".

No olvidemos que la oscuridad y el amanecer conectan el ayer con el mañana. Yo *quiero* estar allí, en la parte más ancha de la grieta. Yo *quiero* estar allí, con la capacidad y los medios para ser el primero en decirle "adiós" a mi ayer, y para ser el primero en decirle "hola" a mi mañana.

Si corro a través de la oscuridad y no renuncio ni le pido a Dios que cambie mis circunstancias pero le pido en cambio que me haga mejor de manera que yo pueda salir y mejorar el mundo, encontraré el amanecer. No sólo seré recompensado, sino que también me prodigarán regalos.

Dios hace que todo sea mejor. No te hace esperar hasta que el camino termine para recompensarte. ¡La recompensa llega incluso en medio de la competencia! La misma competencia es una recompensa. Cuando corres hacia ese sitio vacío con todo en contra tuya, nunca jamás atravesarás un momento difícil en tu vida sin salir enriquecido de él.

Si aplicas estos principios y te adhieres a ellos y los asimilas, harán parte de tu ADN. Saldrás enriquecido de cada una de las experiencias que tengas. Nunca tendrás que preguntar: "¿Por qué tuve que pasar por este tipo de experiencia?" Simplemente *saldrás* enriquecido. Y tu recompensa será muy superior a todo lo que alguna vez pudiste imaginar.

> *Nunca pasarás por un momento difícil en tu vida*
> *sin salir enriquecido de él.*

Las pruebas y retos de nuestra vida son ordenados por Dios. No se trata de un tipo de teología, de pseudo-masoquismo ni de sufrimiento. Es la realidad de la humanidad. Es la realidad de nuestro viaje personal. Es un proceso.

Vivimos en un universo en proceso, y vivimos en un mundo en proceso, y vivimos en una realidad espiritual en proceso. Con esto quiero decir que no nos podemos saltar los pasos; *debemos* superar etapas. Desde el nacimiento hasta la infancia y desde la juventud hasta la edad adulta, vamos superando etapas durante todo el camino, desde la cuna hasta la tumba.

Es un crecimiento, una maduración de aquello que somos. También hay un crecimiento espiritual en aquello que vivimos, y es en este proceso en el que la oscuridad precede al amanecer. Está ordenado. Hay un propósito. Es un signo. El viejo adagio es cierto: La oscuridad *es* mayor antes del amanecer. Entonces, cuando las cosas están más oscuras, mi gran llamado sería: "¡Prepárate para el amanecer!".

Todos tenemos que afrontar, en algún momento u otro, estas horas oscuras. No puedes escaparte. Están ahí. Son inevitables. Pero después de la oscuridad llega el amanecer: Siempre. Y lo que siente mi corazón es que por medio de la Escritura y de nuestro viaje, lo que el Señor nos está diciendo es que nos preparemos para el amanecer, particularmente en esas horas oscuras de nuestras vidas.

Las mayores oportunidades de la vida llegan durante nuestra hora más oscura. Sé que es difícil de creer. Es difícil de aceptar cuando estás en las profundidades de la oscuridad, cuando las olas arrecian y parece que te estás ahogando y no puedes ver la orilla.

Pero María Magdalena, Pedro y Juan corrieron en la hora más oscura y descubrieron el milagro de la resurrección. Recibieron algo que nunca esperaron, algo más grande de lo que pudieran imaginar, al correr a través de la más oscura de las horas.

¿Piensas que puedes comenzar a imaginarte el milagro que te espera?

> *Las mayores oportunidades de la vida llegan durante*
> *nuestra hora más oscura.*

La gran mayoría de la humanidad nunca experimenta la plenitud. Y lo que quiero decir con esta palabra es que nunca experimentan de lleno lo que Dios quiere que sean sus vidas, es decir el panorama completo. Lo que yo llamaría el factor ¡guau! en la vida. No me refiero a la supervivencia, sino al éxito. Y no sólo al éxito material, no al éxito según los parámetros del mundo; no estamos hablando sólo del éxito financiero y de resultados que pueden medirse y valorarse según la riqueza material y las ganancias. Me refiero al éxito del corazón.

Podemos incluir esos resultados materiales, ya se trate de un hombre de negocios, de un empresario, o de cualquier cosa. Pero más importante aún, deberás encontrar el éxito en tu familia, en tu hogar, en tus relaciones, en tu matrimonio, en ti mismo. A través de tus hijos. De tus nietos. Y poder decir: "¡Lo he logrado!". Y si aún no lo has logrado, saber entonces que: "Estoy en camino".

Ese estado de plenitud es el éxito del corazón.

Y es cuando nos preparamos para el amanecer que entendemos que en ese proceso hay oscuridad y que ésta vendrá. Pero hemos sido puestos en movimiento. Y es porque hemos sido puestos en movimiento que tenemos un amanecer garantizado.

❧

Capítulo 13

Tomando decisiones, encontrando el camino

Al igual que María Magdalena, todos tenemos las mismas alternativas: Podemos permanecer inmóviles en medio de la condenación o correr al amparo de la Gracia. Podemos permanecer inmóviles en medio de nuestros fracasos y pecados, o podemos correr bajo el dosel de la rectitud y la caridad.

Nuestra vida gira en torno a las decisiones que tomamos. Todos los días tomamos decisiones. Y el resultado final de cada jornada está basado en las decisiones que hemos tomado ese día. Y este factor del libre albedrío es lo que nos distingue del Reino animal.

Decisiones.

María Magdalena tuvo alternativas. María Magdalena tuvo algunas opciones. Su opción primordial fue permanecer donde estaba. Pudo permanecer anclada en su pasado. Pudo permanecer inmóvil, evadir responsabilidades o no correr. Pero fue impulsada, fue dirigida a correr hacia la Gracia.

¿Qué la motivó? ¿Qué la levantó esa mañana? ¿Cuál fue su incentivo?

Su incentivo fue, en primer lugar y lo más importante de todo, la redención. Había experimentado la transformación, pues fue amada y aceptada cuando nadie más la aceptó con pureza, honestidad y virtud. Fue guiada por eso. Fue guiada por la *pureza*.

Somos guiados hacia cosas puras. Somos guiados hacia cosas transparentes. Somos guiados hacia individuos transparentes. Hacia relaciones transparentes. Hacia oportunidades transparentes e íntegras.

Dios no elegirá por nosotros, porque elegir es nuestra responsabilidad.

Todos tenemos una pequeña voz adentro que nos susurra —y que algunas veces nos grita— para advertirnos y guiarnos. Sabemos cuándo estamos frente a un charlatán. Sabemos cuándo tenemos un estafador frente a nosotros. Sabemos cuándo una relación no es transparente y cuándo alguien está ocultando algo. Lo sabemos por instinto sin importar de qué se trate. Las mujeres pueden decir que es su sexto sentido. Los hombres lo pueden llamar instinto visceral. Sea lo que sea, allí está.

Todos tenemos ese instinto natural que nos guía hacia la pureza. Somos guiados por algo que es primario, intacto, virgen, santo y recto. Esa es la dirección en que nos guía esa pequeña voz.

Y eso fue lo que guió a María Magdalena en aquel día. Lo cierto es que ella tuvo la opción de no hacer nada, pero no lo hizo. Decidió correr hacia algo que era más grande. Ese era su ímpetu: Eligió.

Todo comienza con una elección. La idea de que Dios bajará de los cielos y elegirá por ti es absurda. Esa no es la forma en que el Señor actúa. Nosotros tomamos la decisión y, cuando lo hacemos, activamos lo divino. La elección activa lo divino. La elección activa el propósito de Dios. Y Dios no elegirá por nosotros, porque elegir es responsabilidad nuestra.

Cada día y cada mañana en que nos levantamos, tenemos que tomar decisiones. ¿Será este tu día más grandioso? ¿Será este un día mediocre? ¿Superarás las circunstancias, los llamados, los desafíos que puedan cruzarse en tu camino?

Puede tratarse de cosas pequeñas o grandes, pero a medida que tomas decisiones, quieres asegurarte de que te lleven a hacer lo correcto. No elijas lo que más te convenga. No elijas lo que sea más fácil. No elijas lo que sea más rápido o pueda favorecerte. Elije aquello que sea lo correcto.

Y aquí está la parte bonita, la parte libre y liberadora: Es algo que depende enteramente de ti.

> *La elección activa lo divino. La elección activa el propósito de Dios.*

Tampoco deberías esperar hasta que el plazo se vaya a vencer para tomar una decisión. No esperes hasta llegar a la bifurcación del camino para decidir en qué dirección quieres ir. No se trata de escoger cuando se presente una disyuntiva, sino de hacerlo por anticipado.

Yo no veo problemas ni desafíos si consideramos las cosas de ese modo; veo oportunidades, porque el desafío es en realidad una oportunidad.

Veo los problemas como el presagio profético de la promesa. Veo cada equivocación como el predecesor de un milagro. Y en el momento en que aparece la equivocación, el problema o el desafío, veo una oportunidad y ya he tomado mi decisión. Ya sé en qué dirección voy. Simplemente estoy actuando de acuerdo con la decisión que tomé.

No espero para decir: "Me han hecho una propuesta, ¿qué hago ahora? Déjame pensarlo". Me despierto en la mañana y digo:

"Lo he decidido. Mi decisión está tomada. Independientemente de lo que se atraviese en mi camino, esto es lo que he decidido. He decidido hacer el bien y no el mal. He decidido ascender en lugar de descender. He decidido ser leal a mi ADN espiritual y no acomodarme a las circunstancias. He decidido mirar más allá de la tormenta y ver lo que Dios me tiene hoy".

"Sé que Dios me tiene algo reservado. Este día. No mañana, sino hoy. Necesito encontrarlo y hoy decidí descubrirlo. Lo descubriré sin importar lo que me cueste".

Esa es la decisión que deberíamos tomar.

❧

Capítulo 14

CORRIENDO HACIA TU
LUGAR DE HONOR

María Magdalena se dirigía a un lugar. No estaba corriendo en círculos y gimiendo y gritando porque había perdido a esa persona tan importante en su vida. Obviamente no permaneció sentada. Pero nosotros sí lo hacemos algunas veces. Nos limitamos a sentarnos y a esperar. O a correr en círculos. No literalmente. Sin embargo, algunas veces también hacemos eso. Corremos en círculos de manera figurativa: Hacemos lo mismo una y otra y otra vez. Y muchas veces eso es incorrecto.

Esa no es la manera de hacerlo. Si las cosas no están funcionando, tenemos que correr hacia algún lugar.

Pero no puede ser a cualquier lugar. Tenemos que correr hacia algún lugar y tiene que ser nuestro Lugar de Honor.

¿Qué quiero decir con esto?

Que muchos de nosotros vivimos en un Lugar Secundario dentro de un mundo secular. No estamos viviendo nuestro objetivo Primario o nuestro propósito Primario.

Citaré un ejemplo de la Escritura en el libro del Génesis:[1]

La Biblia nos dice que Abraham tuvo a Ismael antes de tener a Isaac.

Abraham quería un hijo. Y por supuesto, se apresuró a tenerlo. Abraham inició una relación con una concubina llamada Hagar. Y en lugar de esperar a Dios, quien le había prometido cosas a él y a su esposa, ellos se apresuraron a tenerlo.

Esto habla de nuestra naturaleza humana, porque algunas veces no podemos esperar al Señor. Nos cuesta mucho decir: "¡Cálmate!", pues vivimos

---

1   Génesis 16–26

en un mundo de gratificación instantánea. Y lo más difícil que podemos hacer es lo que nos recomienda la Biblia: "Cálmate y ten presente que Dios es Dios. Nos cuesta calmarnos y dejar que Dios haga su trabajo. Queremos que todo suceda de inmediato".

Abraham y Hagar no eran distintos. Ellos se apresuraron, y Abraham tuvo una relación con Hagar y engendraron a Ismael. Abraham creyó realmente que Ismael era la manifestación de su promesa y la respuesta a sus oraciones. Y entonces se vio al lado de Ismael: "Oré, e independientemente de cómo lo tuve, lo cierto es que ya lo tengo. Tengo un heredero que transmitirá el apellido de la familia, el heredero de mi patrimonio, el heredero de mis carneros y de mi ganado. Tengo a mi hijo. Tengo mi Primer Lugar de Honor".

Sin embargo, él no entendió que más tarde llegaría Isaac. Y mientras Abraham iba con Ismael, creía firmemente que ya tenía su Lugar de Honor. Pero luego vino Isaac, tal como Dios lo prometió, con quien Dios dijo que tendría una alianza, y Abraham comprendió: "Un momento. Hasta ahora he recibido un Premio de Consolación".

Actualmente hay muchas personas, muchos de nosotros que podemos estar en un trabajo de Segunda, acomodados en ese Lugar Secundario, con una manera de pensar de Segunda, en una relación de Segunda con Dios. Independientemente de lo que pueda ser ese Lugar Secundario, nos sentimos muy satisfechos con él, y no nos damos cuenta que Dios tiene un Lugar de Honor para nosotros.

El Lugar Secundario se siente lo *suficientemente bien*, y entonces nunca intentamos algo grande. Entramos al primer restaurante de comida rápida que encontramos, en lugar de esperar hasta encontrar un restaurante que ofrezca comida buena y saludable. Nos levantamos y vamos al trabajo todos los días, a un trabajo que es lo *suficientemente bueno*; nos permite pagar las cuentas y no está tan mal, pero realmente no es satisfactorio. El Segundo Lugar mitigará tu hambre y te mantendrá contento, pero nunca te llenará ni te hará verdaderamente feliz.

Pregúntale si no a mi amigo Gilberto Vélez. Tenía una carrera muy exitosa como médico, y ascendió hasta convertirse en el director de servicios clínicos del Centro Estatal Laredo para el Retraso Mental. Supervisaba los médicos, las enfermeras, los farmaceutas, los psicólogos y todos departamentos, y dirigía también la Unidad de Intervención de Crisis y los Historiales Médicos.

Tenía mucho prestigio; era un médico que ganaba mucho dinero y tenía un personal numeroso a su cargo, con una función realmente importante. ¡Ayudaba a la recuperación de los enfermos! ¿Qué podría ser más importante o más satisfactorio que eso?

Pero eso no era lo más importante para él. Él ayudaba a los demás, pero también quería cambiarlos. En 1977, renunció a su cargo y fundó una iglesia cerca de su antiguo lugar de trabajo. Tuvo que conformarse con una reducción significativa de su salario, pero sintió que la recompensa bien valdría la pena.

Y así fue. Ahora es el director de una exitosa mega iglesia, que se ocupa de la salud espiritual de una feligresía conformada por más de dos mil personas.

Su Lugar Secundario había sido bueno y gratificante, pero Dios no nos hizo para que fuéramos Ismael. Dios nos hizo para que fuéramos Isaac.

El mensaje es el siguiente: Necesitamos descubrir quién es nuestro Isaac. Necesitamos descubrir cuál puede ser nuestro objetivo Primario, para no seguir corriendo al azar ni de vez en cuando. Para no correr sin dirección. Necesitamos identificar nuestra verdadera meta Primaria para saber adónde vamos.

> *Necesitamos descubrir nuestro objetivo Primario para saber hacia donde vamos.*

Hay algunos que intentan proclamar que al enemigo —Satanás, el diablo, la fuerza opuesta, o como quieras llamarlo— le encantaría asegurarse de que nunca tuvieras nada.

Pero yo no estoy de acuerdo con eso.

Pienso que al diablo le encantaría que tengamos algo, pero no aquello que deberíamos tener.

Déjenme explicarles por qué.

Cuando no tenemos nada, buscamos algo. Toda esa idea de que al enemigo le encantaría quitarnos todo y dejarnos sin nada es absurda. Porque cuando no tenemos nada, buscamos algo. Y en la búsqueda podemos encontrar la verdad.

Si alguien quiere que no descubramos la verdad, lo más indicado sería darnos algo que nos satisfaga: Déjame darte esta chocolatina, pues te dará la ilusión de sentirte lleno aunque realmente no sea así.

Eso es lo que recibimos continuamente. Constantemente recibimos chocolatinas en nuestras vidas. Continuamente recibimos satisfacciones a corto plazo que nos mantendrán apartados de nuestra plenitud a largo plazo. Nos conformamos con segundos y terceros lugares, con medallas de plata y bronce en lugar de trofeos de oro.

Y con mucha frecuencia hacemos esto con nosotros mismos porque es más fácil. Abraham no quería esperar. Le era más fácil y conveniente irse con Hagar, y tener lo que quería de inmediato. Era impaciente. No quería esperar a que la promesa de Dios se hiciera realidad. Tenía la promesa. Dios le dijo que su Lugar de Honor estaba en camino. Pero Abraham lo quería *de inmediato*.

¿Te ha sucedido esto alguna vez? ¿Vas a la cocina buscando algo de comer y te las arreglas con lo primero que encuentras o con lo más fácil? ¿Te sucede algunas veces? ¿Prometes que prepararás un sándwich delicioso y saludable o que calentarás un poco de sopa, pero terminas comiéndote un paquete de papas fritas?

Ese es el Lugar Secundario, e infortunadamente, nosotros no sólo lo aplicamos a las pequeñas cosas de la vida, sino también a las más importantes. No estudiamos de noche para adquirir los conocimientos que nos permitirán conseguir un mejor empleo o escalar posiciones en la empresa actual. Simplemente seguimos marcando la tarjeta, ya que así pagamos las cuentas, ¿verdad?

Nos inclinamos por Ismael en lugar de esperar a Isaac.

María Magdalena no lo hizo. Ella buscó su Primer Lugar: Sabía adónde iba.

¿Cómo hago para saber si voy en la dirección correcta? ¿Cómo hago para saber si estoy recorriendo el camino adecuado? ¿Cómo hago para saber si estoy caminando al lado de Isaac y no de Ismael? ¿Cómo hago para saber esto?

Lo sabrás por tus circunstancias, y sabrás también que vas en la dirección correcta cuando los obstáculos se interpongan en tu camino. Sé que esto suena contradictorio pero es cierto: Los obstáculos no se habrían interpuesto en tu camino si no fueras en la dirección correcta.

> *Los obstáculos hacen una de dos cosas: Te empujan*
> *en la dirección correcta o te llevan a un lugar más alto.*

Hay aspectos de nuestras vidas que nos impiden alcanzar nuestro máximo potencial, lograr ese propósito, vivir más de la cuenta, absolutamente, y por encima de todo.

Algunos nos llegan del mundo exterior, pero otros son de nuestra propia invención.

Hay tragedias que realmente escapan a nuestro control: Los conductores embriagados, los accidentes trágicos, las enfermedades. Y al final del día, no nos dicen de dónde venimos, sino hacia dónde vamos. No nos dicen qué hemos hecho mal, sino lo que hemos hecho bien.

Esto no quiere decir que todo lo que sucede en nuestras vidas sea el resultado de fuerzas externas. Yo sostengo que muchas de las cosas que suceden en nuestras vidas —no todas, ni siquiera la mitad, pero muchas a fin de cuentas— suceden debido a nuestros propios actos. Hacemos malas elecciones, seguimos el camino de la tentación en lugar del camino de la rectitud. Y nos rendimos cuando deberíamos perseverar.

La confrontación, las tragedias y los problemas, además de los impedimentos y las barreras que creamos en nuestras vidas, todo eso son obstáculos. Y hacen una de dos cosas: Te empujan en la dirección correcta o te llevan a un lugar más alto.

En otras palabras, los obstáculos te indican adónde debes ir, o se alinean contigo para ir hacia donde necesitas. Te revelan cosas o te guían. Si estás completamente perdido, los obstáculos iluminarán tu camino. Si tienes dificultades, te ayudarán a mantenerte en el camino recto, a ver por dónde debes ir, y a hacer lo necesario para llegar allá.

El hecho de que tengas que superar obstáculos significa que vas en la dirección correcta.

Sé que voy en la dirección correcta cuando me encuentro en la oscuridad y tengo muy poca compañía pero siento paz en mi corazón. Sé que voy en la dirección correcta cuando veo cosas que son invisibles para los demás. Sé que voy en la dirección correcta cuando ayudo al prójimo de manera desinteresada. Y sé que voy en la dirección correcta cuando veo obstáculos. Sin embargo, no dejo que me detengan: Los utilizo para orientarme a lo largo del camino, para que me muestren mi objetivo, o para que me hagan ascender a nuevas cumbres.

Principio Dos

La fe y el temor siempre van de la mano

Capítulo 15

❦

PROBLEMAS Y PROMESAS

La fe y el temor siempre van de la mano. Es una alianza inevitable, y se da en todos los niveles de la realidad, ya sea espiritual, física, metafísica o cósmica. Puedes medir lo que existe por su contraparte respectiva: En la naturaleza, en la física y en las matemáticas, en las relaciones y en la proporcionalidad. Incluso en los principios de Newton: La reacción igual y opuesta a cada acción. En todo lo que vemos y en todo lo que está inscrito en nuestra realidad realmente nos enfrentamos a las dualidades.

Y es por esta razón que nunca tenemos simplemente "problemas". Un problema siempre viene acompañado de una promesa. Siempre hay dos lados en absolutamente todo en lo que participamos y en los desafíos que nos ofrece la vida. Y la fe y el temor son el ejemplo más significativo de esto.

No creo que sea una simple coincidencia que Pedro y Juan se encontraran el tercer día. Cada uno personificaba y representaba nuestra existencia dual. Todos y cada uno de nosotros sentimos fe y temor. De cierta manera utópica, todo es cuestión de fe. En la exaltación del espiritualismo sólo hay fe. Pero la realidad nos demuestra que donde hay fe también hay temor.

> *Un problema siempre viene acompañado de una promesa.*

Cuando tenemos un sueño, probablemente tenemos que enfrentarnos a un par de pesadillas antes de lograr ese sueño. Cuando tenemos una oportunidad, tenemos que enfrentar algunos impedimentos y obstáculos. De nuevo, se trata del principio de Newton aplicado a nuestra experiencia diaria. Es una continuación de la naturaleza, de la creación de Dios: Existe el día y la noche, la fuerza y la resistencia. Y nosotros experimentamos eso mismo.

Yo lo veo bajo una óptica positiva. Tal como veo las cosas, para cada problema debe haber también una promesa. Para cada valle debe haber una montaña. Para cada error debe haber un milagro. Para cada circunstancia difícil debe haber una circunstancia igualmente positiva.

Entonces, cuando yo siento temor, también debo sentir esperanza. Y cuando siento temor debería encontrar mi fe.

Y cuando tenemos fe, podremos evaluar nuestro temor por lo que realmente es. Sabemos que el temor existe. Sabes que cuando acuestas a tu bebé, esperas que pase una buena noche. Sabes que cuando lees una mala noticia económica, sientes temor de que puedan despedirte del trabajo. Cuando abres tu propio negocio, sabes que te preocupa la posibilidad de fracasar. Pero cuando tienes fe, sabes que puedes enfrentar los temores y saber que no están allí para hacerte daño sino para advertirte y mostrarte todas las cosas que puedes hacer para asegurarte de que todo salga bien, al igual que recordarte que debes prepararte en caso de que las cosas salgan mal.

El miedo existe, pero también la fe. Está ahí, con el temor y a su lado. La verdad es que a veces la fe puede estar arraigada en el mismo miedo, y lo único que tenemos que hacer es retirar la capa que la cubre. Sólo tenemos que mirar más allá del temor para encontrar la fe, porque la presencia del temor garantiza la promesa de la fe. Es la presencia misma del temor y su existencia lo que nos asegura que la fe contiene una promesa.

Es posible encontrar la fe al lado del temor. Es posible perseguir nuestros sueños y nuestras metas: La bendición, la realización, ese momento esencial en la cúspide de la satisfacción, tanto en términos intrínsecos como extrínsecos.

¿Podemos lograr nuestro sueño? ¿Podemos materializarlo de manera holgada y abundante? Claro que sí, incluso si el temor está de nuestro lado.

Ahora; es importante tener en cuenta el aspecto semántico. Nunca he dicho que lo hacemos con miedo o desde el miedo, sino que éste está a nuestro lado.

> *La presencia del miedo garantiza la promesa de la fe.*

Regresemos de nuevo a las leyes de la naturaleza, a los diferentes niveles de la realidad; a la reacción igual y opuesta a fin de explicar esto. Es algo que está presente en toda la naturaleza, en la creación y en nuestros viajes: Para cada Goliat debe haber un David, y para cada Faraón debe haber un Moisés.

Es algo que vemos manifestarse en el ciclo de la vida: Por cada persona que fallece, nace otra simultáneamente. Es algo que está presente en todos los aspectos de nuestras vidas.

El miedo y la fe existen del mismo modo. Necesitamos entender que nunca podremos separarnos completamente de la noción, de la idea, ni de la existencia del miedo. La presencia del miedo me dice que la fe está cerca, con una promesa en su mano, y esperando a que yo la tome. El mismo hecho de que confrontemos ese miedo, significa que la fe —su opuesto— está con nosotros.

Así que en nuestro viaje por la vida, en nuestro camino por el camino de los milagros, no deberíamos temer al miedo. No deberíamos acobardarnos ni fruncirnos. Cuando encontramos el miedo, también encontraremos la fortaleza.

Y necesitamos saber (sí, saber) que la presencia de ese miedo significa que la fe está con nosotros.

Capítulo 16

LA FE LLEGA PRIMERO

Pedro y Juan corrieron juntos, pero Juan —y su fe— llegaron primero.[1]

Y el hecho de que Juan haya llegado primero nos dice muchas cosas.

Nos dice que la fe y el miedo pueden ir juntos, que tus pesadillas pueden burlarse de ti por tener un sueño, pero que éste siempre llegará primero. La fe siempre llega primero.

También nos enseña que puedes encontrarte con la debilidad al final del día, que puedes encontrarte con ese obstáculo y que puedes ser imperfecto. Es probable que haya aspectos de tu vida con los que tengas dificultades. Pero si caminas *en* la fe, *con* la fe, *a través* de la fe y *por* la fe para creer, existe entonces una garantía, un principio bíblico y divino, un principio proclamado por Dios, el cual es el siguiente: Si lo haces por fe, ésta siempre llegará primero.

Es probable que tengas que esforzarte para sobrevivir mientras ves al miedo a tu lado todos los días, mientras ves a esa pesadilla. Pero si permaneces concentrado y corres hacia delante, llegarás primero. La fe siempre llegará primero.

> *Si lo haces por fe, ésta siempre llegará primero.*

Sin embargo, lo realmente sorprendente es esto: Juan no llegó primero; lo único que hizo fue mirar. Intenta imaginar el siguiente panorama: Juan llega primero, pero simplemente mira y dice: "¡Lo sabía!". En esencia, quiere decir: "¡Sí!".

---

1 Juan 20:4

Lo único que tiene que hacer la fe es mirar. La fe se contenta con escuchar y con ver.

Fue el miedo, fue Pedro el escéptico, quien simplemente necesitaba mirar más allá y entrar. Pues el miedo nunca se transformará en fe si no hay una transformación y una experiencia.

La fe es creer en lo que no vemos; es la convicción de las cosas que esperamos.[2]

Pero el miedo necesita adentrarse, mirar, tocar y asegurarse de que el cuerpo se ha ido, y que lo único que ha quedado son los lienzos doblados y las ropas que han quedado atrás. El miedo necesita dirigirse al vestíbulo y saber con certeza que no hay nadie allí. El miedo necesita la evidencia para convertirse en fe. El miedo necesita pruebas. El miedo necesita llenarse de experiencias y afectos, en términos emocionales, espirituales y físicos. El miedo necesita abrumarse completamente con la realidad.

Y en el caso de Pedro, la realidad fue sumamente abrumadora: Jesús no estaba allí.

> *El miedo nunca se convertirá en fe sin la transformación y la experiencia.*

Me parece sorprendente el hecho de que Pedro haya entrado y tenido esa experiencia mientras Juan permanecía afuera, y que luego lo haya acompañado. Lo que me parece maravilloso es que la fe llegó primero, pero no entró. En lugar de apresurarse, la fe abrió el camino y dejó entrar al miedo. Para decirlo en pocas palabras, la fe dijo: "¡Mira! Te lo dije".

Juan llega primero y empuja a Pedro para que éste pueda afrontar su miedo.

El miedo y la fe siempre van de la mano, pero la fe llega primero y empuja al miedo para que vea la evidencia que necesita. La fe llega primero para ayudarnos a ver nuestros miedos. La fe llega primero para darnos el empujón que necesitamos, en el momento en el que más lo necesitamos.

---

2 Hebreos 11:1

Capítulo 17

❧

SUPERANDO NUESTROS MIEDOS

Algunas personas necesitan algo más que el simple acto de mirar. Somos como Pedro y necesitamos mucho más que simplemente ver: Necesitamos experimentar.

Eso está bien, pues es así como superamos nuestros miedos.

Mi miedo se convertirá en fe en el momento en que yo decida entrar. Esta es una parte del legado de Pedro: él siempre entró. Entró a las aguas cuando todos los demás permanecieron en el bote.[1] Entró a la tumba vacía y descubrió los lienzos en el suelo.[2]

¿Fue Pedro el temeroso quien se arrojó a las aguas? Por supuesto que no. ¿Fue Pedro el temeroso quien le cortó la oreja al soldado cuando éste se disponía a arrestar a Jesús? Por supuesto que no. ¿Fue Pedro el temeroso quien entró solo a la tumba vacía? Por supuesto que no.

¿Cómo hacemos entonces para superar nuestros miedos? De la misma forma: Entrando. Piensa en eso: ¿Hay algo más asustador que entrar a una tumba?

¿Quién de nosotros ha entrado a un sepulcro en horas de la noche? ¡Es algo terrorífico, propio de las películas de terror!

Cuando nos vemos desafiados por ese momento y esa circunstancia, tenemos dos alternativas. Podemos correr lejos de la tumba o hacia ella. Lo que nos dice la historia de Pedro y Juan es que podemos correr incluso cuando estamos dominados por el miedo, y no por la fe. Cada día, podemos correr como Pedro o Juan.

---

1 Mateo 14: 29
2 Juan 20: 5–6

> *Mi miedo se transformará en fe en el instante en que yo me atreva a entrar y a confrontar esa circunstancia.*

Habrá días que despertemos como Pedro, y habrá otros en que despertemos como Juan. En mis días como Pedro, en mis momentos como Pedro, la audacia de entrar me llevará hacia delante y me aproximará hacia mi meta. El valor y los recursos para confrontar mi miedo me harán avanzar por el Camino de los Milagros.

Pero, ¿qué es lo que me hace entrar? ¿Cómo puedo superar mi temor, vencer mis inquietudes, superar mis aprehensiones y llegar a ese lugar? Al entender el principio de que existe una seguridad, una verdad, una realidad bíblica, divina y cósmica de que si yo entro, mi miedo se transformará en fe; que yo veré aquello que necesito ver y lo experimentaré.

Ocurrirá una transformación en el instante en que yo me atreva a entrar y a confrontar esa circunstancia.

Así que en mis momentos más oscuros en los que dudo de mí, tengo que dar un paso adelante y creer que puedo lograrlo. Tengo que creer que Dios tiene esos tesoros reservados para mí. Tengo que creer que Dios ya ha labrado un camino para mí.

Pero hay un requisito para recibir esos tesoros y para el camino que Dios nos ha preparado. Yo necesito confrontar mi mayor temor en mis momentos más oscuros, y en el lugar más solitario de todos: En la noche oscura del alma.

> *Hay vida después de los momentos más difíciles.*

El secreto del éxito por excelencia, la diferencia entre lo bueno y lo grandioso, entre la mediocridad y la excelencia y la abundancia, es avanzar en la hora más oscura y confrontar tu mayor temor en las circunstancias más solitarias.

Eso es lo que marcará la diferencia.

La diferencia entre tener un negocio, sueño o momento mediocre y otro que sea grandioso; la diferencia entre lo aceptable y lo destacado: Esa cúspide ese epítome de la realización y la satisfacción, de vivir los Momentos Actuales en los que la voluntad perfecta de Dios se manifiesta en tu vida, donde el destino perfecto de Dios se materializa por completo, está en integrar y confrontar tu mayor temor.

Esa es la diferencia entre una nota promedio y la calificación más alta. Dime una cosa: Cuando lo piensas en términos retrospectivos y examinas todo lo que has sido, tenido y lo que has hecho en tu vida, ¿quieres sacar una nota promedio? ¿Quieres una nota que sea simplemente aceptable? ¿Realmente quieres examinar tu vida y decir que fue *medianamente buena?*

No. La vida no consiste en eso. No se trata de vivir al setenta por ciento, al cincuenta por ciento, al ochenta ni al noventa por ciento.

¿Qué sucedería si pudiéramos vivir al ciento por ciento en el destino perfecto y divino de Dios? ¿Si pudiéramos vivir al ciento por ciento del propósito de Dios para nuestras vidas? ¿Qué pasaría si todo lo que Dios tiene para nosotros —la excelencia, la abundancia— lo pudiéramos vivir y materializar ahora mismo? No al final del viaje, no cuando tenga ochenta y tres años, no antes de que redacten nuestro epitafio: ¿qué tal si pudiéramos vivir al ciento por ciento en la plenitud de lo que Dios tiene para nosotros, cada uno de los días de nuestras vidas?

¿Qué sucedería si el reino de Dios pudiera ser una realidad en todos los días de mi vida? ¿Qué sucedería si el cielo pudiera tocar la tierra cada uno de los días de mi vida?

Esto es posible y es lo que dice la Biblia: "Tened por cierto que el reino de Dios está en medio de vosotros".[3] Es posible si yo estoy dispuesto a entrar a ese lugar sombrío en la hora más oscura, cuando estoy dominado por el miedo. Es fácil hacerlo cuando estoy dominado por la fe. Es fácil hacerlo si lo creo y lo veo, y estoy abrumado por la seguridad, y todas las circunstancias son maravillosas.

Pero no es tan fácil cuando he acabado de negarlo, cuando básicamente, le he dado mi espalda al destino y a mi propósito. No es tan fácil después de caer y fracasar, después de perder esa oportunidad en los negocios, después de que tus inversiones fracasaron de forma miserable, después de saber que te han rechazado, después de divorciarte, después de ese momento de fracaso y debilidad.

---

3 Lucas 17:21

Sin embargo —y ésta es la novedad de mi tesis— después de haber negado, después de haber fracasado, *tú puedes* levantarte y entrar a ese lugar al que creías que no debías entrar.

> *El Reino de Dios puede hacerse realidad en tu vida,*
> *y el cielo puede tocar la tierra a través de tu vida, cada día.*

Veamos más allá de la perspectiva religiosa y de la fe del Cristo resucitado. Veamos (si podemos) el escenario natural, ese momento que nos habla de la vida después de nuestra crucifixión, de la vida después de nuestras circunstancias más difíciles. De la vida después de haber sido abandonados y crucificados, de haber sangrado y de tener una corona de espinas, no sólo en nuestra cabeza, sino en nuestra corteza cerebral, en nuestras mentes, en nuestros pensamientos y en todos los órganos del cuerpo; cuando somos lacerados, cuando somos heridos y dados por muertos, y cuando todo lo que hay en nuestro interior se hace visible.

Ese es el mensaje del Tercer Día: que *hay* vida después de los momentos más difíciles, que hay vida después de tu crucifixión, que hay vida después de tu Gólgota. Que hay vida después de que has sido herido, que hay vida después de que seas despojado de tus ropas. Que hay vida después de que te dieron vinagre para calmar la sed. Que hay vida después de todo eso.

¿Puedes reivindicar tu destino inmediatamente después de eso? Claro que sí.

Capítulo 18

❧

UTILIZANDO EL MIEDO
PARA AYUDARNOS

Si hay alguien que no debió ir a la tumba en aquel tercer día, si hay alguien que no debió correr, si hay alguien que no debió acompañar a Juan, si hay alguien que estuviera descalificado, era Pedro.

Había otro hombre que no debía estar allí y que no fue. No podía hacerlo. Y el que no debía estar allí murió. Quedo descalificado; CLAUDICÓ. Rechazó el amor y la piedad infinita e incondicional de Dios. Ese otro que no debía estar allí y que naturalmente no fue, era Judas.

Pero créanme: Si hay alguien que no debía estar allí, que estaba tan asustado por toda esa experiencia en ese momento fundamentalmente histórico, de abundancia de vida, en ese momento que nos habla a nosotros, fue Pedro.

Nadie debía estar más descalificado que el "Señor Miedo", pero él se atrevió. Y lo hizo porque estaba acostumbrado a hacerlo. El miedo tiene algo que a veces se manifiesta como un gran impulso motivador.

La fe es la seguridad y la convicción de las cosas que esperamos y que no hemos visto. La fe no necesita correr ningún riesgo. La fe cree.

El miedo no cree; el miedo corre riesgos.

> *A veces podemos aprovechar nuestro miedo*
> *para comprobar que era infundado.*

Pedro —el Señor Miedo— estuvo dispuesto a correr riesgos en más de una ocasión. Ahora, ¿por qué se atrevería a correr riesgos si sentía miedo? Porque el miedo corre riesgos. A veces podemos aprovechar nuestro miedo para comprobar que era infundado. El miedo actúa como un estimulante que libera adrenalina. Actúa como una motivación intrínseca, así sea apenas por un instante. El miedo sólo echa un vistazo fugaz.

La fe cree todo el tiempo, pero el miedo se esconde en las sombras. Sabemos esto porque Pedro negó a Cristo y por lo que hizo después. El miedo se siente incómodo con las oportunidades y le teme a la confrontación. Pero el miedo también tiene la inclinación intrínseca a correr riesgos, y por lo tanto se atreve. El descubrimiento ocurrió en un lugar en el que nunca jamás debería haber entrado.

El miedo corre riesgos, y por eso se atrevió, pues le teme más al hecho de ignorar. El mayor temor que siente el miedo es saber si puede entrar o no a un lugar donde se transformará para siempre. El miedo puede controlar muchas otras cosas: Puede controlar el miedo al fracaso y al rechazo. Pero, ¿puede controlar el temor a ignorar y a vivir en la ignorancia? La respuesta es NO.

Lo que tememos y la magnitud de nuestro miedo equivale a la magnitud de nuestra fe. Mi miedo es proporcional a mi fe. Si temo retroceder treinta pasos, esto significa que mi fe realmente me está impulsando a avanzar treinta pasos.

Entonces, el factor miedo funciona a mi favor, y no en mi contra, siempre y cuando yo camine y vaya a su lado, pero no me deje llenar de él. Mientras que yo camine y corra a su lado y no lo lleve dentro, el miedo nunca me atrapará. No puede controlarme, pero yo sí puedo controlarlo a él. Puedo controlar ese miedo y puedo aprovechar su energía para que me catapulte. Ese miedo al fracaso, al rechazo, a la decepción, a la soledad, a nunca alcanzar las metas, a nunca vivir con excelencia y abundancia, por encima de todo, el miedo a perder mi familia o mi sanidad mental, el miedo a lo que sea, el miedo al miedo, a no hacer lo correcto, actuará como un catalizador para que la fe llegue a nosotros.

> *El miedo funciona a mi favor, y no en mi contra,*
> *siempre y cuando yo camine y corra a su lado y no lo lleve dentro.*

La fe y el miedo siempre irán juntos. Tus sueños siempre estarán acompañados de una pesadilla. Pero quisiera cambiar mis palabras, darles un giro, y decir:

Tu pesadilla siempre estará acompañada de un sueño.

En lugar de decir que tu éxito siempre estará acompañado por el fracaso, preferiría decir que en donde quiera que veas un fracaso, tu éxito deberá estar cerca. Donde quieras que veas desintegración, verás integridad, pues siempre van de la mano. Lo igual y lo opuesto siempre van acompañados. El fracaso puede caminar a tu lado, pero la fe está en ti, y el éxito deberá estar cerca.

Capítulo 19

ENCONTRÁNDONOS A NOSOTROS MISMOS EN LA SOLEDAD

Pedro representa el miedo, pero también la impetuosidad, la angustia, y a todos aquellos que han tropezado al intentarlo. El miedo genera dudas, socava nuestra confianza y nos vuelve ansiosos. Y tal como nos demostró Pedro al caminar sobre el agua, el miedo nos hace tambalear y caer.

Juan representa la fe, pero también representa la soledad y el retiro. Él ha perdido a su mentor, ha perdido a su guía, y por lo tanto está sólo.

Y aunque Juan es fe y de cierta manera está solo y se vale por sus propios medios, también está confortado por la realidad de su fe, por su convicción de que al final del día se reunirá de nuevo con su maestro. Él tiene la convicción inquebrantable de que ya entiende el fin. Él dice: "Entiendo el último capítulo antes de que se haya escrito o leído el primero".

Él entendió eso y no necesita tener un momento de soledad para confrontarse a sí mismo, pues la fe contrarresta multitudes de soledades, de pecados y de aislamientos.

> *En la soledad nos encontramos a nosotros mismos.*

Sin embargo, Pedro necesitaba ingresar al ámbito de la soledad, pues él encarnaba el miedo. Hay una diferencia entre ingresar al ámbito de la soledad y llevarla. Juan llevaba aquella soledad, pero creo firmemente que la dejó allí, a un lado de la tumba, con el simple hecho de ver, mirar y comprender: "¡Ajá! Lo sabía. Siempre lo he sabido. Él lo prometió. Yo creo. Estoy aquí para afirmarlo. Yo lo sabía".

Juan pudo estar solo y sin Jesús, pero no se sentía solo porque sabía lo

69

que le esperaba. Pedro se siente solo incluso cuando está con Jesús, y podemos ver la prueba de ello en algunos momentos de su confrontación.

> *Si nos encontramos y estamos en paz con nosotros mismos,*
> *nunca estaremos solos.*

Es por eso que Pedro necesitaba aventurarse en la soledad, para estar realmente solo y saber que podía hacerlo por sus propios medios, que podía defenderse y enfrentar su miedo personalmente, pero que no estaba solo después de todo. Él podía estar solo. Si nos encontramos y estamos en paz con nosotros mismos, nunca estaremos solos.

Entonces, necesitamos estar solos para saber que no estamos solos. Necesitamos sacar el tiempo para ver que podemos tener lo que tenemos en nuestras vidas y que tenemos un propósito y una recompensa.

En la soledad nos encontramos a nosotros mismos, del mismo modo en que lo hizo Pedro.

Capítulo 20

❧

EL MIEDO Y LA FE SE NECESITAN MUTUAMENTE

Realmente no puedes tener fe sin caminar de la mano del miedo. No puedes sentir la plenitud de la fe sin sentirte confrontado por el miedo. El miedo y la fe se necesitan mutuamente.

Esta idea y concepto de que todo es absolutamente positivo y que si lo sabes y lo pides será tuyo y la vida será un lecho de rosas, es algo completamente equivocado. En realidad, quienes dicen esto nos quieren meter gato por liebre.

Lo cierto del caso es que hay épocas en las que sentimos miedo cuando nos enfrentamos a circunstancias difíciles. Pero el miedo y la fe se necesitan mutuamente. Yo diría que el miedo no puede tener éxito sin la fe, y que la fe no puede tener éxito sin el miedo.

Aunque te sientas muy cómodo en la vida, el miedo te impulsará a seguir adelante, porque tú no estás satisfecho con eso; porque temes estar perdiéndote de algo que hay delante de ti. Y temes que te puedan arrebatar eso.

Yo lo comparo con las historias de los inmigrantes y de los sobrevivientes del Holocausto, quienes dicen: "Lo perdimos todo. Vinimos aquí para salir adelante". Ellos sobrevivieron, y por lo tanto tuvieron éxito".

> *El miedo no puede tener éxito sin la fe,*
> *y la fe no puede tener éxito sin el miedo.*

La fe hizo que los inmigrantes y los judíos sobrevivieran a los horrores que sufrieron, pero fue el miedo el que los empujó a seguir adelante. Lo perdieron todo salvo sus vidas, y sabían que podían perderlo todo de nuevo.

Temieron que alguien volviera a arrebatárselo todo, así que se esforzaron aún más. Varios de ellos recuperaron lo que habían tenido y consiguieron mucho más.

Veamos el ejemplo de los sobrevivientes del Holocausto, del genocidio de Ruanda, de los refugiados del Khmer Rojo en Camboya, veamos las purgas que han ocurrido en los últimos cien años, incluyendo la perpetrada por los turcos a los armenios a comienzos del siglo XX.

Si lees en primera persona los relatos e historias de quienes sobrevivieron a esas limpiezas étnicas, verás que reaccionaron huyendo. Corrieron en la oscuridad y se adentraron en circunstancias en las que otras personas no se hubieran atrevido incluso si tuvieran miedo. Cuidan lo que tienen por el temor a que la historia se repita, a perderlo todo: Sus bienes y pertenencias, e incluso sus vidas.

Una vez más, se trata del miedo y de la fe. Tienen la fe que les permitió recobrarse después de las circunstancias más difíciles y horrorosas.

Sin embargo, aunque esas épocas oscuras han quedado atrás, su temor no ha desaparecido. Ellos tuvieron la fe para recuperarse, pero comprendieron que sentir ese poco de miedo, sin sucumbir por completo a él, ese pequeño gen del miedo instaurado en su ADN, les sirve para recordar que su situación podría repetirse si no tienen cautela.

> *El miedo huye del pasado, pero la fe avanza hacia el futuro.*

Pero el miedo no obra sólo. El miedo nos hace mirar atrás por encima del hombro para ver si el pasado se repite de nuevo. Pero la fe mira hacia adelante, hacia lo que puede ser. El miedo huye del pasado, pero la fe avanza hacia el futuro.

Pedro escapó del pasado, pero Juan avanzó hacia el futuro. Pedro estaba huyendo de su negación, de su fracaso y de su pasado. El miedo huye del pasado, de las oportunidades desperdiciadas del pasado, de las heridas del pasado, de los dolores del pasado, de las circunstancias del pasado.

El miedo huye del pasado. El miedo huye del miedo. El miedo huye del rechazo.

La fe avanza hacia la sanación y la restauración. No se trata de un asunto semántico. Es realmente importante entender el contexto: El uno escapó; el otro avanzó.

Pedro escapaba de la cruz, huía de la traición y de la negación. Huía de las heridas y contusiones del perdón. Pero sin embargo huyó.

No obstante, debemos ser cuidadosos. No estoy promulgando el principio de que si eres rechazado, vives situaciones difíciles y tienes relaciones difíciles, deberías por tanto huir de las nuevas oportunidades. No debes hacer esto. Necesitas dejar que esa energía —la energía del miedo— te catapulte hacia un lugar de confrontación.

Para Juan, la tumba fue un lugar de afirmación.

Para Pedro, fue un lugar de confrontación.

Pedro huyó de su pasado, pero básicamente corrió hacia un momento de confrontación cuando no tenía otra alternativa que enfrentar cara a cara lo que era tanto su mayor ansiedad como su mayor recompensa.

Piensa en esto. Si Pedro hubiera entrado allí, y el cuerpo de Cristo todavía estuviera, la negación de Pedro sería menos impactante. Pero si entrara y viera evidencias de una posible resurrección y no de que el cuerpo fue raptado, entonces tendría una prueba.

> *Debemos correr cuando tenemos miedo para poder confrontar aquellas cosas que tememos.*

Así que el uno huye del pasado y el otro avanza hacia el futuro, pero tu miedo más grande siempre se dirigirá hacia una instancia de confrontación. Debemos correr cuando tenemos miedo para poder confrontar aquellas cosas que tememos y confrontarnos de verdad.

En otras palabras, yo le diría a una persona que haya salido de una mala relación, o de una serie de malas relaciones, que no puede escapar de todas las relaciones. Que no puede escaparse o asustarse cuando alguien demuestre un interés en ella, o cuando esta persona comienza a interesarse en alguien. Yo le diría a esa mujer que está huyendo de esa relación, a esa mujer que padeció una relación tormentosa o un divorcio difícil; a esa mujer que fue abusada física, emocional, mental, intelectual, sexual y espiritualmente, que sacrificó su carrera por ese matrimonio destruido por la infidelidad de su ex esposo: Eventualmente terminarás en la tumba vacía.

Es probable que ella haya conocido a otros hombres desde que se divorció. Es probable que haya conocido hombres magníficos que llenaran todas las expectativas, pero ella huyó de ellos.

No podemos enfrascarnos tontamente en todas las relaciones que se nos presentan, pues eso sería correr. Pero tampoco puedes escapar de cada una de las relaciones que se te presentan. Tienes que ser sabio, pero tienes que estar dispuesto a confrontar tu miedo. Eventualmente terminarás en la tumba vacía.

Mientras más rápido lo entiendas, más rápido podrás seguir adelante y ver que el segundo capítulo realmente es mejor que el primero.

Eso fue lo que le sucedió a mi amiga Aurea Luz. Su primer esposo la abandonó, y ella se dedicó a criar a sus dos hijos pequeños, a protegerlos de los vendedores de droga y de los delincuentes del vecindario en que vivía en su pequeño apartamento de Nueva York. Trabajó mucho para mantenerlos, tomaba dos o tres autobuses para llegar a la fábrica donde ganaba el salario mínimo como costurera. No tenía tiempo para un nuevo amor y tampoco lo quería. Su experiencia le hizo decidir que nunca se casaría de nuevo.

Ella nunca recibió ayuda del gobierno; siguió creyendo que si trabajaba duro y perseveraba, Dios la recompensaría más de la cuenta, absolutamente y por encima de todo, y que su dolor se transformaría en prosperidad.

Después de estar quince años sola, Aurea se vio recompensada por su fe de una forma que nunca había imaginado. Un hombre al que había conocido cuando estaba joven, pero con quien nunca había hablado, regresó a su vida.

Eusebio se había separado y estaba cansado de estar solo. Había comenzado a pedirle una compañera a Dios. Su hijo conocía a Aurea, y le dio su número telefónico a su padre. Después de hablar durante un año por este medio, decidieron conocerse personalmente. Fue amor a primera vista y se casaron al día siguiente.

Pero Dios no terminó de concederles milagros a Aurea y a Eusebio.

La compañía en la que él trabajaba le aumentaba el sueldo constantemente, y Eusebio comenzó a invertir en bienes inmobiliarios. Como dice la

Biblia: "Acuérdate de Jehová tu Dios, porque él te da el poder para hacer riquezas".[1]

Actualmente, Aurea y Eusebio se han retirado y viven en una mansión en el Caribe. Tienen varias propiedades, pero continúan sirviéndole a Dios y recordándoles a sus nietos que: "Hágase en vosotros según vuestra fe".[2]

---

1 Deuteronomio 8:18
2 Mateo 9:29

❧

Capítulo 21

CONFRONTA TU MIEDO

La verdad es que has nacido para correr hasta que confrontes tu mayor temor. Esto ocurrirá el día de hoy, en veinte, treinta o cuarenta años, o cuando estés agonizando, pero es algo inevitable. No morirás sin confrontar ese miedo, aunque estés en tu lecho de muerte.

Yo preferiría que lo hicieras hoy. Confróntalo y transfórmate: En eso consiste la liberación.

Cada día que no confrontes tu miedo es una oportunidad desperdiciada para vivir el momento; es una oportunidad desperdiciada para vivir la vida con la mayor plenitud. Es un día que no viviste. Claro que lo viviste en tu existencia física y lo viviste superficialmente. Pero eso no es vivir. Existir sí, vivir no.

Hay una diferencia entre existir y vivir. Exististe ese día, pero no viviste. Ocupaste espacio. Ocupaste la realidad que hay entre la materia y la antimateria. Tu energía en este planeta ha sido cinética y potencial, y no energía aplicada. Sólo has existido y ocupado espacio.

Confronta tu miedo y transfórmate: En eso consiste la liberación.

Pero vivir es despertar cada día dispuesto a seguir y a tener un propósito en tu vida. Es despertar cada día con el destino. Es despertar cada día con la Cultura del Reino, con el ADN que te regaló Dios, y saber que trabajarás de manera incansable para asegurarte de que aquello que has dejado atrás es mejor que lo que has recibido. Y que tus hijos y los hijos de tus hijos continuarán haciendo esto, y que vas a enriquecer sus vidas así como ellos enriquecen la tuya.

Es vivir cada día con la certeza de saber que estás cumpliendo la voluntad perfecta de Dios. Es saber que tus conexiones verticales —con el cielo y con Dios— tienen consecuencias horizontales aquí en la tierra. Es saber que vas a conocer personas a las cuales cambiarás y en las que tendrás un impacto profundo. Es saber que ese día tendrás oportunidades para cambiar vidas, y que no se trata de una coincidencia. No si creemos en Dios; no si creemos en el destino.

Agreguémosle esto al libre albedrío y a las opciones que tenemos. Y entonces, a un nivel general, comprenderemos que no son ocurrencias fortuitas, sino que Dios nos da oportunidades para producir un impacto, para cambiar y transformar. Y toda vida que yo cambio enriquece mi vida; enriquece la tuya y la mía, y enriquecemos a la humanidad y a nuestra hermandad.

> *Confronta tu miedo y serás transformado; evítalo y serás esclavizado.*

Cada día que yo no confronte, cada día que siga evadiendo, evadiré un día de vida auténtica y será un día en el que simplemente existiré.

Pero yo no quiero vivir mi vida para morir; yo estoy muriendo para vivir. Estoy dispuesto a crucificarme diariamente para vivir. Estoy muriendo para vivir. Yo no vivo para morir.

Todos los días despierto muriendo para vivir. Me levanto, salgo y me aseguro de crucificar mi miedo, mis temores, mi ansiedad, mi inseguridad, mis debilidades, mi vicio, mi carnalidad: Todo aquello que no me permite vivir plenamente. Esa mala decisión, esa inclinación errónea. El rugido del animal del reino que hay en mí, esa parte que no piensa las cosas con lógica y razón, sino que simplemente reacciona. Yo reacciono a mis deseos carnales. Yo reacciono incluso, y en cierto grado, a mis deseos emocionales. Eso es lo que yo debo crucificar todos los días. En caso contrario, simplemente existiré.

Por lo tanto, todos los días muero para vivir: Todos los días.

Veo mi miedo y digo: "Estás muerto". Ese es el pensamiento que acude a mi mente. Lo enfrento de inmediato; lo confronto y no lo evito. Y digo: "No tienes autoridad sobre mí: ¡RETROCEDE, SATANÁS!"[1]

---

1 Mateo 16:23

La buena noticia es que todos los días tengo la capacidad, el abandono, el ADN que me ha obsequiado Dios para deshacerme de ese miedo.

Por otro lado —y no diría que es una mala noticia, sino la realidad— el miedo aparece de nuevo cada mañana. *No* se trata de una eliminación definitiva del componente del miedo, sino de una confrontación *diaria* con él. "Debemos APRENDER a no tener miedo", como nos lo recordó el papa Juan Pablo II a todo los cristianos.

> *Cada día que no confrontes tu miedo es una oportunidad*
> *que pierdes de vivir tu vida con plenitud.*

Todos sentimos miedo. Yo también le temo a todas las cosas que mencioné anteriormente. Siento miedo de perderlo todo; de tomar decisiones erradas que impacten a cientos de miles o a millones de personas; miedo de tomar decisiones equivocadas; miedo de mi inclinación para hablar por aquellos que no pueden hacerlo, de hacer más daño que bien; miedo a la arrogancia; miedo a creer que puedo hacer esto por mis propios medios; miedo a depender exclusivamente de mi propia energía y fortaleza.

Pero yo no permito que mis miedos se apoderen de mí: Los confronto y los domino.

Temo serle infiel a mi esposa, a mis hijos, a mi legado y herencia, y por eso confronto esos miedos. Los miedos que me hacen dudar, vacilar y esperar: A esos los confronto.

Esos miedos aparecerán tarde o temprano, pues ahí están. Pero yo los confronto todos los días.

Capítulo 22

❧

ESCONDIÉNDONOS DE NUESTROS MIEDOS

No es un secreto que las personas utilizan drogas para huir de sus miedos. Se refugian en el alcohol, en el sexo y en los placeres carnales. No buscan placer: Buscan escapar. Ellos pueden DECIR que quieren curarse de sus miedos, pero mienten. Las curas son dolorosas, y lo único que ellos quieren es un alivio.

Pero eso no funciona. Eso no es curar ni enfrentar nuestros miedos. Eso es huir del miedo y encontrar un escape momentáneo que únicamente lo empeora.

Nos valemos de estos escapes para evitar la luz del día, ya que podría revelar nuestras limitaciones y nuestro temor. Pero como caminamos con miedo, tendemos a ocultarnos en las sombras y en algo: Las drogas, el sexo, las relaciones, el juego, las adicciones y los comportamientos compulsivos. Estos actos hablan más de nuestros miedos que de cualquier otra cosa.

Nos hacemos daño en nuestro esfuerzo por ocultarnos de nuestros miedos. En vez de confrontar el miedo, nos ocasionamos más dolor a nosotros mismos y a los que nos rodean: A quienes amamos. En vez de lidiar con el verdadero problema, añadimos más problemas a nuestras vidas. Las cosas nunca mejorarán si nos escondemos de nuestro miedo: Sólo empeorarán.

Miedo + Confrontación = Revelación de la fe.

Es por eso que hago énfasis en la confrontación que conducirá a la revelación, en la urgencia de confrontar ese miedo para revelar la fe. Es una fórmula sencilla que contrarresta el miedo y destaca nuestra fe: Miedo + Confrontación = Revelación de la fe.

Lo que vivimos actualmente, en el siglo XXI, son momentos de intervención. Esos individuos que luchan con la adicción a veces experimentan una intervención de sus familiares y seres queridos. Se encuentran rodeados de personas que se interesan en ellos. La intervención es la confrontación de *facto*.

Pero no somos nosotros quienes nos atrevemos a confrontar, sino los demás quienes lo hacen por nosotros. Sólo será suficiente cuando logremos confrontar nuestros miedos por nuestros propios medios. Es por eso que tropezamos, porque no nos atrevemos a confrontar.

Es necesario tener compañeros para avanzar. Esos compañeros pueden ser nuestros muros de protección, pero en últimas no pueden hacer las cosas por nosotros.

Yo tengo que confrontar mis temores por mí mismo si realmente quiero cambiar mi vida.

Hay muchas investigaciones que confirman que los individuos tienen el mayor de los éxitos cuando ellos mismos confrontan su adicción y se motivan. Dios bendiga todas las intervenciones. Sin embargo, muchos de los adictos que reciben intervenciones terminan por ser reincidentes crónicos. Después de la intervención y de permanecer sobrios seis u ocho meses, un año quizá, muchos de los que recibieron la intervención —pero no se motivaron a sí mismos, no se confrontaron porque alguien les ayudó a hacerlo— reinciden de nuevo.

Pero los que confrontan el miedo por sí mismos y dicen: "Necesito darle un nuevo rumbo a mi vida", son los que tienen más éxito. Ellos tienen una probabilidad mucho mayor de cambiar para siempre, de abandonar sus hábitos y de purificar sus vidas. Incluso cuando las personas se ven obligadas a recibir un tratamiento, el éxito se da cuando aceptan el hecho de que necesitan cambiar. El hecho de que otras personas digan eso no hace que suceda. Los adictos tienen que reconocerlo por sí mismos.

> *Tengo que confrontar mis temores por mis propios medios si realmente quiero cambiar mi vida.*

El verdadero éxito ocurrirá cuando haya una auto-confrontación, cuando confrontes tus miedos. Los demás no pueden hacerlo por ti. Los demás no pueden llevarte a la tumba. Los demás no pueden mantener tus ojos abiertos y hacerte ver. Es maravilloso ver a Juan permanecer allí, simplemente mirando y permaneciendo en el umbral. Juan no entró. En ningún lugar de las Escrituras se dice que Juan entrara a la tumba para ver con sus propios ojos. Pero Pedro sí entró.

Tenía que hacerlo. Pedro tenía que entrar y verlo con sus propios ojos. Pedro —el Señor Miedo— tenía que entrar y enfrentar sus temores por sí mismo. Esa experiencia, el acto de entrar, y esa confrontación, lo cambiaron. Él lo hizo y cambió. Enfrentó su miedo y se transformó.

Alguien dijo que el verdadero valor no es la ausencia de miedo, sino hacer lo que debes hacer a pesar del miedo.

Eso significa lo siguiente: Tienes que enfrentar tu miedo. Tienes que confrontarlo. Tienes que entrar a pesar de él.

Si Juan hubiera entrado y visto que la tumba estaba vacía, y hubiera salido a decírselo a Pedro, no habría sido lo mismo. Si Juan hubiera llevado a Pedro adentro —y si lo hubiera obligado a ver lo que había sucedido— no habría sido lo mismo. Si Pedro hubiera entrado con poco entusiasmo o en contra de su voluntad, habría sacado excusas y podría haber negado. Si no lo hubiera hecho por sus propios medios y confrontado el miedo por sí mismo, probablemente no habría cambiado; o tal vez sólo habría cambiado temporalmente.

Esto es lo que sucede cuando intervenimos *por* los demás, en lugar de hacerlo *con* ellos.

Sin embargo, no estoy diciendo que dejemos de intervenir, pues algunas veces las personas necesitan que alguien les abra una puerta. Algunas veces necesitan que los lleven de la mano para poder entrar y ver. Juan llegó primero a la tumba. Fue allí para darle ánimos a Pedro. Estuvo allí para apoyarlo en caso de que éste lo necesitara.

> *En tu momento más oscuro y en tu momento de duda*
> *debe haber un momento de confrontación.*

Piensa en una ocasión en la que hayas tenido miedo. Probablemente eras pequeño y te daba susto entrar a un cuarto oscuro, montar en la montaña rusa, o sentarte por primera vez en las piernas de Papá Noel. Pero si tu mamá o papá estaban allí, o si estabas incluso acompañado de otro niño —de tu hermano o hermana, o de un amiguito mientras te acercabas a ese hombre vestido de rojo— todo estaba bien. El estar acompañado te daba fuerzas.

Pero ninguno de ellos se sentó en las piernas de Papá Noel. Fuiste tú quien lo hizo. Ellos te ayudaron, pero tú lo hiciste por tus propios medios. Tú confrontaste tus miedos.

La intervención puede ser un preludio para la confrontación. Pero la intervención no puede ser el principio y el fin de todo. Llegará un momento de tu vida en que tendrás que confrontar personalmente tus miedos, tus adicciones y tus problemas. En tu hora más oscura, en tu momento de duda, debe haber un momento de confrontación.

Todos los alcohólicos y drogadictos que se recuperan dicen lo mismo: "Tuve que tocar fondo". Ese fondo puede cambiar de una persona a otra, pero todos los adictos dicen que tuvieron su momento más difícil y comprendieron que necesitaban confrontar aquello que los llevó a esa situación. Tuvieron que comprenderlo personalmente para poder hacerlo.

La mayor oscuridad siempre ocurre antes del amanecer. Y ese es el momento ideal para confrontar lo que te llevó a las profundidades de la oscuridad.

❦

Capítulo 23

LA LUCHA ESPIRITUAL

Creo firmemente que tenemos que atravesar un proceso para experimentar el Camino de los Milagros que existe para todos y cada uno de nosotros. En eso consiste la vida: En procesos, procesos y procesos; en viajes, postes, señalizaciones y letreros.

Las gratificaciones instantáneas, los resultados y recompensas inmediatas realmente no existen. ¿Qué sucede con las celebridades instantáneas? La verdad es que han practicado, sudado, aprendido y ensayado desde la infancia. ¿Una estrella de Hollywood fue descubierta en un centro comercial? En realidad había estado caminando en la oscuridad hasta el día en que entró a ese centro comercial, en el momento indicado y con el aspecto indicado.

¿En qué consiste entonces este proceso?

Primero debemos confrontar una lucha espiritual. Pablo habla de esto en su Epístola a los efesios. Él dice que la lucha "no es contra la carne y la sangre", sino "contra las fuerzas de la maldad espiritual", y que debemos "cubrirnos con la armadura de Dios", y "blandir el escudo de la fe".[1]

Si queremos experimentar nuestro milagro, primero debe ocurrir algún tipo de lucha espiritual. En esa maratón habrá un momento en el que comiences a sentirte deshidratado y tengas que refrescarte e hidratarte por tus propios medios. Llegará un momento de confrontación.

> *Tenemos que confrontar las cosas que se oponen a nosotros*
> *para poder alcanzar lo que Dios nos tiene reservado.*

---

1 Efesios, 6: 11–24

¿Por qué debe ocurrir una confrontación? ¿Por qué no puedo recibir todas las bendiciones desde el día de mi nacimiento? ¿Por qué tiene que ocurrir una confrontación si he creído firmemente desde el comienzo hasta el fin? ¿Por qué tengo que ser desafiado de ese modo?

Porque primero que todo, hay una realidad, y la realidad es que ya no estamos en el Jardín del Edén. No estamos en el cielo. Se han formulado leyes debido a la naturaleza pecaminosa del hombre y a las leyes naturales. Existe el bien y el mal. Hay una fuerza antagónica que nos quiere impedir a ti y a mí que logremos lo que Dios quiere. Hay una oposición a tu viaje. Hay una oposición a tu Tercer Día, al día de tu resurrección. Hay una oposición a tu conjunto de principios para cambiar tu vida. Hay oposición simplemente porque sí.

Así que lo primero que tenemos que hacer en nuestro viaje es confrontar aquello que se opone a nosotros para poder alcanzar lo que Dios nos tiene reservado.

Desde el momento en que nacemos hay oposición. Algunos de quienes están leyendo esto podrían decir: "De acuerdo, estás diciendo que existe el diablo y lo diabólico".

Pero yo les tengo noticias: La oposición a la que me refiero está incluso en nuestro interior, pues vivimos una existencia dual y física. Tenemos a la Cultura del Reino del ADN grabada en nuestro espíritu, y también tenemos a una Persona de Carne, ese ser exterior. Esa es la persona a la que debemos confrontar. Esa es la que duda, la que falla, la que maldice, la que fracasa, la que tiene pesadillas y no sueños.

Yo confronto a esa persona todos los días. Tenemos que entender que esta confrontación debe ser continua. Nuestra labor diaria consiste en crucificar a esa persona. Mi desafío diario es decir: "¿Qué es lo primero que tengo que hacer? Crucificar a esa persona".

Yo no seré mi principal obstáculo. No seré mi mayor impedimento. No seré la razón por la que no tenga éxito. Yo crucificaré a la Persona de Carne, y me convertiré en un "hombre nuevo", como dice San Pablo.[2]

¿Cómo hago esto? Con fe. Activando el genoma de la fe. Reconociendo el hecho de que existe una fuerza más grande, un poder más elevado, una autoridad mayor que me permite crucificar a esa persona, y que me dice: "Si

---

2 Romanos, 6:6

dependes de mí, te daré la habilidad, la fortaleza, el valor y el arrojo para vivir tu vida victoriosamente".[3]

La oración es la plataforma fundacional. Si tenemos plataformas diferentes —una comunicativa, una visionaria y profética para ver cosas que aún no están aquí—, entonces la oración será la plataforma fundacional y comunicativa para cada uno de los siete principios.

Y debes orar para activar cada uno de estos principios, pues los activas por medio de la oración.

La oración, adoración y aceptación de la soberanía de Dios te permitirá entrar en Su autoridad y activar los Principios del Reino. Como dice la Biblia: "Entrad por sus puertas con acción de gracias, y por sus atrios con alabanza".[4]

Prepárate todos los días.

Prepárate todos los días. Eso es lo que dice la Biblia: Renueva tu mente todos los días porque la gran batalla de nuestra existencia está en la mente humana.[5] Esto es algo que existe en nuestra mente, en los pensamientos que tenemos, y en las ideas que acariciamos.

Si combino mis pensamientos con lo que sale verbalmente de mi interior, determinaré el resultado de mi día. Dos aspectos se combinarán, multiplicarán, y actuarán juntos para determinar el resultado de ese día, porque mis actos son una consecuencia tanto de mi proceso de pensamiento como de mis afirmaciones verbales.

Son muy pocas las personas que actúan sin pensar, aunque la verdad es que algunos parecen actuar sin pensar. Pero ellos también piensan. Nosotros pensamos, y los pensamientos se forman en palabras, y las palabras concretan ese pensamiento, bien sea que las digamos en voz alta o mentalmente para nosotros mismos. Las palabras le dan forma y poder a los pensamientos. Nuestras palabras los envían al mundo físico donde pueden adquirir una forma y hacerse reales, aunque no queramos que lo hagan.

Podemos tener pensamientos buenos o malos y enviarlos al mundo a

---

3 Marcos, 9:23; Filipenses, 4 :13; Mateo, 19:26; Jeremías, 17:7; Proverbios, 16:20
4 Salmos, 10: 4–5
5 2 Corintios, 10: 4–5

través de nuestras palabras y actos. Por eso tengo que estar seguro de transmitir pensamientos buenos. Yo tengo que confrontar esos pensamientos. Tengo que derrotar al Hombre de Carne que me socava, que no me deja concentrarme en el futuro, y ayudarle al hombre interior que quiere consolidar la Cultura del Reino aquí en la tierra.

Así que lo primero es la confrontación, luego la revelación, después la activación, y posteriormente la saturación en esa maratón de milagros.

Déjenme explicar esto.

La confrontación es lo primero que ocurre. Tengo que confrontar a mi hombre exterior, a ese Hombre de Carne, para dejar que mi hombre interior, el Hombre del Espíritu, pueda salir.

Luego tengo que confrontar a todas las fuerzas opositoras que puedan existir en el mundo, a todo lo que intente detenerme o llevarme en la dirección equivocada, o a lo que me haga fracasar. Porque si estoy rodeado de personas que habitan su hombre exterior antes que su hombre interior, entonces será un viaje difícil. Y si están cerca de mí, seguramente intentarán detenerme.

Necesito rodearme de personas que no sofoquen mis sueños. Quiero tejedores de sueños, y no asesinos de sueños. Necesito rodearme de personas que hablen proféticamente en mi vida. En otras palabras, necesito rodearme de personas que realmente enriquezcan mi narrativa en lugar de empobrecerla.

> *Rodéate de tejedores de sueños y no de asesinos de sueños.*

Los tejedores de sueños me ayudan y me apoyan. Me ayudan a confrontar las fuerzas que se oponen a mí. Pero ellos no lo pueden hacer por mí. Confrontar esas fuerzas es algo que depende exclusivamente de mí. Si no lo hago por mis propios medios, no habrá revelación alguna.

La confrontación precede a la revelación. La confrontación se da primero, y luego llega la revelación. La revelación significa una verdad expuesta. Descubres que hay un milagro que te está esperando: No sólo un milagro, sino una serie de milagros.

La revelación es el momento en el que has aprendido el verdadero significado de la siguiente frase divina:

"Quédate quieto y sé que soy Dios".[6]

Yo puedo correr y estar quieto al mismo tiempo. Puedo avanzar hacia esa meta y estar quieto al saber que Dios es Dios; al saber que aunque esté corriendo, Dios está obrando en mi favor y haciendo cosas por mí.

Esa es la revelación. Cuando entiendes esto realmente, verdaderamente y totalmente, hay una relación y un entendimiento. Hay un conocimiento y una aceptación, un descubrimiento y una percepción.

Eso permite la activación de los genes específicos que nos ha concedido Dios. La activación es allí donde las reglas del reino y las costumbres del reino —la Cultura del Reino— fluyen a través de mí y a mi alrededor, en donde mis costumbres y Sus costumbres son las mismas, donde yo vivo plenamente según Sus reglas en cada aspecto de mi vida. Donde yo les hago a los demás no sólo lo que yo quisiera que ellos me hicieran, sino también lo que Él nos haría a nosotros.

Y cuando hago eso después de la confrontación y la revelación y la activación, viene la saturación, lo cual significa que todo a mi alrededor se convierte en una atmósfera de milagros. En otras palabras, puedo conectar el cielo con la tierra: "En la tierra como en el cielo".[7]

¿Conoces a alguien al que todo parece salirle bien? Es sorprendente. Ese tipo de personas parecen ser bendecidas en todo lo que hacen, y todo lo que tocan lo convierten en oro.

¿Por qué? Porque ellos han explotado eso. Han reconocido que tienes tu propia atmósfera personal del Reino, y que puedes crear una atmósfera espiritual con lo que haces, con lo que crees, con los genes que activas, con lo que te anima y te confronta. Con lo que nos es revelado, y con lo que es saturado.

Ellos han aprovechado esa realidad que les permite crear su propia atmósfera espiritual. Tú también puedes hacerlo. A través de la confrontación, de la revelación y la activación, logras la saturación, y realmente puedes transformar tu atmósfera espiritual. Puedes modificar la atmósfera para que tú también seas bendecido continuamente y recibas una lluvia de bendiciones.

6   Salmos, 46:10, versión americana estándar
7   Mateo, 6 :10

PRINCIPIO TRES

DIOS NOS PROGRAMÓ PARA TENER COMPAÑEROS

Capítulo 24

❧

El ADN espiritual

Lo que vemos en el mundo físico es un reflejo directo de lo que existe en el mundo espiritual; es decir, que si analizamos la mitocondria del genoma humano y nuestro ADN, veremos las cepas y filamentos que contienen toda nuestra información; nuestras costumbres, inclinaciones y proclividades. Asimismo, tenemos un ADN espiritual, que es una parte de nuestra programación. Está ahí, independientemente de quiénes seamos.

> *El ADN espiritual de Dios está vivo en mí.*

Hay un Dios más grande que nosotros, y Él ya ha depositado una parte suya en nosotros. Su ADN espiritual existe en todos y cada uno de nosotros. Ese ADN espiritual nos conecta con Él y nos hace actuar, pensar y comportarnos de la misma forma en que el ADN de nuestros padres nos hace seres humanos.

Es lo *que* somos; pero nos hace ser *quienes* somos.

Puedo tratar de llevar una vida que vaya en *contra* de mi ADN espiritual, así como puedo tratar de vivir de una forma que vaya en contra de mi ADN humano. En lugar de caminar erecto como un hombre, yo podría arrastrarme con mis cuatro extremidades. Pero esto no sería natural, sería doloroso y me causaría lesiones permanentes. Terminaría deforme y nunca conocería la plenitud y la alegría de la vida.

Lo mismo sucede con mi ADN espiritual. Yo puedo vivir para contrarrestarlo. Puedo ignorar los principios del reino de Dios. Puedo dejar que mi Hombre de Carne se imponga sobre mi Hombre de Espíritu. Pero esto me causará dolor y sufrimiento, y si permanezco mucho tiempo en esa situación, es probable que nunca conozca la plenitud y la alegría de la vida tal como fue planeada por Dios.

Dios hizo un depósito, y ese depósito está vivo en mi vida. Y cada día que yo active los genes de Dios dentro de mí, me acercaré a Él. Esto no me hará "entrar" en Dios, pero activará el ADN espiritual que Él depositó dentro de mi ser, dentro de mi Hombre de Espíritu, para que yo pueda vivir tal como Dios lo desea.

El ADN espiritual contiene los genes que conforman nuestra naturaleza. Tenemos genes de fe, de esperanza y de misericordia. Tenemos genes de justicia, y genes que transmiten amor. Tenemos genes de alegría, de paz, de paciencia, de obediencia, de bondad, de amabilidad y de templanza.

Todo eso está en nosotros cuando nacemos y llegamos al mundo.

Por lo tanto nacemos para tener fe. Nacemos preparados para creer lo que no podemos ver, y para tener convicciones en aquello que esperamos.

Nacemos para asegurarnos de que la próxima generación sea mejor que la nuestra. Tenemos un compromiso interior para asegurarnos de que a nuestros hijos les vaya mejor que a nosotros. No sólo queremos asegurarnos de que sea así, sino también de dejarles a nuestros hijos un planeta mejor que el que nosotros recibimos. Queremos asegurarnos de dejarles más de lo que recibimos. Queremos asegurarnos de pasarles la batuta a nuestros hijos para que continúen con el legado de fe, esperanza y caridad. Si tenemos éxito en esto, podemos conectar a las diversas generaciones: La pasada, la presente, y la futura.

> *La fe genera creencia; la creencia genera adoración.*

Activar uno de estos genes es algo que activa a su vez a otros genes similares. Si alimentamos el gen de la fe, éste tendrá el poder de activar los genes que nos dan esperanza y nos motivan a lograr cosas. La fe genera creencia; la creencia genera adoración.

Creo que esto es evidente y que se explica por sí mismo. Es por eso que la mayoría de la humanidad cree en Dios, o en algún tipo de "Dios" o poder espiritual superior. Nacemos para adorar, así que adoraremos algo independientemente de quiénes seamos: adoraremos al dinero, a Dios o a otra cosa. Siempre encontraremos algo qué adorar. Independientemente de quiénes seamos y de nuestra religión e inclinaciones, encontraremos algo qué adorar porque somos adoradores por naturaleza.

Este rasgo es muy difícil de eliminar, porque está incrustado en nuestro ADN espiritual. Por esta razón, y como hijos de Dios, estamos inclinados a creer sin importar cómo llamemos a nuestra fe o religión. Toda la humanidad está inclinada a creer. Estamos incluso impulsados a creer en lo imposible y en nuestra capacidad de hacer posible lo imposible.

Este tipo de creencia —en aquello que puede ser, en hacer nuestros sueños realidad, y en nuestra capacidad para que así sea— es lo que nos catapulta hasta alcanzar las estrellas. Es esa fe lo que nos catapulta para obtener los grandes logros que ha alcanzado la humanidad a lo largo de su existencia.

La fe nos impulsa a sobrevivir a toda costa. Nos situamos estratégicamente y tenemos una propensión a sobrevivir aunque tengamos todos los factores en contra. Estamos predispuestos a superar las circunstancias más difíciles y a sobrevivir a las tragedias. Esto se debe a un gen que nos ha dado Dios, a una realidad espiritual concedida por Dios dentro de nuestro Hombre de Espíritu. Cuando Dios insufló la vida en nosotros, depositó Su ADN espiritual en nuestro interior. Se trata de la vida de Dios dentro de nosotros. Como dice la Biblia: "El reino de Dios está entre vosotros".[1]

---

1 Lucas 17:21

Capítulo 25

⁂

RODEADOS EN LA VIDA

Jesús era consciente de la importancia de la compañía humana. Cuando creó su equipo de "ensueño", me imagino que dijo: "Crearé un equipo que seguirá transmitiendo este revolucionario mensaje de perdón, esperanza, salvación y gracia. Armaré un equipo para que propague este mensaje revolucionario de perdón a quienes nos han ofendido. Un mensaje de paz eterna, alegría, justicia y ayuda a los que no pueden valerse por sus propios medios".

¡Qué mensaje tan grande! Es un mensaje grandioso y revolucionario.

Me imagino que dijo: "Voy a delegar este mensaje. Voy a asegurarme de que viva no sólo por una década y una generación, sino para siempre. Voy a asegurarme de que este mensaje tenga un impacto profundo en toda la humanidad".

Pero él sabía que el poder del mensaje no era suficiente. Él sabía que no lograría nada con las simples palabras, y que necesitaba voces que las propagaran. Él sabía que no podía hacerlo solo. Era obvio que él sabía que no iba a estar mucho tiempo en la tierra, y por eso era consciente de que necesitaba que otras personas transmitieran su mensaje cuando él se marchara. Él entendía la necesidad de encontrar socios estratégicos.

Y entonces dijo: "Armaré mi propio equipo".

> *Vivimos rodeados en la vida, al igual que Jesús.*

No creo que sea una coincidencia que Jesús haya elegido a esos doce individuos. No creo que los haya escogido al azar. Jesús vivía rodeado y eso obedecía a un propósito. Cada uno de los doce apóstoles tenía características

94

diferentes. Él los eligió por esa razón específica, para que ocuparan lugares específicos con sus rasgos específicos.

Era claro que Tomás representaba la duda, y que Judas representaba la traición. Pedro personificaba el miedo y la negación, y Juan la fidelidad. Andrés ejemplificaba la lealtad; Santiago la seguridad, Felipe el compromiso, Bartolomé la fortaleza, Mateo —el recolector de impuestos— la disciplina; y Santiago el Menor, el honor. Judas reflejaba el compromiso, y Simón los celos.

Estas características provienen de sus propias vidas personales, gran parte de las cuales es narrada en las Escrituras. Una parte de ellas existe en diferentes documentos históricos, particularmente del imperio romano.

Yo empecé a hablar en el año 2000 de "Rodeados en la vida" en conferencias de liderazgo, luego de hacer un análisis cuidadoso de cada uno de los discípulos. Estudiamos sus vidas y nos preguntamos cuál fue su principal contribución a la Iglesia.

Más importante aún, analizamos la vida de Cristo y las contribuciones individuales de cada uno de esos individuos para tratar de responder la pregunta: ¿Por qué Cristo escogió a esos doce hombres? ¿Cuál fue la motivación y el mensaje general para la humanidad de esa vida rodeada por estos individuos y lo que cada uno de ellos representa?

¿Hicimos suposiciones? Creo que no. Analizamos cómo vivieron con Cristo; cómo vivieron después de Cristo, cómo murieron, y cómo fue el final de su camino.

Luego analizamos lo que hicieron a nivel profesional. Por ejemplo, Pedro era un pescador, alguien que trabajaba con las manos, que era autónomo y estaba conectado con la naturaleza por necesidad. Mateo era un recolector de impuestos. Sabemos de su vida gracias a sus escritos y a los de los otros apóstoles.[1]

Entendemos a Mateo desde su narrativa, y comprendemos su disciplina como recolector de impuestos: Su diligencia, su meticulosidad, su compromiso y su atención a los detalles.

> *Cristo estaba rodeado de estas cosas —tanto negativas como positivas— y nosotros también lo estamos.*

---

1 Mateo, 9.9; Marcos, 2:14; Lucas, 5:27

También analizamos a quiénes les predicaron después de la muerte de Cristo. Mateo les predicó a los judíos, Marcos a los romanos, Lucas a los griegos, y Juan a la Iglesia. Y posteriormente, Pablo les predicó a los gentiles.

Eso fue lo que hicimos al compilar sus perfiles personales y circunstanciales. Así descubrimos que uno representaba el compromiso, y otro el honor.

Estoy convencido de que rodearse de estos hombres no sólo facilitó la plataforma para el éxito de Cristo, sino que también fueron importantes para su éxito. Él prosperó en medio de ellos, a pesar de ellos y por ellos.

Es por eso que creo que el mensaje de Cristo y de sus discípulos tiene tanto poder. Cada una de sus historias nos ofrece una definición resumida, o nos permite saber que al igual que Cristo, que es la personificación de la vida y estaba rodeado de estas cosas tanto negativas como positivas, nosotros también lo estamos.

Vivimos rodeados en la vida al igual que Jesús.

En algún momento de nuestras vidas tendremos a un Pedro. En algún momento de nuestro viaje tendremos a un Juan. Y en algún momentos de nuestro viaje también tendremos a un Tomás y a un Judas.

Cada uno de estos individuos nos dice que las relaciones y las personas que tienen un impacto en nuestras vidas juegan un rol definitivo para que la misión y el propósito de nuestras vidas se cumpla o deje de cumplirse.

Y todos ellos fueron necesarios. Incluso el que negaba y el que dudaba fueron grandes herramientas para el éxito. Ellos pueden ser convertidos y pueden convertir. Nadie puede ser ignorado ni excluido. Tenemos que llenar todos los lugares de nuestra vida en grupo. Todas estas personas nos guían, nos asisten, y nos ayudan en nuestro aprendizaje, pues cumplen exactamente los roles que Jesús sabía que ellos cumplirían.

Todos tenemos a un Tomás. En algún lugar de tu vida y de la mía, encontraremos a alguien que no crea en nosotros por lo que digamos, sino que necesitará ver nuestras cicatrices para comprobar que hemos realizado nuestro viaje. Uno de nuestros seres queridos dudará de nosotros. Pero hay una razón fundamental para eso: La duda me ayudará a tener éxito. La duda me hará ser responsable y me demostrará que puedo lograrlo. Me dará aún más seguridad sobre mí mismo y sobre lo que he hecho, y me permitirá recolectar evidencias —a través de documentos, de mi historial, de lo que los otros dicen de mí, o simplemente con mis actos— para suprimir cualquier duda sobre lo que yo haya hecho y pueda hacer.

Creo que todos vamos a tener a un Judas en algún momento de nuestro viaje. Y si no es un Judas, tendremos un momento de Judas, bien sea una persona o una traición. Y a propósito, puede ser algo causado por nosotros mismos.

> *Prosperamos cuando estamos rodeados.*

Cada individuo tendrá un momento o una persona como Tomás; un momento o una persona como Pedro; un momento o una persona como Juan; y un momento o una persona como Judas que traicione sus creencias fundamentales. Un momento en el que se traicionará a sí mismo o en el que será traicionado por alguien. Un momento en que su sueño sea traicionado, donde su deseo y ambición sean traicionadas.

La traición proviene de la falta de aceptación, de no aceptar que Dios tiene un propósito para tu vida, de no aceptar lo inevitable.

Y por difícil que pueda ser aceptar o entender esto, esta traición también es necesaria, pues te conduce a donde debes ir para avanzar por el Camino de los Milagros.

Incluso los grandes líderes de la historia se refirieron al principio de la traición. Alejandro Magno, Hamurabi, Napoleón, Platón, Aristóteles y Sócrates se refirieron a la traición incluso antes de la historia de Judas. La idea de la traición existe desde el primer día. Basta con recordar a Adán y Eva en el jardín.

El mensaje es el siguiente: Tú estarás rodeado de dudas. Estarás rodeado de negación. Estarás acompañado de aquellos que te rodearán con amor y solidaridad como Juan. Estarás rodeado por todas esas circunstancias. Pero también estarás rodeado por la traición. La traición no está lejos, y estará cerca de ti.

Estamos rodeados por la fidelidad, y también por el deseo. Estamos rodeados por el compromiso, pero también por la traición. Estamos rodeados por el honor, pero también por la negación. Hemos tenido personas que dudan, y personas que permanecen fieles a toda costa. Hemos tenido todo esto en nuestras vidas, al igual que Jesús.

Discernir su carácter, conocer su naturaleza, e identificar sus arquetipos, te ayudará a reconocer quiénes son esas personas en tu vida: Saber cuál após- tol está representado por cada una de las personas que te rodea es algo que te ayudará a identificar sus características y su rol para ayudarte en tu viaje. Gracias a estas personas que nos rodean y a los papeles que desempeñan, descubriremos el camino correcto para nuestro viaje y encontraremos las recompensas que Dios nos tiene reservadas.

Reemplazando al Judas en tu vida

Todos conocemos a esa persona, a ese hombre o mujer que nunca parece tener "suerte" en el amor. Una y otra vez, y en cada ocasión, sus relaciones se van a pique. Ninguna parece funcionar.

Este también podría ser tu caso.

Sin embargo, te tengo noticias: Las cosas no tienen por qué ser así. No estás condenado a estar solo. No estás condenado a no tener esa compañía que tanto anhelas a tu lado. La realidad es justamente lo contrario, pues Dios quiso que todos tuviéramos una compañía en la vida.

No renuncies. Si te encuentras en una relación y las cosas salen mal, y la siguiente también sale mal, debes conservar tu fe. Debes permitir que la fe de Dios te oriente y ver que después de doblar la esquina —literalmente hablando— tendrás tu temporada de milagros.

Pero antes de que eso suceda, tienes que cumplir otro deber. No puedes correr de la misma forma ni al mismo lugar una y otra vez. Eso es como correr siempre hacia el mismo punto en un muro de ladrillos. Llegará un momento en que querrás derribarlo y seguir, pero seguramente terminarás derrotado.

Es como dice el antiguo proverbio: Si no tienes éxito al comienzo, inténtalo de nuevo. Encuentra otra manera de hacerlo, pues de lo contrario, te estarás comportando como un necio.

> *No puedes correr de la misma forma y al mismo lugar una y otra vez.*

Lo cierto es que las personas exitosas siempre hacen las cosas de un modo diferente. Es probable que no lo notes. Un atleta de salto alto que no logra su objetivo la primera vez no salta del mismo modo la segunda vez. Salta un poco más alto, se impulsa más, se lanza hacia arriba un poco antes y cambia su estrategia. No lo hace siempre del mismo modo pues espera un resultado diferente, y tampoco se da por vencido.

Albert Einstein dijo que hacer lo mismo una y otra vez y esperar resultados diferentes era la definición de la locura. Tú debes cambiar tu estrategia. Si la llave que estás utilizando no abre la puerta, debes intentar con otra llave. Si utilizas la misma llave una y otra vez exactamente del mismo modo, sabes muy bien lo que sucederá: No abrirás la puerta; no podrás hacerlo.

Tu vida, tu trabajo, tus relaciones y tus recompensas funcionan del mismo modo. Si haces exactamente lo mismo, obtendrás exactamente el mismo resultado. Si conoces a un hombre que maltrata a las mujeres, que no sabe valorar a la persona que tiene a su lado, que no sabe cómo cooperar, apreciar ni honrar a la persona con la que está (¡o que no quiere hacerlo!) las cosas terminarán tan mal como en la última relación que tuviste.

> *Si la llave que estás utilizando no abre la puerta,*
> *debes intentar con otra llave.*

El problema es que aunque sabemos esto, aunque sabemos que debemos eliminar ese virus de nuestro disco duro y de nuestro programa e instalar otro software, lo cierto es que no lo hacemos. Creemos que sí, pero no hacemos una desinstalación completa, pues pasamos por alto un elemento clave.

Éste es el secreto: Algo sucedió entre la tumba vacía y el salón lleno. Son muy pocos los pastores, clérigos o ministros que hablan de esto. Pero entre la tumba vacía y el salón lleno, entre el lugar y el momento en que Pedro y Juan descubrieron que el cuerpo de Cristo no estaba, y el lugar y el momento donde Jesús apareció y todos los apóstoles presenciaron su milagro, ocurrió un pequeño incidente que tuvo repercusiones definitivas:

Judas fue reemplazado.

Los discípulos se reunieron entre la tumba vacía y el salón lleno, y dijeron: "Tendremos que reemplazar al que traicionó a Jesucristo. Hagamos una elección".

Así lo hicieron. Oraron y le pidieron a Dios que les dijera a quién escoger. Luego sacaron pajillas y eligieron a Matías para reemplazar a Judas.

Judas se había ido, pero ellos no dejaron su lugar vacío, ni tampoco lo reemplazaron por otro Judas. Lo reemplazaron por alguien mejor. Lo reemplazaron por alguien diferente. Lo reemplazaron por alguien que no era un traidor.

Tú también debes hacer lo que hicieron los discípulos. Debes reemplazar al traicionero que hay en tu vida. No puedes dejar ese lugar vacío. Deberás reemplazar cualquier campo de tu vida en que te hayan traicionado y no dejarlo vacío. Pero tienes que llenarlo con alguien que sea mejor.

Cuando sepas quién es ese Judas en tu vida, cuando hayas identificado al ADN de la traición, necesitas tener la madurez suficiente para crear un muro protector. Necesitas esgrimir un escudo para impedir que los Judas vuelvan a entrar de nuevo en tu vida. No tienes por qué seguir escogiendo personas traidoras.

Sin embargo, todos los espacios vacíos deben llenarse.

Todo espacio vacío se llenará eventualmente. Probablemente no sea la primera opción. Probablemente no sea alguien útil o eficaz, pero lo cierto es que llenará ese vacío. Y si tú no lo llenas con una buena opción, estarás permitiendo que lo ocupe alguien o algo que probablemente no sea lo mejor, y que sea peor aún de lo que era antes.

Pero tú no tienes por qué dejar que suceda esto, y no tienes por qué repetir el mismo error. Hay una diferencia entre sacar al traidor de tu vida, y sacarlo para reemplazarlo por alguien mejor.

Capítulo 27

El principio de dos en dos

Fuimos creados por Dios para hacer las cosas en equipo, y no para hacerlas por nosotros mismos. Fuimos creados para hacer las cosas en sociedad, para estar en pareja y amar.

Esto forma parte de nuestro ADN espiritual. El Dios Todopoderoso nos predispuso a correr en la oscuridad, y a tener una compañía, a hacer las cosas con alguien, y nunca solos.

La soledad no es propia de Dios; es la antítesis de lo que Dios planeó. Desde el primer día estamos predispuestos a hacer cosas con alguien; nunca solos.

Ese es el Principio de Dios de dos en dos: Estamos destinados a estar juntos, a hacer las cosas juntos, a trabajar juntos, y a tener éxito juntos. Podemos refugiarnos en la soledad, tal como lo hizo Cristo, para tomar decisiones importantes. Y así como él lo hizo, nosotros también deberíamos pedirle a Nuestro Padre orientación e instrucción. Pero una vez hayamos decidido, necesitamos compartir nuestro plan con nuestro socio/a. Dios quiso que nos asociáramos con otros en este mundo.

Veamos el caso de Noé. Cuando decimos "dos en dos", lo primero que hacemos es pensar en él y con razón. Dios le habló a Noé y le dijo que construyera el arca, y que llevara en ella a todas las criaturas vivientes. Pero también le dijo que llevara a su esposa, a sus hijos, y a las esposas de éstos. Habló a solas con Noé, pues no quiso que permaneciera solo. Le dijo que fuera por sus socios —su esposa, hijos, y yernas— y que se multiplicaran.[1] La historia de Noé y de su arca nos habla de las sociedades que se establecen para so-

---

1 Génesis, 7, 8 y 9

brevivir. Se trata de algo preventivo, y no reactivo. Es asegurar en el arca lo que queremos que sobreviva.

Lo mismo se aplica para nuestras vidas. Debemos asegurar dentro de los confines de nuestro destino y de nuestro futuro lo que queremos que sobreviva. Debemos recurrir a esas alianzas sin importar la magnitud de la inundación: "Dos en dos" garantiza la continuidad, asegura la longevidad, la herencia, e incluso el legado. Es la continuación del ADN.

> *Estamos destinados a estar juntos, a hacer las cosas juntos, a trabajar juntos, y a tener éxito juntos.*

Muchos de nuestros fracasos pueden atribuirse al hecho de que hemos hecho las cosas solos cuando deberíamos haber establecido sociedades estratégicas. Debemos considerar las sociedades y alianzas como la primera opción, y no como la segunda. No debemos pensar en las sociedades en términos de: "Déjame ensayar esto sólo; si fracaso, entonces me rodearé de personas o estableceré alianzas o relaciones que me garanticen el éxito".

Esa es una forma de pensar errónea. No es bíblica. No es divina. No es de Dios ni del Reino.

Podemos ver que esto es cierto desde el primer día. Veamos la historia del Génesis. Dios cree que Adán se conformará con su relación con Él. Pero la Biblia nos dice que Adán se sentía solo.

Ahora, esto es algo muy difícil de justificar en términos teológicos. ¿Cómo puedes sentirte solo cuando estás al lado de Dios? Sin embargo, había otras necesidades en esta creación de Dios, en este ser llamado hombre. La Biblia revela una verdad intrínseca: El hombre nunca fue creado para estar solo.

Nosotros limitamos esto a la noción del matrimonio y a la de las relaciones con el sexo opuesto, pero yo quiero ir mucho más allá de eso. Quiero que entiendas que necesitamos a los demás en absolutamente todas las cosas que hacemos en la vida. Esto se ha aplicado a lo largo de la historia: Adán y Eva, Elías y Elisa, Pedro y Juan.

Veamos el mundo de los negocios, y las compañías de Fortune 500. Veamos las corporaciones internacionales: ¿Cuántas de ellas estuvieron al borde de la bancarrota, pero después se fusionaron con otra compañía?

¿Cuántas de las corporaciones más ricas y poderosas han tenido éxito sólo gracias a las fusiones y adquisiciones? ¿Cuántas de ellas habrían desaparecido?

Esa es la realidad: Necesitamos alianzas estratégicas, no como una segunda opción, sino como un principio de primera opción. No como una idea de último momento, ni como: "Déjame ensayar esto solo; si fracaso, entonces me rodearé de personas o estableceré alianzas o relaciones que me garanticen el éxito". Las alianzas estratégicas garantizan la continuidad. Garantizan la continuidad de la línea; nos protegen. Sin importar la inundación o la tormenta, su especie y su clase sobrevivirán si hay dos individuos que trabajen juntos. La supervivencia es una consecuencia de la alianza.

Así pues, una alianza estratégica se define como esa persona que puede fortalecer tus puntos débiles, que puede animarte si estás flaqueando. Es una persona que tiene habilidades que probablemente tú no tengas, y posiblemente, algunas habilidades que tú tienes pero que son más poderosas si las combinan con las de tu socia o socio. Así es como funcionan las cosas en los negocios.

> *Necesitamos establecer alianzas estratégicas, no como segunda opción, sino como un principio de primera opción.*

Esto no es nada nuevo, ni está sólo en la Biblia. Hemos tenido grandes sociedades a lo largo de la historia. El derribamiento del muro de Berlín y el fin de la guerra fría se debieron a Reagan y a Gorbachev. Reagan reconoció que él nunca lo hubiera logrado solo. Fue gracias a una sociedad. No estamos hablando del nivel de apoyo que se dieron, ni estamos diciendo quién de los dos hizo más o se esforzó más para alcanzar esa meta. Pero no hay duda de que pudieron lograrlo gracias a su sociedad. Ninguno de los dos lo hubiera hecho por sus propios medios.

Del mismo modo, Winston Churchill y Franklin Delano Roosevelt se aliaron con Josef Stalin, el déspota comunista, para derrotar a Hitler. Las naciones democráticas trabajaron en alianza con los comunistas para detener la propagación del fascismo, y fue esa alianza la que les dio la victoria. Si cualquiera de estas naciones lo hubiera hecho sola, los resultados de la Segunda Guerra Mundial podrían haber sido muy diferentes, y seguramente muy aterradores. Pero estos líderes sabían eso, y eran conscientes de que necesitaban trabajar juntos y de manera concertada para detener a la gran maquinaria de guerra nazi.

Esto es cierto a nivel global, y también en tu mundo personal. Hay cosas que puedes hacer solo, pero siempre podrás obtener mayores resultados si trabajas en compañía.

Un músico puede tocar muy bien solo. Pero si se reúnen varios músicos calificados con los instrumentos adecuados, formarán una orquesta que podrá tocar sinfonías maravillosas y complejas. Esto le resultaría imposible a un solo músico.

Así funcionan las cosas. Solo, puedes hacer grandes cosas. Puedes hacer cosas que marquen una diferencia en el mundo. Pero para poder cambiar realmente el mundo, necesitas tener a otras personas.

Cuando un cardiólogo brillante realiza una cirugía a corazón abierto que le salva la vida a una persona, el médico recibe el crédito, y con justicia. Sin embargo, él no actuó solo. Toda cirugía supone un equipo. Sin los anestesiólogos, las enfermeras, los médicos asistentes, los técnicos, sin todos y cada una de las personas que estaban en la sala de operación, esa cirugía no habría sido exitosa.

En eso consisten las alianzas: En un trabajo en equipo. Y todo comienza con dos personas que se unen con una meta en común. Sin embargo, no tiene que reducirse a dos personas, de ninguna manera. Esas dos personas son apenas el comienzo. El equipo seguirá creciendo hasta llegar a seis, ocho, doce —como los apóstoles— o a doce mil. El principio de dos en dos no significa que debas detenerte en dos, sino que necesitas un mínimo de dos. Dos es simplemente el número inicial, pero el equipo crecerá según la meta.

Para un matrimonio se necesitan dos personas. Para un equipo de fútbol se necesitan un mínimo de once. Se necesitaron cientos de personas para construir el Empire State Building, y miles para llevar al primer hombre a la luna.

¿Cuántas personas se necesitan para cambiar el mundo?

Jesús comenzó con doce.

> *Hay cosas que puedes hacer solo, pero siempre podrás lograr*
> *más si trabajas con otras personas.*

Sin embargo, antes de que Jesús encontrara los doce apóstoles y se asociara con ellos, hubo alguien —que muchas veces damos por descontado y tendemos a ignorar— con quien cada uno de nosotros debería establecer su primera sociedad. Antes de conformar su equipo, Jesús forjó la alianza de su vida con Dios.

Tú también deberías hacerlo. La primera alianza que deberías establecer, la que siempre debe ser la alianza principal de tu vida es entre tú y lo divino, entre tú y Dios. Quiero tener la audacia y el valor suficiente para decir que Dios *quiere* asociarse contigo.

Esto no hace parte de una teología común y corriente. Decir que Dios quiere establecer una alianza contigo supone la noción de que Dios tiene una necesidad. ¿Por qué habría Dios de necesitar una alianza con nosotros?

Dios necesita aliarse con nosotros porque está implícito en la ley que él mismo creó en sus leyes y en sus principios: Que nosotros somos la extensión y la manifestación de Dios aquí en este planeta.

Si el bien se manifiesta y la justicia es revelada, es porque proviene del ADN incorporado en todos y cada uno de nuestros seres. Dios busca asociarse con personas para transformar familias, hogares, comunidades, naciones. Dios quiere y busca asociarse con nosotros.

Dios busca personas que estén dispuestas a seguir Sus mandatos y Sus principios; que quieran construir relaciones del Reino, guiarse por los Principios del Reino, por el amor, la alegría, la paz, la confianza, la paciencia, la obediencia, la bondad, la amabilidad, la templanza y la misericordia.

Todo esto está instaurado dentro de nosotros cuando llegamos a este mundo. Es el fruto del espíritu y hace parte de nuestro ADN espiritual.

Las relaciones del Reino son saludables, pues son ventajosas. Edifican y se enriquecen, no sólo a sí mismas y mutuamente, sino a todo lo que hay alrededor de ellas. Y también garantizan que las próximas generaciones sean mejores que nosotros.

> *La alianza principal es entre tú y Dios.*

❧

Capítulo 28

Los socios de Dios

Dios busca establecer alianzas en el mundo del siglo XXI, y lo hace con un propósito transformador. Él busca alianzas para cambiar vidas, para transformarlas y catapultar a todos y cada uno de los seres humanos individuales hacia su destino y propósito profético.

Al igual que cualquier socio bueno, Dios nos ayudará a superar nuestros obstáculos, a realizar nuestras labores, y alcanzar nuestras metas. Pero no lo hace por nosotros. Ese es el error que cometen las personas en la forma en que viven y la forma en que elevan sus plegarias. Las personas esperan que Dios haga las cosas por ellas.

Cuando se avecina una tormenta, muchas personas dicen: "Por favor, Dios; déjame escapar de ésta". Ya se trate de una tormenta literal con lluvia, relámpagos, inundaciones, truenos y vientos, o de una tormenta figurativa —tormentas financieras y conyugales, tormentas laborales que nos sacuden y golpean, tormentas que pueden acabar con nosotros— muchas personas le piden a Dios que los levante de las aguas turbulentas, que lo saque de sus problemas financieros, o que solucione sus relaciones tormentosas.

Pero están equivocados.

Yo no le pido a Dios que cambie mis circunstancias; le pido a Dios que se asocie conmigo y me ayude a cambiar para hacerlo por mis propios medios. De lo contrario, repetiré esa circunstancia. Tenemos que hacerlo una y otra vez hasta aprender la lección de que somos nosotros los que cambiamos y no las circunstancias.

No se trata de decirle: "Dios, sácame de esto", sino de pedirle: "Saca esto de mí".

Cuando nos arrodillamos e imploramos la ayuda de Dios, cuando le pedimos que nos libere, pensamos: "Dios mío, te estoy utilizando para cambiar mis circunstancias". Pero así no funcionan las cosas sino precisamente al revés. Dios dice: "En realidad, voy a utilizarte".

Necesitamos recordar que Dios no es nuestra herramienta, y que en realidad nosotros somos herramientas Suyas.

> *No le pidas a Dios que cambie tus circunstancias;*
> *pídele que te ayude a cambiar.*

Debemos establecer alianzas, y nuestra alianza número uno debe ser con Dios.

En mi caso, descubrí que Él quería que yo me aliara a Él a la edad de los catorce años.

Como dije anteriormente, yo comencé a rezarle todos los días a Dios cuando tenía cinco años. Creía que podía hablarle, y escuchar y ver sus respuestas de diferentes formas: En la naturaleza, en mis relaciones, en las cosas que me sucedían.

Pero esas eran simplemente mis palabras.

Y fue a los catorce años que tuve una epifanía.

Estaba en mi primer año de secundaria, buscaba a Dios y quería hacer su voluntad. En cierta ocasión, a eso de las diez de la noche, encendí mi televisor en blanco y negro y le oí decir a un evangelista muy popular en aquella época: "Mañana será un día mejor".

Era simplemente un clip. Pero a medida que hablaba —y estoy dispuesto a someterme a un detector de mentiras y a pasar la prueba— escuché una pequeña voz en mi corazón que dijo: "Mira eso. Mira lo que estás viendo. Te llevaré a un lugar donde podrás compartir las Buenas Nuevas y cambiar vidas. Te voy a utilizar para eso".

Y luego terminó el clip. Pasaron unos comerciales y sintonicé el canal PBS, pues yo era un chico estudioso. Me encantaba ese canal, y presentaron un especial sobre Martin Luther King Jr.

Él era uno de mis héroes. Oí su discurso "Yo tengo un sueño", que dio en Washington en 1963, y de nuevo, escuché una voz en mi corazón que me decía: "¿Viste eso?" Lo mismo haré contigo. Haré que seas una voz para tu gente".

Y entonces supe que Dios quiere asociarse con nosotros.

Pero él no quería terminar allí. Nosotros también debemos establecer relaciones estratégicas y colaboradoras con nuestras familias, nuestras comunidades y nuestras vidas. Dios quiere que yo establezca más sociedades en cada aspecto de mi vida y en todo lo que haga. En cada campo y en cada área: en mi negocio, en mi casa, en mi comunidad.

Dios quiere que despertemos todos los días y digamos: "¿Con quién me asociaré?". No mañana ni algún día en un futuro lejano, sino ahora mismo: "¿Con quien me asociaré?".

¿Puedo hacer esto todos los días? ¿Puedo levantarme y saber —no esperar, pensar ni sospechar que es cierto—, sino saber con certeza que Dios me dará un socio hoy mismo?

Puedo levantarme y preguntar: ¿Con quién trabajaré hoy que no sólo cambie mi vida y tenga un impacto en ella, sino que también me ayude en mi viaje personal? ¿Con quién puedo asociarme que transforme nuestro entorno, el aire y el ambiente? ¿Con quién puedo asociarme para hacer el bien? ¿Con quién puedo asociarme para lograr la excelencia, la abundancia y la superioridad?

Esto es cierto. Yo lo hago en mi vida. Incluso en la organización que presido nos aseguramos desde el primer día de que absolutamente todo lo que hiciéramos fuera a través de alianzas.

¿Para qué reinventar la rueda? Si alguien ya está haciendo lo que queremos lograr, debemos asociarnos con él, siempre y cuando compartamos los mismos valores fundamentales. Eso es lo que permite darle una dirección y unas reglas a las alianzas: Los valores fundamentales. Tú debes compartir los valores fundamentales.

> *Dios quiere que nos despertemos todos los días y nos preguntemos: ¿Con quién me asociaré?*

Antes de establecer una asociación, debes saber cuáles son tus valores fundamentales y en que estás dispuesto a comprometerte. Esa es la gran pregunta con respecto a las asociaciones: ¿En qué estamos dispuestos a comprometernos? ¿Qué estoy dispuesto a llevar al altar? ¿Qué estoy dispuesto a sacrificar? ¿Con qué estoy dispuesto a comprometerme?

Tengo que saber que voy a comprometerme porque trabajaremos juntos como socios. Tengo que saber que es probable que tú no corras tan rápido, para así yo ir más despacio. Tengo que saber a qué estoy dispuesto a renunciar y en qué voy a hacer concesiones. ¿Cuál es mi tasa variable? ¿Cuál es mi componente variable? ¿En qué puedo ser flexible?

Pero más importante aún es saber cuáles aspectos son totalmente innegociables. Antes de establecer una sociedad, debe existir una claridad y transparencia sobre los aspectos innegociables. Se trata de las cosas en las que no cederemos por nada del mundo aunque nuestra vida esté en juego.

Debemos regirnos por nuestros aspectos innegociables. ¿Cuáles son las cosas en las que yo creo y que no abandonaré por el resto de mi vida? ¿Cuáles son las cosas que me motivan y que son parte de mi ADN? ¿Cuáles son las cosas que no puedo olvidar o ignorar a pesar de lo que suceda? Es probable que yo pueda atenuarlas y refinarlas, y que haya matices que les den un aspecto diferente al original, pero siguen siendo nuestros valores fundamentales. Y nunca debemos ceder en estos valores fundamentales, pues son críticos y vitales para nuestro éxito.

Capítulo 29

❧

ELIGIENDO A TU SOCIO

Bien sea que estés cambiando el mundo o tu vida, necesitas un socio. El mismo Jesús sabía esto; sabía que no podía hacerlo solo. Y si él sabía que no podía hacerlo solo, ¿cómo puedes pretender que tú sí?

La idea de que podemos recorrer este viaje de la vida completamente solos es errada. Necesitamos un socio en la vida, así como Pedro necesitó a Juan.

Sin embargo tenemos que ser capaces de escoger al socio apropiado, pues las relaciones que establecemos son las que nos catapultarán a nuestro éxito, o garantizarán nuestro fracaso. Son las alianzas que creamos las que nos conducen a la victoria o nos condenan a la derrota. Son las alianzas que formamos las que nos elevan o aplastan.

Y tu socio, la persona que quieres a tu lado, debe ser alguien que corra contigo y no contra ti; alguien que te ayude en tu viaje, y no alguien que te impida alcanzar tus metas.

> *La idea de que podemos recorrer este viaje de la vida completamente solos es errada.*

¿Por qué necesitamos socios?

Número uno: Como muros de protección. Actúan como una barrera de seguridad.

Trabajar con los demás es tener un muro de protección que me protege del peligro, del mismo modo en que sucede con un auto o casa.

Esta es la misma función que cumplen nuestros socios en la vida. Me

III

ayudan a resguardarme del peligro, me ayudan a evitar las personas y cosas que me hacen daño, que me debilitan, que nublan mi pensamiento (del mismo modo en que lo haría un virus en el sistema de mi computador), y que me hacen desviar del camino.

Es más difícil derrotar a dos personas que a una sola. La mayoría de los crímenes se cometen contra personas solitarias, bien sea que estén en sus casas, en la calle o en sus autos. Son muy pocos los crímenes cometidos contra dos personas o más. La compañía es un factor disuasivo para el mal.

Número dos: Si me caigo, habrá alguien a mi lado que me levante. Esto actúa como un mecanismo restaurador. Si el uno cae, el otro estará allí para ayudarlo, levantarlo, y apoyarlo. Si el uno no puede llevar la carga, el otro puede relevarlo, o compartir el peso entre los dos. Si el uno pierde la vista momentáneamente o toma el camino equivocado, el otro puede conducirlo de nuevo al camino original. Como dice la Biblia: "Mejor es, pues, vivir dos juntos que uno solo".[1] A veces nos extraviamos y nos desviamos, atraídos por el resplandor y no por la luz. Y cuando esto sucede, nuestro socio puede hacernos encontrar de nuevo el camino.

Número tres: Para compensar mis deficiencias. Mi socio debe ser alguien que tenga fortaleza donde yo tenga debilidad, y viceversa. Mi socio debe ser hábil en áreas que yo no domine o para las que no haya demostrado cualidades; alguien que tenga fe cuando yo tenga miedo. Alguien con quien yo pueda complementarme mutuamente.

Un piloto conduce un avión, pero necesita un navegador que lo oriente. Un médico necesita una enfermera. Las habilidades de tu socio y las tuyas necesitan complementarse para que ambos tengan éxito. La suma debería ser mayor que las dos partes. En las escuelas de negocios esto se conoce como sinergia, o 2+2=5.

Número cuatro: Las alianzas le hablan al corazón de Dios. Hablan del Principio de Dios, hablan del Padre, del Hijo y del Espíritu Santo. Hablan de equipo y de colaboración.

Es por eso que la Biblia dice: "Porque donde dos o tres se hayan congre-

---

1 Eclesiastés, 4: 9–11

gados en mi nombre, allí me hallo yo en medio de ellos".[2] Esto significa que si dos o más individuos oran juntos por la misma causa, Dios estará con ellos.

Esto es sorprendente. Si oras en compañía de alguien por la misma causa, habrá una mayor influencia. Orar unidos sólo es posible con dos o más personas. Una cosa es estar de acuerdo contigo mismo, pero hacerlo con otra persona es algo transformador y tiene un potencial explosivo, pues la cantidad de energía que se crea produce una fusión catártica, espiritual y profética.

Sabemos lo que sucede cuando el átomo se divide. Pero en los últimos treinta años hemos entendido lo que ocurre cuando se unen varios átomos. Y la cantidad de energía producida por los átomos unidos es sorprendente, explosiva e ilimitada.

Ahora bien: No se trata de conseguir un socio para todas las cosas.

Dios trae a nuestras vidas personas específicas, por una razón específica, para un día específico, y para un propósito específico.

Cada día hay una oportunidad para una asociación viable. Cada día puedo colaborar con alguien para hacer algo grande y completar no sólo mi viaje, sino también el viaje colectivo de esta gran hermandad y fraternidad que llamamos humanidad.

Podemos transformar este mundo. Podemos cambiar el mundo por medio de las asociaciones, pero sólo cuando hayamos entendido que estamos rodeados de traidores y de personas que dudan y niegan.

Recuerda que vives rodeado en la vida al igual que Jesús, y que tienes que identificar a tus socios, saber quiénes son y cuál es su carácter: ¿Son Pedros que te negarán, Juanes que creerán completamente en ti, o Judas que te traicionarán? Para poder identificar a mi socio, debo identificar primero quién está a mi lado y entender que la duda, la traición y la negación están cerca de mí.

Estamos rodeados por los que niegan, traicionan y dudan. Pero también estamos rodeados por los otros nueve apóstoles, que son bondadosos. Tenemos fe y fraternidad, disciplina y honor. Tenemos a Tomás, a Judas y a Pedro, pero también tenemos a Juan, a Andrés y a Mateo.

Si sabes quiénes y qué son, podrás minimizar el daño de los traidores y

---

2 Mateo, 18:20

de los negadores, y maximizar los beneficios de quienes dudan y nos apoyan con lealtad.

> *Son las relaciones que establecemos las que nos catapultarán*
> *a nuestro éxito o garantizarán nuestro fracaso.*

¿Cómo puedo hacer esto? ¿Cómo no escoger a Judas cuando busco a Juan? Por medio de la selección. Debe existir una directriz para poder evaluar o identificar cuál es el socio más viable.

Debemos aprender a evaluar sus espíritus, y a estar siempre alertas para detectar las señales que nos revelen la realidad de su naturaleza. Debemos utilizar nuestro espíritu de discernimiento y nuestro genoma concedidos por Dios para identificar o distinguir entre la verdad y la mentira.

No siempre será fácil. Tomás el escéptico puede hacerte saber quién es desde el primer momento. Pero el Judas en tu vida generalmente no se presentará como la persona que te traicionará. (Y no te sorprendas si ese Judas realmente es una mujer, pues como lo descubrió Sansón, la persona que te traiciona también puede ser una mujer).[3] Es casi imposible que una persona te dé la mano y te diga: "Hola, yo soy el Judas de tu vida. Vine para defraudarte, engañarte y traicionarte".

Sería muy agradable si todas las personas que conocieras, llevaran un aviso grande que dijera: "traidor" o "negador", pero las cosas no son así. No se supone que sean así. Es probable que tú creas que eso sería útil pero no lo es, pues sería contraproducente para el proceso del descubrimiento en nuestro viaje por la vida.

Jesús sabía quién era cada uno de los apóstoles, pero también sabía que cada uno cumplía un papel necesario. Si supiéramos desde el principio que un traidor se dispone a acercarse a nosotros, seguramente escaparíamos de él. Y si hiciéramos esto, nunca aprenderíamos la lección que debemos aprender, y nunca jamás —ni en un millón de años— descubriríamos nuestro propósito ni encontraríamos las recompensas que Dios nos tiene reservadas.

Veamos la historia; veamos los apóstoles, sus actos y respuestas en mo-

---

3 Jueces, 16: 4–21

mentos importantes. Ellos nos revelan formas que todos podemos reconocer y entender.

Cuando la mujer a quien Cristo perdonó llevó su costoso perfume y lo derramó sobre Jesús, Judas interrumpió y dijo: "¿Qué sentido tiene ese desperdicio cuando se pudo vender esto en mucho precio y llenar nuestras arcas?".[4] En realidad Judas no se oponía al perfume que pudo utilizarse para los propósitos del ministerio, sino a que la mujer adorara a Cristo. Él sintió celos de su adoración. Judas demostró tener un espíritu envidioso semejante al de Lucifer; se reveló allí mismo y mostró su verdadera naturaleza.

Tú reconocerás a los Judas de tu vida del mismo modo. Ellos demostrarán quiénes son: Sólo necesitas mantener tus ojos abiertos. Necesitas creer en lo que ves y sabes, y no en lo que quisieras que fuera cierto. Un cerdo es un cerdo así le pintes alas. Pintarle alas a un hombre no lo convertirá en un ángel.

No debes rodearte de personas patéticas, sino de personas proféticas.

Debo rodearme de las personas, protagonistas y socios que quiero para mi vida. Tengo que hacer lo que Jim Collins, el escritor y asesor financiero, denomina como aquellos que deben estar "en el autobús".

Ahora, debemos ser cuidadosos, pues no se trata de visitantes. Necesitamos identificar quiénes son los visitantes, y quiénes son los accionistas. ¿Quiénes permanecerán cerca? ¿Quiénes participarán en mi viaje y en mi vida? ¿Quién tendrá una parte de mi corazón?

Debo identificar en primera instancia a aquellos que estén de acuerdo conmigo, pues debe haber una semejanza de espíritu. Tenemos un propósito y un destino que nos ha dado Dios para vivir la vida con plenitud: Con excelencia, con abundancia y superioridad. Las personas con las que yo me rodeo deben tener metas semejantes a las mías. Deben poseer valores similares y adoptar medidas semejantes.

En otras palabras, yo no quiero rodearme de personas "medianamente buenas", sino de personas "excelentes, abundantes y superiores". Quiero rodearme de personas que crean en una dirección, y no en la decepción.

4 Mateo, 26: 6–13

Quiero rodearme de personas que se comprometan con esos principios e ideas con las que yo estoy comprometido: Con el ADN, con la rectitud, con la Cultura del Reino, con la transferencia a la próxima generación de mi familia. Estas son las personas de las que quiero rodearme, pues tienen los mismos valores del Reino que yo.

No debes rodearte de personas patéticas, sino de personas proféticas. Necesitas alejarte de los traidores, de los escépticos, y de los que niegan. No te rodees de alguien que reniegue de tu éxito y de tus resultados. Si te rodeas de personas que sólo dicen cosas negativas, pondrán obstáculos en tu camino y te detendrán. Te conducirán a las sombras y no a la luz, te llevarán al pasado y no al futuro. Rodéate de aquellos que celebren tu éxito. Rodéate de aquellos que se alegren de tus logros. Rodéate de aquellos que recorran el Camino de los Milagros.

Capítulo 30

❧

ACEPTANDO EL FRACASO

Cuando caemos, tenemos una motivación intrínseca para levantarnos de nuevo. Pero hay muchas personas que no lo hacen: No pueden o no saben hacerlo. Sin embargo, quieren hacerlo.

No obstante, desear el éxito y alcanzarlo son dos cosas diferentes. Estas personas nos piden que les demos la mano y nosotros *creemos* que realmente queremos ayudarles. Esas son las intenciones que sentimos en nuestro corazón y lo que pensamos en nuestras mentes. Sin embargo, no lo hacemos.

Y no lo hacemos porque aceptamos su fracaso. Esta es una de las cosas más terribles que podemos hacer en la vida; es terrible para ellos y para nosotros. No importa de qué tipo de fracaso se trate. Puede ser un fracaso moral, económico o político. Todos nos limitamos a decir: "¡Lo siento; es una verdadera lástima!". Todos tenemos este tipo de mecanismo de respuesta condescendiente: "Es una lástima. Oraré por ti".

Pero lo cierto es que nosotros nos catapultamos a esos fracasos, y básicamente los utilizamos para justificar nuestros propios defectos y decir: "Yo no soy el peor", o "no soy el de menos", y siempre nos regimos por los parámetros más bajos.

Esto es una verdadera lástima, pues habla de nuestra condición humana y no de nuestra divinidad. Habla de nuestras inclinaciones humanas, mundanas y terrestres antes que de nuestro Reino Principal.

> *Si le ayudamos a nuestro prójimo a levantarse,*
> *nos ayudaremos a nosotros mismos a subir más alto.*

Cuando aceptamos los fracasos ajenos, los utilizamos como una disculpa para sentirnos mejor con nosotros mismos luego de haber fracasado. Pero eso no es levantarse sino caer. Cuando le ayudamos a levantarse a nuestro prójimo, y más importante aún, cuando le ayudamos a valerse por sus propios medios, también nos ayudamos a subir más alto.

Tenemos que restaurar la moral y la responsabilidad del Reino. Tenemos una responsabilidad moral concedida por Dios para con las asociaciones, porque yo no sólo estoy asociado en mi viaje personal, sino también con mis hermanos y hermanas de la humanidad como hijos de Dios, con los hijos del reino de Dios y con los ciudadanos del reino de Dios; y si uno de ellos fracasa, debemos ayudarle. O por lo menos hacer lo que esté a nuestro alcance para generar un proceso restaurador.

Debe existir un compromiso para restaurar a uno de mis allegados que ha caído, o por lo menos para intentarlo.

Por supuesto que todos tenemos libre albedrío. Ellos pueden aceptar o rechazar mi disposición y ayuda. Es algo que no podemos forzar ni coartar. Pero yo estoy obligado moral, bíblicamente y por el Reino a restaurarlos.

Si vemos esto en términos de equipo, ¿qué tan lejos puedo llegar si alguien va de rodillas y yo voy corriendo?

> *Debe existir un compromiso para la restauración*
> *a través de nuestra asociación. De ese modo, todos tendremos éxito.*

Estamos mucho más interconectados de lo que percibimos, y esto se manifiesta plenamente en la economía global. En esta época de la globalización, nuestras economías están totalmente interconectadas. Hay una interdependencia, no sólo económica y política. Han quedado atrás los días en que una nación tenía una crisis económica que no se sentía en otros países. Cuando un pequeño país no produce suficiente maíz o arroz, se presenta una escasez de estos productos.

Las inundaciones de los cultivos de arroz en Vietnam influyen en la cantidad de arroz que se vende en los Wal-Mart de Estados Unidos. Eso es globalización.

Estamos totalmente interconectados; estamos conectados con ese joven que está en algún lugar de Burma y nos muestra fotos de la devastación producida por un tifón. Su lucha se convierte en la mía, su dolor se transforma en el mío. Y si él cae, yo tengo la responsabilidad de ver qué puedo hacer, aparte de darle mi apoyo moral para ayudarlo.

Estamos conectados con los niños de Haití, que sufren de desnutrición y de enfermedades debido al agua contaminada. Sus necesidades son las mías, sus enfermedades son las mías. La conexión del Reino es global; mi conexión con Dios me exige conectarme con mi prójimo. Si no lo hago, si permito que caiga y no me esfuerzo en ayudarle a levantarse, caeré con él.

Debe existir un compromiso para con la restauración a través de nuestra asociación. De ese modo, todos tendremos éxito.

Capítulo 31

RELACIONES DE ALIANZA

Todos conocemos a algún hombre o mujer que ha tenido una, dos o tres relaciones terribles. Es probable que a ti te haya sucedido.

Estas personas parecen repetir las mismas situaciones una y otra vez, están con el mismo tipo de personas, y quedan de nuevo en el mismo punto.

A veces juran: "¡Nunca más!", después de trastabillar o de fracasar, y huyen de cualquier relación. Su miedo les impide acercarse a alguien, y viven solitarios.

Hay tres razones para esto.

La primera es que no han confrontado su miedo. No han tenido un momento de confrontación que los conduzca a la revelación, la cual los lleva a la activación, que genera la saturación. No han hecho nada de eso.

La segunda es que no han aplicado ninguno de los Principios del Reino. Aún se encuentran en una moratoria en términos de identidad espiritual. No tienen idea de quiénes son espiritualmente. No tienen la menor idea de quiénes son como ciudadanos del reino de Dios.

Y la tercera razón es que su modalidad de validación y mantenimiento permanece vigente gracias a comportamientos que ellos han interpretado como abusivos. Pero a nivel psicológico, sabemos que estas personas ven estas conductas como demostraciones o afirmaciones.

Y reaccionan haciendo lo siguiente: Repiten de nuevo la historia, o huyen de ella. Bailan la misma música, o se niegan a bailar de nuevo porque no hay confrontación.

La confrontación consiste en exponer la verdad, pero en cualquier otro sentido se trata simplemente de violencia. La confrontación debe conducir a la manifestación de la verdad.

Debo aclarar que no estamos buscando una confrontación que conduzca a la violencia, sino una confrontación espiritual, intrínseca, motivadora, efectiva, emocionalmente exuberante y que manifieste la verdad.

Queremos exponer la gloria de Dios en cada vida humana. Queremos exponer la gloria de Dios en cada relación.

> *El poder de dos personas que hayan reconocido su propósito*
> *y su asociación para el viaje, es infinito.*

Así que si esa persona no te ayuda a ser un individuo mejor ni te facilita o proporciona una nueva realidad, si es una asesina de sueños antes que una tejedora de sueños, y si no acepta la transformación, necesitas separarte de ella. Si esa persona no acepta el mandato ordenado por Dios de servir, amar y aceptar en lugar de perjudicar y destruir tus sueños, necesitas terminar esa relación y seguir tu camino.

Esa clase de persona no es una socia ni una compañera. Esa clase de persona puede ayudarte a ser más fuerte. Esa clase de persona puede ayudarte a aclarar tu visión y a ver cuál es el camino que debes seguir. Pero esa persona no es digna de estar a tu lado.

Dios puso a esas personas en tu camino para que comprendas lo que necesitas hacer en tu vida, para ser más fuerte, para mostrarte aquello que no deberías ser. Y una vez comprendas esto, podrás seguir tu camino.

Ahora, si estas personas aceptan la transformación, si reconocen, entienden y comprenden que necesitan amar, servir y aceptar en vez de hacer daño, es probable que Dios los haya puesto en tu camino para que les ayudes. Es probable que haya puesto a esa persona allí para que ambos sean más fuertes, aprendan a ser verdaderos socios y conformen un verdadero equipo.

Y cuando esos átomos individuales se fusionan para formar uno solo, cuando esos filamentos de ADN se integren, prepárate, porque Dios sabe que el poder de dos individuos juntos no es simplemente dos *mas* dos, sino dos *por* dos, por diez, por veinte y por doscientos. El poder de dos personas que hayan reconocido su propósito y asociación para el viaje es infinito.

Pero, ¿cómo hacer para encontrar a esa persona?

La reacción natural de alguien que haya tenido una mala relación podría ser: "Trataré de encontrar a alguien completamente opuesto a la persona con la que estuve. Éstos son mis criterios, estándares y parámetros para un nuevo socio. La primera es: Quiero a alguien que sea completamente opuesto a mi pareja anterior".

Debemos tener mucho cuidado en no establecer nuestros parámetros y criterios basados en nuestra experiencia pasada. Necesitamos incorporar esos criterios y mecanismos preventivos para conceptualizar los fracasos del pasado. Sin embargo, no podemos basarnos en el pasado, ni en los fracasos del pasado. Las heridas, decepciones y relaciones traumáticas del pasado no deben dictar nuestros actos.

Debemos realizar nuestro proceso de selección basados en el ímpetu del futuro. Todo método correcto es optimista, positivo, impulsado por energías positivas, relaciones verticales, y consecuencias horizontales. Está dirigido por el cielo y no por el infierno; por lo que Dios tiene para mí, y no por lo que la Tierra tiene para mí. Está dirigido por lo que seré y no por el lugar de donde vengo.

> *No podemos regirnos por el pasado.*

Sin embargo, todavía tienes que aceptar el hecho de que hay un mecanismo de autodefensa para asegurarnos de no repetir los errores del pasado. Pero cuando se trata de elegir un socio, no lo hago después de responder la pregunta: "¿Esta persona es todo lo opuesto a la anterior?". Debemos estructurar nuestros criterios de selección en torno a los resultados. Y el resultado deseado está basado en los Principios del Reino antes que en las consecuencias terrenales.

Las personas que repiten sus comportamientos y hacen malas elecciones no están buscando a alguien que tenga sus mismos valores fundamentales. No han mirado en su interior ni se han preguntado, ¿cuáles de mis valores son innegociables?

Hay algo que es innegociable: Yo no quiero estar con una persona que me desprecie y abuse de mí verbalmente o de otra manera. Eso es innegociable.

El resto es negociable. Mi punto es que, haciendo a un lado los aspectos innegociables, todos los demás pueden negociarse. Las reglas del juego son: Identificar tus puntos o aspectos innegociables.

En otras palabras, yo quiero ser proactivo y no reactivo. Vivimos en un mundo en el que la mayoría de las personas cambian de socio o de pareja debido a un capricho reaccionario, en vez de tener suficiente información producto de las investigaciones y los análisis que nos permitan tomar una decisión válida.

Veamos el incremento de los matrimonios múltiples. Y con la palabra múltiple me refiero no sólo a quienes se han divorciado una vez, sino a la inclinación de divorciarse una y otra vez. Si analizamos las estadísticas, podremos concluir que si te has divorciado una vez, estás inclinado a divorciarte de nuevo. ¿Por qué? Porque seguimos enfrascándonos en ese tipo de evaluaciones reaccionarias: "Mi antigua pareja era deficiente en esto y en lo otro", o "Quiero esto y lo otro en mi nueva pareja".

En lugar de concentrarnos en las deficiencias, debemos buscar las fortalezas. Busquemos las fortalezas complementarias.

Hay un principio de compatibilidad que debemos evaluar en todas nuestras relaciones, pues fortalece algo que ya tenemos, o lo complementa. Lo angustioso es cuando no haces nada de lo anterior, y se convierte en un obstáculo para alguna de tus fortalezas. Es probable que las fortalezas de alguien sean un obstáculo para las tuyas.

Definitivamente quieres establecer un sistema de evaluación. Necesitas incorporar un sistema en tu vida donde la pareja que elijas sea alguien que te lleve a una nueva dimensión. No a un nuevo nivel, sino a una nueva dimensión.

> *En lugar de concentrarnos en las deficiencias,*
> *busquemos fortalezas complementarias.*

¿Esta persona tiene un impacto en tu atmósfera? Recuerda: la atmósfera nos protege contra las fuerzas externas —los meteoritos, cometas y asteroides físicos emocionales y espirituales— que vienen en nuestra dirección. Así que pregúntate: ¿Esta persona choca contra tu atmósfera, la perturba, la agota o la daña?

¿O se trata de alguien que enriquece tu atmósfera?

Cualquier persona tiene el potencial para hacer dos cosas: Impactarte directamente, o impactar tu atmósfera. Y también puede hacer el bien o el mal.

Necesitamos estar seguros de que los socios con los que establezcamos una alianza —el término bíblico para la palabra "acuerdo"— sea un compromiso, una promesa, y un contrato que nos genere confianza.

El Principio de Relación de Alianza es el principio de reconsiderar en espíritu y en propósito, en pasión y en compromiso.

La palabra clave es "reciprocidad". Esto significa retribuir; que esa persona se comporte del mismo modo contigo como tú te comportas con ella: Con respeto, amor, solidaridad y comprensión mutua, y con todas las cualidades positivas que puedan existir. O como lo dijo Jesús: "Haz con los demás hombres todo lo que deseas que hagan ellos contigo".[1] La reciprocidad significa que la otra persona haga lo mismo.

En una relación de alianza se deben tener valores fundamentales mutuos, compartir un propósito y apoyarse mutuamente en cualquier meta individual. Debe haber reciprocidad en la pasión y cumplir las promesas para con el otro.

Con esta base podrás crecer junto a esa persona y amarse mutuamente.

---

1   Mateo, 7:12

Capítulo 32

TEJEDORES DE SUEÑOS
Y ASESINOS DE SUEÑOS

El qué, el dónde, el cuándo y el por qué no son tan importantes como el quién. Lo más importante de todo es el quién: Es el que muestra el camino. Luego siguen el cómo, el por qué, el cuándo, el dónde y el qué.

Generalmente las cosas ocurran al revés. Vivimos la vida y aplicamos al principio todo lo opuesto. Digamos que yo quiero abrir un negocio de plataformas digitales o de creación de páginas Web, donde los blogs y lo audiovisual son factores importantes. Es como la unión de YouTube, MySpace y un blog en un solo espacio. Eso es lo que quiero a hacer.

Generalmente, yo me pregunto: "¿Qué recursos tengo? ¿A cuánto ascenderán los costos? ¿Cuánto necesito para el capital de inversión inicial? ¿Podría asociarme con otra persona?".

Pero en realidad, yo hago todo eso a un lado. Lo borro, lo retiro y lo alejo de la mesa.

> **Lo importante es: ¿Quién está en tu equipo?**

En vez de decir: "¿*Qué* quieres hacer?". La primera pregunta debería ser: "¿Con *quién* vas a trabajar?".

Lo importante es: ¿Quién está en tu equipo? ¿De quién te estás rodeando? ¿Has encontrado personas fieles y disciplinadas, al escéptico que te obligará a demostrar tus ideas, a investigar y a hacer trabajo de campo para saber que puedes respaldar tu presentación?

Primero es el quién, y luego el qué.

Hay personas con las que puedes asociarte independientemente de tu sueño. Ellas tienen el ADN para hacer tu sueño realidad sin importar cuál sea. Pueden asociarse, facilitar un ambiente, crear una cultura y una atmósfera. Estas personas son las tejedoras de sueños, las que Dios lleva a tu camino para que tu sueño se haga realidad.

Dios pone a los tejedores de sueños en tu camino para que te unas a ellos, y encuentres tu propósito y misión: Entonces descubrirás tu verdadero sueño. Es probable que tengas un sueño que quieras hacer realidad, pero tu verdadero sueño, tu meta definitiva, el sueño que está a la altura de tu propósito y misión, se aclarará *sólo* cuando te asocies con tu equipo de tejedores de sueños. Y ese equipo será una realidad sólo cuando el sueño de otra persona se haga realidad.

Así es el proceso del Reino para los sueños. Comenzamos con tener un sueño: Ese es el primer paso. El segundo es ayudarles a los demás a interpretar sus sueños. El tercero es ayudarle a otra persona con su sueño para que se haga realidad.

Nuestros sueños nunca se harán realidad hasta que el sueño de otra persona sea una realidad. Si haces esto, tu sueño también se hará realidad. La razón por la que tantas personas nunca cumplen sus sueños es porque nunca han trabajado por el sueño de otra persona.

> *Nuestros sueños nunca se harán realidad hasta que*
> *el sueño de otra persona sea una realidad.*

Hay un pasaje bíblico de la vida de José que habla de esto. Yo lo denomino el viaje del abismo-prisión-palacio.[1]

José comenzó a tener sueños.[2] De hecho, tuvo un sueño en el que todos sus hermanos le servirían. Pero José se adelantó y les contó el sueño antes de tiempo. Sus hermanos se indignaron: "¿Cómo así que nosotros te serviremos?".

Tampoco les gustó el hecho de que su padre le hubiera dado a José una túnica colorida, pues esta prenda representaba el favoritismo de su padre. Y entonces, sus hermanos sintieron celos de José, lo despojaron de la túnica y lo arrojaron a un pozo.

---

1 Génesis, 35–50
2 Génesis, 37: 5–8

Esta es la primera lección: Debemos ser muy cuidadosos con quién compartimos nuestros sueños. Porque si los compartimos con las personas equivocadas, querrán despojarnos de ese sueño. Éstos son los asesinos de sueños.

Sin embargo, José nunca se olvidó de su sueño mientras estuvo en el pozo. Y así como podemos perder nuestra túnica, también podemos perder todo lo demás: La riqueza material y las cosas que obtuvimos con tanto esfuerzo. Sin embargo, hay algo que nunca podemos perder: Nuestro sueño.

La vida y nuestros enemigos pueden quitarnos algunas cosas, pero no otras. Cuando permanecemos en el pozo, las circunstancias de la vida y nuestros enemigos —bien sean de tipo espiritual, físico o de cualquier otro— pueden arrebatarnos nuestra felicidad, pero no nuestro júbilo; pueden arrebatarnos nuestra casa, pero no nuestro hogar; pueden arrebatarnos nuestro dinero, pero no nuestras riquezas; pueden despojarnos del pasado, pero nunca de nuestro futuro.

Ellos pueden arrebatarnos lo uno pero no lo otro, pues lo primero es terrenal y lo segundo es eterno. Lo primero es físico y mundano, y lo segundo es divino y del Reino. El único que puede despojarnos de todo esto es Dios, porque fue Él quien nos lo dio.

> *Si compartimos nuestro sueño con las personas equivocadas, querrán despojarnos de ese sueño. Éstos son los asesinos de sueños.*

Y José conservó su sueño en el fondo de ese pozo. Cuando lo sacaron de allí y fue vendido como esclavo, siguió conservando su sueño.

Sin embargo, José terminó en prisión.

Se convirtió en esclavo de Potiphar tras salir del pozo. Potiphar era el capitán de los guardias del Faraón, y llevó a José a trabajar en su casa. Le tomó aprecio y lo nombró como supervisor de su casa y de sus bienes.

Las cosas marchaban bien para todos, y la casa de Potiphar prosperó bajo la supervisión de José, pero éste se vio enfrascado en cierta situación con la esposa de su amo.

La esposa de Potiphar quería tener sexo con José. O como se dice en la Biblia, quería "acostarse" con él. José se resistió; ella lo sujetó de las ropas, y él quedó desnudo cuando intentó desprenderse de ella.

(Si esto hubiera ocurrido hoy, probablemente habríamos acusado a José de ser un pervertido sexual. Pero él siempre terminaba desnudo y despojado, tal como le sucedió también con sus hermanos. Luego va a casa de Potiphar, y la esposa de éste lo deja desnudo. Sin embargo, dejaré este sermón para otra ocasión).

La esposa de Potiphar calumnió a José y éste terminó en prisión. Allí conoció a un panadero y a un mayordomo. La Biblia define sus cargos como "panadero principal" y "copero mayor".

A José ya no le importaba su sueño. Ya no pensaba en él. Mientras estuvo en prisión, no dijo: "Quiero que sepan que todos ustedes me servirán un día". Él se guardó ese tipo de comentarios.

José se interesó en interpretar los sueños ajenos.

El panadero y el mayordomo les contaron sus sueños a José, quien los interpretó. José le dio buenas noticias al mayordomo, y le dijo que en tres días, el Faraón lo liberaría de la prisión y lo reintegraría a su antiguo trabajo. Y en cuanto al panadero, le dijo que moriría al cabo de tres días.

¿Por qué habría de morir el panadero y de vivir el mayordomo? Porque si construyes tu propio reino y consolidas tu propia fama sin servir a nadie, y tú y tu sueño morirán. Aquel que ha servido, vivirá. Aquel que ha construido para sí mismo sin servir a otros, morirá. El panadero construyó para sí mismo, mientras que el mayordomo les sirvió a los demás.

Cuando construimos en la vida, si no servimos al bien ajeno y no servimos una causa loable, todo morirá sin importar de qué se trate. Si no contribuye a una causa loable, perecerá. Pero si sirve a una causa noble, prosperará.

José demostraría esto, aunque sólo un par de años después. Es importante recordarlo, pues cuando el mayordomo fue liberado y trabajó de nuevo para su antiguo jefe, José le dijo: "Háblale al Faraón de mí". Estoy seguro de que José quería recobrar su libertad y tener amigos que se movieran en las altas esferas. Después de todo, le había hecho un favor al mayordomo al interpretar su sueño.

Sin embargo, el mayordomo permaneció dos años sin decir nada. El Faraón tuvo un par de sueños que lo perturbaron y no pudo encontrar a nadie que descifrara su significado. Uno de ellos era sobre vacas gordas y flacas, y el otro era semejante, sólo que giraba en torno al maíz.

El mayordomo le habló al Faraón de José, y el dignatario solicitó su presencia. Le contó sus sueños a José, y éste le dijo que los dos sueños significaban una sola cosa, que se avecinaba una hambruna. José dio detalles concretos. Dijo que habría siete años de prosperidad, seguidos por siete años de hambruna. Pero también le dijo al Faraón cómo evitar este problema y no pasar hambre. Le aconsejo guardar una quinta parte de su cosecha anual para las épocas de hambruna.

> *Si la vida te desnuda, Dios siempre te vestirá: Él sabe cuál es tu talla.*

El Faraón quedó tan agradecido que dispuso que José trabajara en el palacio y se encargara de la recolección del grano. Y el Génesis (Capítulo 41) nos dice que el Faraón le dio a José cuatro regalos finos y costosos: Una túnica, un anillo, un collar y una carroza, que era la segunda del Faraón.

Esta túnica reemplazó la que José había perdido cuando sus hermanos lo desnudaron. Esto demuestra que cuando la vida te desnuda, el rey siempre te vestirá. Si la vida te desnuda, Dios siempre te vestirá: Él sabe cuál es tu talla.

El anillo representa la autoridad, pues llevaba el sello del Faraón, con el cual estampaba los documentos para que todos supieran que eran oficiales.

El collar representaba el favor del rey, pues todos los que lo llevaban puesto tenían atribuciones especiales. Así pues, significaba que José era un personaje muy importante.

Y por supuesto, la segunda carroza significaba protección. La primera carroza comandaba la primera línea de ataque en la guerra, y la segunda la seguía detrás: Nunca iba de primera. Muchas veces terminamos golpeados en la vida porque queremos ir en la primera carroza, pero debemos permitir siempre que Dios vaya en la primera y nosotros en la segunda. Ese es nuestro Primer Lugar, detrás de Dios; siguiéndolo mientras Él va adelante.

La historia de José tuvo un buen final y su primer sueño se hizo realidad: Como trabajaba para el Faraón y sus hermanos eran súbditos de Egipto, sirvieron a José.

José permaneció dos años en prisión luego de que el mayordomo recuperara su libertad. Pero mira todo lo que recibió. Estaba desesperado por lograr su libertad y debió preguntarse constantemente: "¿Por qué estoy aquí?". Pero esto nos muestra que Dios obra en el momento indicado, y no en nuestro tiempo. Las cosas no siempre suceden cuando tú lo deseas; sino cuando deben suceder.

José sirvió el sueño de alguien y su sueño se hizo realidad. Se encargó de los preparativos para la hambruna que le había vaticinado al Faraón, y sus hermanos terminaron sirviéndole.

Ese es el poder que tiene un tejedor de sueños.

Encontrar un sueño ajeno al que pueda servir. Ayudar a alguien a hacer su sueño realidad. Los sueños nunca se harán realidad hasta que no sirvas primero el sueño de alguien.

> *Si aquello que construyes en la vida no sirve a una causa noble, morirá.*

Esto es algo que no sólo sucede en la Biblia, sino también en este mundo.

Mira el caso de Bill Gates. Durante trece años seguidos, justo antes de que se retirara en 2008 de la dirección de Microsoft, Bill Gates fue el hombre más rico del mundo.

La historia de su éxito es muy conocida: Un genio de la informática inventa un sistema operativo que revoluciona el mundo de los computadores personales. Y luego demuestra que es más inteligente incluso de lo que la gente pensaba, pues vende los derechos de licencia a otras compañías en vez de limitarse simplemente a venderles el programa. Demostró que no sólo era un genio de la informática, sino también un negociante con una visión formidable.

Windows se convirtió en el software más popular del mundo, y Bill Gates ganó tanto dinero, que alguien calculó que ganaba un millón de dólares cada hora durante los años en que fue el director de Microsoft. Ganaba dinero con tanta velocidad, que si se le caía un billete de mil dólares, perdía dinero al recogerlo, pues ganaba más si seguía trabajando en sus labores.

¿Cómo consiguió dinero este hombre? Con una idea genial. Trabajando mucho. Y por supuesto, con una gran visión para los negocios.

Pero, ¿piensas acaso que cuando Bill Gates era un adolescente y desbarataba computadores para descifrar códigos de software mientras cursaba la secundaria, lo hacía porque quería ser millonario?

Es probable. Pero aunque así fuera, no sería suficiente. De ninguna manera: Hay muchos jóvenes que se han dedicado a los computadores, así como otros se han dedicado a la actuación, a las leyes y a la medicina y no se han hecho millonarios, pues se dedicaron a estas profesiones con un propósito equivocado: Lo hicieron para servirse a sí mismos.

Bill Gates se apasionó por los computadores y por lo que pudiera hacer por los demás en aras del bien. Es probable que no lo hubiera pensado de ese modo, especialmente cuando era un joven estudiante de Seattle. Sin embargo, logró el éxito porque su creación sirvió a una causa noble.

> *No podrás alcanzar el éxito en la vida sin tener visión para los negocios, y no podrás tener éxito en los negocios sin tener una visión del Reino.*

Los negocios son una extensión del mundo espiritual. Muchos de los principios incorporados a la estructura de un negocio exitoso son simplemente principios básicos que aparecen en la Biblia. Una administración eficaz, diligencia, compromiso y transparencia, responsabilidad social y ética, hacen parte de cualquier empresa que quiera ingresar a las ligas mayores de Wall Street.

Y viceversa: Las reglas de los negocios también se aplican al mundo espiritual. El Reino de Dios es un negocio. Yo estoy en el negocio de mi padre y en el negocio del Reino.

Así pues, no podrás alcanzar el verdadero éxito en la vida, no podrás establecer relaciones viables ni alianzas del Reino sin tener algún tipo de visión para los negocios. No estoy diciendo que tengas que hacer estudios de especialización en Wharton, sino que debes tener algún tipo de sentido para los negocios, administrar con responsabilidad, tener un sentido de compromiso, transparencia y dirección.

No podrás tener éxito en la vida sin algún tipo de visión para los negocios, y no podrás tener éxito en los negocios sin una visión del Reino.

Bill Gates es el ejemplo perfecto de esto.

Desde el comienzo, la gente le pagaba porque él les ofrecía algo que servía *sus* necesidades. Su verdadero sueño —el sueño auténtico conectado con su verdadero propósito de la Cultura del Reino, independientemente de que supiera esto o no— era cambiar la forma en que se hacen las cosas, la forma en que se maneja la información, lo que se hace con los computadores y lo que éstos pueden hacer por nosotros. Y su éxito fue tan grande, que él no sólo transformó lo que nosotros hacemos con los computadores, sino que transformó también nuestra forma de vida. Revolucionó la computación y transformó al mundo.

Su sueño se hizo realidad porque servía a una causa noble. Es por eso que Bill Gates se convirtió en el hombre más rico del mundo.

PRINCIPIO CUATRO

UNA TUMBA VACÍA SIEMPRE PRECEDE A UN SALÓN LLENO

Capítulo 33

Tiempo de preparación

Siempre hay un tiempo de preparación antes del tiempo de revelación. Tenemos experiencias, momentos, personas, y plegarias que preparan el camino. Eso que llamamos gratificación inmediata o satisfacción inmediata realmente no existe. Siempre hay una preparación. Y la fe prepara el camino para el miedo. La fe llega allí primero para prepararle el camino.

Si la fe lo logró y sobrevivió, el miedo dirá: "No tengo nada más que temer". Si Juan hubiera llegado primero y exclamado: "Estaba equivocado", ¿habría entrado Pedro?

Lo dudo. Él necesitaba a Juan para que le preparara el camino. Necesitaba que Juan fuera delante de él, para que mirara el sepulcro y le dijera que podía entrar. Y eso fue lo que hizo Juan.

Lo mismo sucede en nuestras vidas. Tenemos personas, relaciones, y plegarias que se han asegurado de prepararnos el camino. Tenemos momentos que han disparado la cadena de eventos que han activado nuestros futuros, mucho antes de nosotros.

> *Fuimos sanados antes de enfermar.*
> *Fuimos perdonados antes de pecar. Fuimos salvados antes de caer.*

Esto no depende de nosotros. No tenemos que enviar la fe primero. Desde la perspectiva de los Principios del Reino, Dios ya lo ha hecho. La fe ya llegó allí antes que nosotros.

Dios es muy proactivo. No es que Dios esté reaccionando a nuestras tonterías. Él trazó el camino mucho antes de nuestros problemas y circunstancias. Él diseñó la salida antes de que fuéramos enviados a la prisión. Él fabricó la llave para la celda antes de que ésta, el hierro y el acero fueran forjados. Él fue a la Cruz para que nosotros no tuviéramos que hacerlo. Él pagó el precio para que nosotros no tuviéramos que pagarlo. Él ya había corrido y llegó allí primero.

Entonces, nosotros no tenemos que hacerlo. No necesitamos tener un momento de duda. No necesitamos correr con la fe delante de nosotros, tocar el sepulcro, volver y luego decirle al miedo que vaya. La fe ya ha corrido. Esa es una gran noticia: La fe ya corrió, llegó allí y preparó el camino.

Si entendemos eso, nuestra perspectiva cambiará. Cuando emprendemos nuestra jornada diaria, podemos hacerlo con la confianza de que la fe siempre llegará primero. Y ya lo hizo. Fuimos sanados antes de haber enfermado. Fuimos perdonados antes de haber pecado. Fuimos salvados antes de haber caído. La Biblia dice: "La sangre de Jesús nos limpia de todo pecado".[1] De todo pecado. No sólo de los pasados, sino también de los futuros.

Ahora es nuestro turno. Nuestra fe está allí. Solamente la estamos alcanzando ahora. Si la activamos, lo único que debemos hacer es confrontar el miedo y morir para vivir cada día.[2]

Eso es tener la fe *de* Dios en nosotros. El hecho de saber que ya se ha hecho. Lo que tenemos que hacer es aceptarlo, abrazarlo, y permitir que ese conocimiento nos levante y nos lleve a nuestro destino.

---

1 1 Juan, 1:7
2 Gálatas, 2:20

❧

Capítulo 34

LA PROMESA DEL SEPULCRO VACÍO

María Magdalena, Pedro y Juan corrieron hacia el sepulcro vacío y no encontraron absolutamente nada. Después de eso, Dios corrió y les dio exactamente lo que necesitaban, y más. Dios los premió. Pero además, les dio una porción doble.

Y no lo hizo solamente por ellos, sino por todo nosotros. Siempre hay un momento en el cual corremos y no encontramos nada, pero es sólo porque Dios está a punto de correr y darnos de todo —más de la cuenta, absolutamente, y por sobre todo. Siempre habrá una tumba vacía justo antes de encontrar un salón lleno.

Siempre hay un desierto antes de una tierra prometida. Siempre hay una experiencia turbulenta antes de la ejecución de un ministerio, como sucedió con Cristo.[1] Siempre existe ese momento de oscuridad antes de que el sol aparezca.

> *Hay un momento en el cual corremos y no encontramos nada,*
> *pero es sólo porque Dios está a punto de correr y darnos*
> *todo —más de lo necesario, absolutamente, y por sobre todo.*

Lo mismo se aplica para aquellas personas que han tenido una mala relación o un divorcio traumático. Conocen a alguien, todo parece funcionar, y luego se desilusionan de nuevo. Y si hablamos de empleos, una persona creyó que iba a lograr un ascenso por haber trabajado mucho, y luego se desilusiona.

Corrieron, dieron todo de sí, pero no encontraron nada.

---

1 Lucas, 4:1-13

Estos no son mediocres que abandonan sin mayor pretensión. Estas son personas que lo han dado todo, que han puesto todos los puntos en las íes, que han utilizado su energía más allá de lo que pueda creerse, más de la cuenta, absolutamente, por sobre todo lo que tenían. Estos son los que nunca se rindieron. Corrieron la prueba, la terminaron, pero no encontraron ninguna recompensa.

Si usted se encuentra en esta situación o circunstancia, le recomiendo que espere, pues sólo significa una cosa: Dios está a punto de correr y darle todo.

Porque esto es lo que pudo haber pasado: Pudieron correr al sepulcro vacío y no encontrar nada, haberse rendido y alejado de Cristo y de sus enseñanzas. Y hubieran podido decir: "Ya basta. Se acabó. Me rindo. No volveré a correr".

Pero no lo hicieron. Corrieron y no encontraron nada. Y corrieron a decirles a los otros lo que habían encontrado.

Dios recompensa a aquellos que corren y no encuentran nada, pero que siguen creyendo que tiene que haber algo. Aunque tengan que correr otra vez, aunque tengan que correr hacia otra tumba, ellos saben —no piensan, sospechan o tienen un sentimiento, sino que realmente y verdaderamente *saben*— que algo grande los está esperando.

> *Siempre hay una tumba vacía justo antes de encontrar*
> *un salón lleno allá arriba.*

Estamos completamente equivocados con respecto a nuestras vidas. Creemos que si logramos ese factor ¡guau!, si recibimos "eso" —la bendición, la gloria o como queramos llamarlo— si alcanzamos ese momento de éxito, si hacemos ese sueño realidad y logramos nuestro propósito, debemos ser muy cuidadosos, porque pueden ocurrir cosas que tratarán de arrebatárnoslo.

Sin embargo, es al contrario. Es totalmente al contrario.

Debemos tener mucho cuidado en no perderlos. Las recompensas están allí, esperando a que las encontremos. Una vez las obtenemos, y si realmente son las recompensas que merecemos, entonces no nos las podrán quitar. Pero si nos extraviamos del camino, entonces sí nos las podrán arrebatar. O si nos apuramos en el proceso, si nos saltamos los pasos, o si tomamos atajos. Las recompensas que son para nosotros siempre estarán disponibles para nosotros. Pero sólo cuando realmente signifiquen eso.

¿Recuerdan a José, con su túnica colorida? Él tuvo que esperar dos años en prisión, hasta que el mayordomo le mencionara su nombre al Faraón. José le hizo un gran favor al mayordomo: Interpretó su sueño y serenó su mente, y adicionalmente, demostró que nadie podía interpretar un sueño como él. ¿Qué sucedió después? Tuvo que esperar dos años más antes de que el mayordomo hablara con el Faraón para que éste lo dejara salir de la cárcel: ¡Dos años más!

Eso es terrible. O por lo menos así parece.

José tenía sus expectativas. Había depositado sus esperanzas en el mayordomo. Corrió por ese sueño: "El mayordomo me sacará de la cárcel". Pero no fue así. Corrió y no encontró nada.

Pero esperen un minuto. Veámoslo de otra forma. ¿Qué habría pasado si el mayordomo hubiera liberado a José de la cárcel? ¿Qué habría ocurrido si el sueño de José si hubiera hecho realidad y él hubiera encontrado algo?

Probablemente sólo habría empacado sus cosas y se habría marchado. Podría haber dicho: "Fantástico. Estoy fuera de la cárcel; es hora de seguir mi camino". Habría salido de la cárcel, pero se habría perdido del gran premio.

En realidad, José pidió, pero no recibió nada. Pero dos años después, Dios le dio porciones dobles, triples, más de la cuenta, absolutamente, por encima de todas las porciones. José no recibió nada en un comienzo, pero más tarde Dios lo colmó de regalos. Dios le dio más de lo que había pedido, más de lo que nunca había esperado.

Si sientes que estás en prisión esperando a ser liberado, y lo intentas una y otra vez pero no consigues nada, aguanta. Eso quiere decir que tu recompensa, tu liberación, y tu descanso están llegando de una forma que jamás hubieras imaginado.

Si has corrido la prueba, si lo has hecho todo tal como debías hacerlo y no has encontrado nada, quiero que sepas que lo próximo que ocurrirá en tu vida es que Dios está a punto de dártelo todo. Siempre hay una tumba vacía justo antes de encontrar un salón lleno allá arriba.

Se te ha asegurado un salón lleno. ¡Asegurado! Por cada tumba vacía hay un salón lleno.

Y puede haber más de uno. La primera puerta ofrece recompensas, pero no es la única. Más allá, al final de ese salón, hay un camino que te conducirá a numerosos tesoros.

Capítulo 35

❧

VACIÁNDONOS TODOS LOS DÍAS

Cuando María Magdalena, Pedro y Juan estaban corriendo, se dirigían a ver la gran sorpresa de que el sepulcro estaba vacío. Pero también se estaban esforzando y exigiendo. Estaban corriendo hacia el vacío, y vaciándose en la medida en que corrían.

María Magdalena, Pedro y Juan corrieron hasta quedar sin nada. Corrieron hasta haber agotado literalmente todo lo que tenían. Y cuando llegaron a su destino, lo que buscaban no estaba allí. Sin embargo, encontraron otras cosas.

Todo parecía desocupado, como si estuviera vacío. Pero lo que consideraron y percibieron como la nada en realidad lo era todo. Sus corazones fueron colmados por el hecho de que ese lugar estuviera vacío, por correr hacia el vacío y no encontrar nada. Sus vidas fueron colmadas. Sus espacios fueron colmados.

En la vida también necesitamos correr hacia el vacío. Tenemos que correr y esforzarnos al máximo, exigirnos al máximo, vaciarnos de los impedimentos espirituales, emocionales y psicológicos que nos retienen.

Necesitamos correr hasta vaciarnos para poder ser colmados otra vez. Para ser colmados de nuevo. Para ser restaurados y renovados. Para eliminar de nuestro sistema los dolores, los sufrimientos y la energía negativa, y todas las cosas de nuestro pasado: El fracaso, la desilusión, las negaciones, las traiciones, la decepción, la ansiedad, los miedos, la confusión.

Necesitamos correr hasta que todo esto desaparezca. Corramos hasta que la ansiedad desaparezca. Corramos con la energía del miedo hasta que éste desaparezca. Corramos hasta que se agote. Ya sea la confusión, la inquietud, la ira o lo que sea que el miedo signifique, ya se trate de algo negativo o positivo. Vaciémonos para poder ser renovados.

Todos tenemos que pasar por un momento de renovación. No podemos vivir con el mismo impulso durante toda la vida. Tiene que haber una renovación continua. Tiene que haber un flujo continuo de un júbilo nuevo.

> *Necesitamos correr hasta estar vacíos para ser colmados de nuevo.*

La Biblia dice: "Sus gracias son nuevas cada día".[1] Pero no se trata simplemente de un regalo de Dios cada día; es un compromiso diario para ser renovados. Debes utilizar la energía que Dios te da cada día hasta que se acabe.

Antes de irte a la cama esta noche, utiliza al máximo toda la energía, toda la perspicacia y todo el júbilo, pues no está allí para hibernar.

El modelo antiguo era: Vamos a preservar y reservar tanto como sea posible para un día lluvioso. No estoy hablando en términos financieros, sino en términos intrínsecos, espirituales y místicos. El nuevo modelo, el modelo del Reino, el modelo del Camino de los Milagros es: utiliza tu energía al máximo, porque cada mañana se renueva.

Una vez que nos hemos vaciado, una vez que nos hemos permitido eliminar los impedimentos, podemos entonces abrirnos y descubrir que efectivamente está vacío, pero que realmente está colmado de todo, y que Dios está a punto de colmarnos.

Debemos vaciarnos cada día. Cada día debemos tener una experiencia de sepulcro vacío. Cada día debemos despertar con un compromiso, y tener la certeza de que el buen Señor nos ha concedido una provisión divina, no solamente un poco, sino toda una provisión que nos permitirá terminar ese día en la plenitud.

Pero —y este es un gran pero— tenemos la responsabilidad de agotarlo y de asegurarnos de utilizar todo lo que hemos recibido cuando recostamos nuestras cabezas en la almohada en horas de la noche. No te acuestes sin hacer uso de ese amor, de ese júbilo, esa paz, esa gracia, esa comprensión. No te acuestes si no has utilizado todo aquello. No descanses hasta que lo hayas involucrado, activado, diseminado y compartido.

Y en la mañana, debemos levantarnos y tratar de propagar, utilizar y rea-

---

1 Lamentaciones, 3:22-23

lizar al máximo las obras nobles que Dios quiere que realicemos. Pero sólo porque estás tratando de vaciarte y de darlo todo no significa que puedas hacerlo. Tienes que hacer un gran esfuerzo, y ese esfuerzo tiene que ser sincero. Tiene que ser significativo y voluntario.

Ahora, si puedes irte a la cama y tu conciencia está sin culpa,[2] sabiendo que ese día hiciste todo lo posible para agotarlo todo en tu arsenal, para agotar toda esa energía positiva, ese amor, ese compañerismo, y ese júbilo, entonces has tenido éxito en liberar más de la cuenta, absolutamente y por encima de todo, aquello que Dios te tiene reservado.

> *Tenemos que vaciarnos cada día.*

El "vacío" es una paradoja. Cuando dices "vacío," significa en sí mismo la ausencia de cosas. Significa que lo has agotado todo. Pero el hecho es que viene de un pozo sin fondo. Esa es la paradoja. Parece como si fuera imposible, como si las cosas no pudieran ser así. Pero cuando encuentro la conexión con Dios, cuando encuentro la fe *de* Dios en mí y me conecto con ella, es una fuente sin fondo. Es un pozo que nunca se vacía.

La fe de Dios nunca se vacía, sino que la fe de Dios da nacimiento a las realidades, a las flechas en la aljaba, a la fortaleza, a la guía, a las virtudes, al fruto. Nos da todas estas herramientas, y debemos utilizarlas diariamente.

Tienes que hacer un esfuerzo sincero para propagarla tanto como puedas y vaciarte de todas las cosas malas mientras te llenas de todas las cosas buenas.

Es un proceso continuo y de todos los días.

Necesitamos colmarnos y vaciarnos constantemente.

No se trata de un reciclaje, sino de un proceso de filtración, donde examinamos las cosas en nuestras vidas diariamente, continuamente, y nos vaciamos de todos los elementos que nos detendrán, impedirán y obstruirán el libre flujo de Dios en nosotros y a través de nosotros, el libre flujo del amor, el libre flujo del Reino de Dios.

Soy un instrumento. Soy un medio. Soy un vehículo. Soy el sistema a través del cual Dios toca la Tierra.

---

2 Hechos, 23:1; Hechos, 24:16

Tú eres la extensión del reino de Dios. Y si hay cosas y elementos en nuestras vidas que impidan algo —ya sean pensamientos negativos, el pecado, lo incorrecto, el odio o la falta de perdón— inhibirán también nuestra conexión *con* Dios y limitarán lo que recibimos *de* Dios.

¿A qué me refiero con esto? No estoy diciendo que Dios nos niegue sus regalos. No. Los premios ya están ahí. Pero tenemos que descubrirlos en nuestro camino. Y si nuestra conexión es débil, si nuestra visión es borrosa, si nuestro oído no está afinado, entonces no podemos ver adónde quiere Dios que vayamos, y no podremos escuchar lo que Dios nos está diciendo.

Si no podemos eliminar los impedimentos, seremos hombres ciegos golpeando nuestros bastones en la oscuridad, incapaces de encontrar nuestro camino. Seremos incapaces de encontrar nuestro verdadero camino, y la culpa será nuestra.

> *Cuando encuentro la fe de Dios dentro de mí y me conecto con ella, es una fuente sin fondo. Es un pozo que nunca se vacía.*

Capítulo 36

❧

LOS CINCO IMPEDIMENTOS PRINCIPALES

Hay cinco impedimentos principales para el libre flujo de Dios de los cuales debemos vaciarnos diariamente.

1) *La falta de perdón*. La falta de perdón actúa como un muro de contención contra el libre flujo del torrente de Dios. La belleza de Dios y sus bendiciones se bloquean por la falta de perdón.

Esa falta de perdón te dejará sin recompensa, insatisfecho e incompleto. Si permaneces encadenado por la falta de perdón, atado por tu falta de voluntad para liberar el rencor, permanecerás esclavo de tu amargura y resentimiento, y nunca vivirás más de la cuenta, absolutamente, por sobre todo. Nunca realizarás el propósito perfecto de Dios a través de tu vida ni realizarás todo tu destino.

Sé que muchos dirán: "Pero eso es atroz. Fui abusado cuando era niño. Me sucedieron cosas terribles. ¿Cómo te atreves a decir que tengo que perdonar?".

Tienes que hacerlo. Tienes que hacerlo si quieres ser libre. Tienes que hacerlo si quieres vivir más de la cuenta, absolutamente, por sobre todo. Tienes que hacerlo si quieres encontrar el camino de los milagros y descubrir las recompensas que Dios te tiene reservadas.

> *La fuerza del perdón, la fuerza de perdonar,*
> *va de la mano con la fuerza de ser perdonado.*

El perdón ofrece dos liberaciones. Libera a la otra persona, y te libera a ti. Una persona o situación solo puede mantenerse cautiva por una cosa: La

145

falta de perdón. Si todavía no has perdonado al padre que abusó de ti, mantienes a esa persona secuestrada literalmente por tu falta de perdón. El destino de esa persona, el principio de sembrar y recolectar realizado con tanta misericordia, exige que los sueltes y los dejes libres.

Existe un Dios misericordioso que conoce todas las cosas y puede juzgarlas mucho mejor que nosotros. Y ese Dios justo, ese Dios que ama y que juzga, puede hacerlo de tal manera que nos garantiza que su realización es perfecta. Es la voluntad perfecta.

Mi perdón libera a esa persona para que sea juzgada por el Juez Supremo.

Y me libera de mi pasado. La fuerza del perdón, la fuerza de perdonar, va de la mano con la fuerza de ser perdonado.

Esa fue la idea increíble planteada por Cristo: "Perdona nuestras ofensas como nosotros perdonamos a los que nos ofenden".[1]

Para mí, esa es la verdad más importante que se haya compartido en la historia de la humanidad. ¡Cuánta fuerza y audacia! Qué noción tan grandiosa: El perdón total.

Y Lucas nos dice que la falta de perdón tiene un inconveniente muy claro. Él dice que Jesús fue muy específico sobre las ramificaciones del perdón y la falta de perdón. Escribió que Cristo dijo: "Porque si perdonas a otros por sus ofensas, tu padre que está en el cielo también te perdonará. Pero si no perdonas a los otros, entonces tu padre no perdonará tus ofensas".[2]

Entonces, tenemos que vaciarnos de nuestra falta de perdón.

2) La micro-gerencia del destino. También debemos liberarnos de lo que yo denomino la micro-gerencia del destino. Básicamente significa que no necesitamos saber todos los detalles.

Para ser sincero, muchas veces el qué, el por qué, el cuándo, el dónde ni el cómo son importantes. Ni siquiera el "quién" es importante mientras tengamos la fe suficiente en nosotros para depositar nuestra confianza en Dios.

Debemos renunciar a tratar de saber todos los detalles. Tenemos que liberarnos del proceso del pensamiento que dice: "No daré un paso más, a menos que Dios ponga todo sobre la mesa, en alguna forma de presentación

---

1 Mateo, 6:12
2 Mateo, 6:14–15

cósmica proyectada, me describa Su plan en detalle, y manifieste el destino de mi existencia personal".

Eso es ridículo.

A veces queremos ver la especificidad de Dios: Queremos ver lo específico, el detalle. "Muéstranos la huella y creeremos en ti".

Pero lo que necesitamos hacer es ir al pozo de la fe, a esa fuente sin fin y suministro de fe, y saber que no es necesario llenar todos los espacios en blanco.

Tenemos que vaciarnos de la necesidad de conocer cada detalle y dejárselo a Dios. Él es una fuerza superior a nosotros que conoce todos los detalles.

> *Tenemos que vaciarnos de la necesidad de conocer*
> *cada detalle y dejárselo a Dios.*

Dios ya lo hizo todo y no tengo que preocuparme por eso. Él diseñó un plan y se desarrolla exactamente como Él lo quiso.

¿Por qué debería preocuparme?

Circulamos por autopistas que Él creó para nosotros. ¿Por qué debo saber cada pequeño detalle?

Yo no me preocupo por cada tuerca, tornillo y cable de mi auto cuando voy por las calles en el mundo físico y cotidiano. No me preocupo por la cantidad de pintura que le aplicaron, ni por los trabajadores que se necesitaron para pintar las líneas de señalización en las calles. No me obsesiono pensando cómo, dónde o quién fabricó los avisos de la autopista. Solamente leo los avisos que me señalan hacia dónde voy, sigo la vía en dirección a mi destino, y dejo que mi auto cumpla su función.

Si no me preocupo por cada brote de maleza que hay a la orilla del camino ni por las costuras de los asientos de mi auto; si no me preocupo por las cosas que hacen los seres humanos, ¿por qué debería preocuparme de cada pequeño detalle del gran plan de Dios?

No necesito preocuparme por cada gota de lluvia. Simplemente puedo dejarle eso a Dios.

Solamente me preocupo porque dudo. Como no confío en el piloto, insisto entonces en saber cada pequeño detalle sobre el avión y el plan de vuelo. Pero Dios sabe a dónde vamos, y Él sabe cómo llevarnos hasta allá.

Hemos visto las calcomanías en los parachoques que dicen: "Jesús es mi copiloto". Pero yo diría que se han equivocado. La verdad es que Dios es el piloto, Cristo es el navegante que nos muestra la vía, y yo soy el copiloto. Yo tomo los controles durante casi todo el vuelo. Dios me ayuda a despegar, y si tengo problemas, él está allí para ayudarme a estabilizar mis alas y a enderezar nuevamente el rumbo. Pero soy yo quien está realizando el vuelo. Así pues, la calcomanía debería decir: "Si Dios es tu co-piloto… ¡CAMBIEMOS DE ASIENTO!"

3) Auto-dependencia. En nuestra realidad individualista, excesiva e intrínsecamente coaccionada del siglo XXI, creemos tener el poder para lograr todas las cosas. Sin embargo, esa es una noción de la cual tenemos que vaciarnos: De la auto-dependencia, o la dependencia propia.

Existe un poder superior. Existe un poder más allá de nosotros, por encima de nosotros y a nuestro alrededor, que sabe más de lo que nosotros sabemos y que puede hacer más de lo que podemos desde todos los puntos de vista imaginables.

Tenemos que reconocer y creer en ese poder, y someternos a ese poder.

> *Necesitamos reconocer y aceptar la gloria de Dios.*

Este es un concepto polémico. La palabra "sumisión" es un término controvertido en nuestro mundo del siglo XXI. Pero no me refiero a la sumisión en el sentido de renunciar a nuestro libre albedrío. Dios no quiere que hagamos eso. Dios nos dio nuestro libre albedrío por una razón. Él no quiere seguidores ciegos. Él quiere personas llenas de fe con sus ojos bien abiertos, que vean la maravilla y el esplendor de lo que Él nos da, y que crean por lo que ven, y no por aquello que no ven. Yo me refiero a la sumisión en el sentido de ceder, que viene libremente desde nuestro interior porque reconocemos y aceptamos la gloria de Dios.

Es cierto que hay cosas en este mundo que necesitamos hacer. Tenemos el ADN espiritual dentro de nosotros. Pero eso nos viene de Dios. No es un ADN que Él haya creado solo. En ese genoma espiritual y en este Reino de

Cultura del ADN, el Buen Señor depositó en nosotros los ingredientes para nuestro éxito.

Nosotros lo activamos y lo encendemos. Pero en ciertas ocasiones, nuestra fortaleza no será suficiente. Necesitamos creer que el socio del que estamos hablando, mi primer colaborador, el más antiguo y el primero, es Dios. Y con Dios todas las cosas son posibles.

4) Miedo. Es fundamental vaciarse diariamente del miedo. Es vital crucificar el miedo todos los días.

Al comienzo de este libro hablamos de la fuerza positiva y negativa del miedo.

Podemos correr a su lado. Podemos utilizarlo incluso como guía. Sin embargo, no podemos permitir que nos capture. No podemos dejar que nos secuestre.

El miedo es productivo y puede servir como motivador y como fuente de energía positiva sólo si está de nuestro lado. Pero intrínsecamente es contraproducente. Sabemos que es contraproducente porque es lo opuesto a la fe.

La fe y el miedo no pueden ocupar el mismo espacio. El hecho de que la fe pueda correr junto al miedo y que esté a la altura del reto, como vimos con Pedro y Juan, es increíble. Sabemos quién llega primero allí, y sabemos qué sucede. Pero la fe y el miedo no pueden ocupar el mismo espacio. El miedo tiene su propio dominio y la fe tiene el suyo. La fe es el enemigo del miedo. La fe es la antítesis del miedo. La fe busca, pero el miedo se esconde. La fe lo ve todo, el miedo no.

Entonces, mientras tengamos miedo, no podremos abrirnos a la fe, al menos no por completo. Una cosa es que estén lado a lado, pero no pueden estar en la misma línea y ni ocupar el mismo espacio. Porque nuestro ser interior, nuestra Persona Espíritu, pertenece a la esfera de la fe. Fue creado por la fe. Fue diseñado por la fe. Y cuando nuestro espíritu y nuestra Persona Alma, cuando nuestro ser espiritual no está perfectamente alineado con lo que fue creado, no podemos tener éxito.

El miedo es un impedimento obvio porque nos impide hacer cosas. El miedo de mis relaciones pasadas, de repetir esa mala experiencia, me impide continuar y abrirme a nuevas experiencias. El miedo de perder mi empleo me impide hacer el mejor trabajo posible porque tengo miedo de levantarme y de que los demás noten mi presencia. No quiero levantarme entre la multitud.

El miedo es muy primario, es un impedimento fundamental. Vivir con miedo es una cosa terrible. Nos impide amar. Nos impide vivir. Nos impide sentir y desarrollar nuestro potencial.

Así es el miedo. Y puede perfectamente ser el principal obstáculo para tener más de la cuenta.

> *Mientras tengamos miedo no podremos abrirnos a la fe.*

Por eso es que cada día tenemos que correr hacia el vacío. Cada día tenemos que asegurarnos de confrontar nuestros miedos, de revelar nuestra fe, de activarla completamente, y de saturar nuestras vidas, comunidad y nuestros alrededores con esa fe.

5) Ansiedad. La ansiedad parece ser un término extraño para definir un impedimento. Pero piensa en todas las personas que toman Xanax y Valium. ¿Por qué existen estos medicamentos? ¿Por qué hay tanta gente que tiene que consumirlos para calmarse? Hay quienes están mentalmente enfermos y necesitan estas drogas. Pero no estoy hablando de ellos. Estoy hablando de aquellos que sienten la necesidad de escapar a las presiones del mundo en el que vivimos.

Lo que sucede es que vivimos muy deprisa y con muchas complicaciones.

Piensa en esto: Cada día y durante todo el día, la mayoría de nosotros tenemos deberes y responsabilidades, detalles y distracciones, interrupciones e interferencias. Todos y cada uno de los días.

Y para empeorar las cosas, las preocupaciones lo impregnan e invaden todo. Aunque terminemos nuestras labores y finalmente tengamos tiempo para relajarnos, nos preocupamos por pagar nuestras cuentas, por la salud de nuestros seres queridos, por la inundación causada por el desbordamiento del río, por los tornados y los incendios naturales. Nos preocupamos al pensar si habrá despidos en la compañía donde trabajamos, si vamos a obtener ese aumento o ese ascenso que hemos esperado. Nos preocupamos por todas las cosas que quisiéramos que sucedieran, y por las que queremos que no ocurran.

Es algo asombroso. Cuando sabemos que tenemos la fe de Dios, cuando activamos todos los principios previamente mencionados y nos identificamos con nuestro Reino del ADN, entonces sabemos que el destino está ante nosotros. Sabemos que no existen metas que se puedan alcanzar más de la cuenta, absolutamente, por sobre todo. Todo eso está asegurado por la fe.

Una vez que tenemos todo eso, aparece un enemigo con el que tenemos que lidiar: La ansiedad. ¿Cuándo ocurrirá? ¿Podría ser más rápido? ¿Podemos acelerar el proceso? Sentimos ansiedad de no saberlo.

La ansiedad surge y nos muestra su rostro desagradable cuando no lo sabemos todo, cuando no tenemos esa información que consideramos vital. La ansiedad es la prima de la inseguridad. Surge cuando no estamos ciento por ciento seguros. La ansiedad es el producto derivado de la vulnerabilidad. Si no eres vulnerable, ¿entonces por qué estar ansioso? La ansiedad se alimenta de nuestras vulnerabilidades, de nuestros defectos, de nuestro miedo.

Pero la Biblia nos dice que no. Dice en términos nada ambiguos: "No os inquietéis por cosa alguna; antes bien, en toda ocasión, presentad a Dios vuestras peticiones, mediante la oración y la súplica, acompañadas de la acción de gracias".[3]

Eso es poderoso. Reconoce el hecho de que la ansiedad es uno de aquellos impedimentos primarios.

La ansiedad tiene la habilidad de facilitar un camino hacia la enfermedad mental. Sabemos eso en términos médicos, psicológicos y neurológicos. Esa es la verdad. Muchas de las enfermedades mentales se derivan de las ansiedades a un nivel básico. Y si no se maneja apropiadamente, tanto a nivel médico como terapéutico, puede causar muchos trastornos médicos y mentales.

Donde quiera que esté el miedo, la ansiedad no está muy lejos. Es muy improbable que el miedo se encuentre solo y que la ansiedad no esté cerca. Estoy ansioso porque tengo miedo. Y en algunas ocasiones, tengo miedo porque estoy ansioso.

Ahora, en mi mundo —teológica y espiritualmente— veo la ansiedad no sólo como un trastorno médico que puede tener un origen psicológico o debido a un trauma. Yo la considero como un espíritu: Como el espíritu de

---

3 Filipenses, 4:6

la ansiedad. Porque la ansiedad surge de la activación plena de la Persona Carnal, y sin la activación completa de la Persona Espíritu.

> *No os inquietéis por cosa alguna; antes bien, en toda ocasión, presentad a Dios vuestras peticiones.*

La ansiedad le habla a la duda; y la duda le habla obviamente a la incredulidad. Se une a ese equipo increíble que hace fila para oponerse a la fe, el miedo, la ansiedad, la duda y la incredulidad; le hablan a lo que es contrario a la fe. La ansiedad le habla al opuesto de la seguridad, la certeza, la perseverancia, la esperanza.

Por lo tanto, debes deshacerte de la ansiedad. Debes vaciarte de esa ansiedad. Y eso lo haces afirmando el hecho de que existe un Dios que literalmente le ha dicho a su pueblo: "Háblame".

Estos son los cinco impedimentos primarios: La falta de perdón, la micro-gerencia del destino, la auto-dependencia, el miedo, y la ansiedad. Libérate de ellos y te abrirás al libre flujo de Dios en tu vida. Libérate de ellos y eliminarás los obstáculos que has puesto en tu propio camino. Libérate de ellos y le despejarás el camino al Camino de los Milagros.

Capítulo 37

❧

ORACIÓN, SÚPLICA Y ACCIÓN DE GRACIAS

Debes tener una comunicación diaria con alguien más grande que tú, una comunicación diaria con el Todopoderoso, una comunicación diaria con Dios. Así es como te liberas de la ansiedad.

La Biblia lo dice: "Oración, súplica, y acción de gracias".[1]

Allí está. Es simple. Dios nos pidió éstas tres cosas.

Primero nos pidió orar. Nos dijo que le habláramos. Y eso quiere decir todos los días. Él quiere saber de nosotros. Eso no quiere decir que tengas que recitar una letanía de oraciones, o rezar cien veces la Oración del Señor. No tienes que hacerlo durante una hora. Puede ser un minuto. Un simple "hola" es todo lo que se necesita para hacerle saber a Dios que estás pensando en Él. Esa es la parte importante: Dejarle saber a Dios que Él está en tus pensamientos. Porque Él sabe que si está en tus pensamientos, también está en tu corazón. Y eso es lo que cuenta.

Segundo, suplicar. Él dijo: "Cualquier cosa que tengas en tu corazón sin importar qué tan doloroso, severo o serio pueda ser, bien puedas decírmelo". Eso es suplicar.

Y tercero, la acción de gracias. Él nos pidió que demos las gracias, pero no sólo por las cosas que tenemos. Él quiere que demos gracias por las cosas que aún nos falta por recibir. Él quiere que celebres las cosas que vas a conseguir. Que le des gracias por las cosas que no ves. Darle gracias por las cosas que aún no están en tus manos. Darle gracias por las cosas que aún no has experimentado.

Lo diré de otra forma que te puede parecer más familiar: Cuenta tus

---

1 Filipenses, 4:6

153

bendiciones. Pero no cuentes solamente las bendiciones que conoces: No sólo des las gracias por tu maravillosa esposa y tus lindos hijos y tu madre y padre; no por esa tierna flor, ese bello amanecer o por esa mariposa que llegó a tu casa; no por aquella cena, o por el ascenso que recibiste en tu empleo, o porque la devolución de impuestos te llegó más rápido de lo que esperabas.

Puedes contar esas bendiciones, pero no *sólo* esas. Cuenta tus bendiciones y da gracias por aquellas que no *has* recibido aún.

Eso es lo maravilloso de esa Escritura. Es profética. Es previsiva. No nos habla del ahora. Es el reconocimiento total del principio que dice: "Sí, es probable que no la haya recibido aún, pero sé que es mía. Sé que está en camino". Es una especie de propiedad.

Puedo dar gracias por lo que *sé* que está en camino. Está garantizado. Está asegurado.

Conoces el adagio: Si la vida te da limones, haz limonada. Si te da rocas construye un altar. Si la vida te da una tormenta y te caes del barco, empieza a nadar. Si la vida te encierra en un horno, broncéate y sal de allí resplandeciente.

> *Cuenta tus bendiciones, y agradece por las que no has recibido aún.*

Dios ya me ha dicho que me deshaga de la ansiedad, que me vacíe de ella cada día, y lo mejor de todo es que ya me dijo cómo hacerlo.

Él me dio la receta espiritual para deshacerme de la ansiedad: Oración, súplica y acción de gracias. Ese es el antídoto para la ansiedad. Él me dio la fórmula para vaciarme de la ansiedad, y me dijo: "Estén calmados y sepan que yo soy Dios".[2]

Ese es Dios diciéndonos: "Relájate, todo va a estar bien". Eso es lo que Él está diciendo. Es "paz, estén calmados".

Es lo que Cristo dijo a los discípulos cuando estaban cruzando el lago en un barco y cayó la tormenta llegó mientras él estaba durmiendo.[3] Se sintieron nerviosos. Se sintieron ansiosos. Y cuando el agua empezó a caer, lo despertaron y le dijeron que hiciera algo porque tenían miedo de naufragar. Cristo

---

2 Salmos, 46:10
3 Marcos, 4: 35–42

se volvió a la tormenta y dijo: "Por favor, ¡CÁLMATE!" y la tormenta se calmó.

Luego se volvió a los discípulos. ¿Y qué les dice Cristo? "No tenían que despertarme. Les dije que no me despertaran. Lo pudieron haber hecho por ustedes mismos. Hombres de poca fe. Ustedes tienen la capacidad. Está dentro de ustedes".

Bien, eso es lo que Dios nos dice: "El reino de Dios está dentro de ustedes".[4] Ustedes tienen esa capacidad.

Dios quería que los apóstoles crecieran en medio de aquella tormenta. No que estuvieran ansiosos, sino que cambiaran en medio de la tormenta y que no permitieran que la tormenta los cambiara.

¿Cómo puede Cristo descansar en medio de la tormenta? Porque son los períodos de descanso los que nos permiten confrontar las tormentas que vienen a nuestro paso y los que garantizan nuestro éxito.

No estés ansioso. Haz todo lo contrario. Si cae una tormenta, haz una siesta. Todo depende de Dios. Descansa. No apliques los catorce pasos para controlarla, ni el plan de doce pasos para confrontarla: Ese momento llegará más tarde.

Házlo con un paso: Permanece calmado y recuerda que Dios es Dios.

Permanece calmado y recuerda que Dios es Dios.

---

4 Lucas, 17: 21

Capítulo 38

❧

LA FUERZA DESTRUCTIVA
DE LA DUDA

Debemos tener fe en que Dios sabe lo que está haciendo. Tenemos que creer que nuestras recompensas están llegando. Tenemos que creer en Él. Tenemos que creer en nosotros mismos.

Cuando dudamos, nos socavamos a nosotros mismos. La duda nos debilita. La duda es lo que nos impide dar el salto que necesitamos para triunfar. La brecha entre nosotros y nuestra meta parece un abismo gigantesco en un cañón, y no esa pequeña grieta en el andén que podemos atravesar sin problemas. La duda hace que cada colina parezca una montaña insuperable.

La duda también alimenta nuestro miedo porque hace que nuestros enemigos parezcan gigantes y nuestros obstáculos inmensos. La duda intensifica nuestros miedos. En lugar de ver un río que tenemos que cruzar, vemos un océano. Y porque dudamos de nuestras habilidades, porque no tenemos fe en que Dios está allí a nuestro lado, nos vemos ahogados en lugar de nadar sin problemas hacia la otra orilla.

Cuando nos deshacemos de la duda, vemos a nuestros enemigos como realmente son. Perdemos ese lente de aumento que hace que nuestros obstáculos parezcan inmensos. Vemos las cosas por lo que son.

Eliminar la duda nos llena de confianza, de una confianza *realista*, y no de exceso de confianza. El hecho de deshacerme de la duda no me hace creer que puedo volar o saltar de un edificio sin lastimarme. Eliminar mis dudas me permite ver la verdad. Me permite ver la realidad y no creer que un hormiguero sea un rascacielos que se interpone en mi camino, ni que puedo atravesar edificios de un salto.

> **La duda nos impide dar el salto que necesitamos para triunfar.**

Existen tres niveles de duda.

El primero es dudar de Dios, dudar que esté allí cuando lo necesitas, dudar que seamos salvados en la tormenta al igual que los discípulos.

El segundo es dudar de ti mismo.

Y el tercero es dudar de lo que yo llamo la comunidad o el Reino.

Obviamente, el primer nivel se explica por sí mismo. Dudar de Dios es el principal error que cometemos muchos de nosotros. Y eso realmente nos impide recibir muchas de las bendiciones y resultados positivos que están reservados para nosotros.

Dudar de nosotros mismos es igual de importante. Dudamos de nosotros mismos constantemente: ¿Soy inteligente? ¿Tengo las capacidades y la fortaleza para lograr esta meta y realizar este sueño? Y si no la tengo, ¿dónde podría encontrarla? ¿Existe un lugar donde pueda encontrarla? ¿Dónde podría encontrar los recursos?

Hay una gran diferencia entre reconocer cuándo necesitamos a un socio y en dudar de nuestras habilidades para seguir adelante. Existe una gran diferencia entre reconocer nuestras limitaciones y en dudar de nosotros. Hay una diferencia entre cumplir con nuestro deber y en exponer nuestras limitaciones con sinceridad y transparencia para corregirlas como es debido.

Nuestro problema es que dudamos del propósito. Dudamos del objetivo. Y es ahí cuando empiezan los problemas. Es lo que sintió Pedro cuando caminó sobre el agua. Son aquellos instantes en que desviamos la mirada del premio. Son aquellos momentos en que realmente corremos hacia el vacío, cuando la duda parece inmensa y nos preguntamos si realmente tenemos lo necesario para lograr nuestras metas.

Tú superarás esa duda sabiendo que Dios confía y cree en ti. Dios cree en ti. Si crees en Dios, entenderás también que esto es recíproco. Algunas veces, Él cree en nosotros incluso antes de que creamos en Él. Y Dios cree en nosotros aunque no creamos en nosotros mismos. Él cree que yo tengo dentro de mí lo necesario para hacer su voluntad.

> *Dios cree en nosotros aunque no creamos en nosotros mismos.*

Dudar de Dios, dudar de nosotros mismos y dudar de aquellos que Dios ha colocado a mi alrededor, fomenta una cultura de duda. Cuando empezamos a rodearnos de personas y no creemos en sus habilidades y destrezas —en sus llamados, en sus propósitos, en sus pasiones, en sus promesas, en sus Reinos de ADN— entonces creamos y fomentamos una cultura de duda.

En mi vida, quiero asegurarme de que lo que esté más cerca de mí sean la fe, el compromiso y el honor, en lugar de la traición, la duda y la negación. Quiero rodearme del bien, la misericordia, las señales propicias y las maravillas. Quiero rodearme de tejedores de sueños y no de asesinos de sueños.

Y cada día quiero correr hacia el vacío.

Empiezo confrontando mis dudas. Lo primero que hago todos los días, en el instante en que abro mis ojos, es decir: ¡Es hora de confrontar! ¡Todos los días!

Me pregunto: ¿Cuáles son las cosas que necesito confrontar para crear revelación, activación y plenitud? ¿Cuál es mi reto de hoy? ¿Cuál es mi meta? ¿Cuál es mi misión? ¿Cuál es mi propósito? ¿Cuáles son las cosas que necesito superar?

Y todos los días hago esta afirmación:

No dudaré. Nuestro Señor nos dijo, "¡No tengas miedo!".[1]

Es probable que yo no tenga todos los recursos, pero tengo un recurso. Existe una fuente. Existe una fuente eterna que nunca se agota, donde puedo obtener las herramientas y los ingredientes necesarios para el triunfo. Sé que si me quedo corto, existe Alguien que me llevará por el camino.

Dios está conmigo. No dudaré.

---

1 Isaías 35:4; Juan 12:15

Capítulo 39

❧

LA FOGATA ARDIENTE

Probablemente has escuchado o leído en la Biblia la historia de Sidrac, Misac y Abdénago.[1]

El Rey Nabucodonosor ordenó que estos tres jóvenes hebreos se arrodillaran ante él y adoraran a un ídolo de oro. Y como se negaron, ordenó que los lanzaran a una hoguera.

La Biblia la describe como una "hoguera abrasadora" y dice que antes de que el rey los lanzara, ordenó a los guardias alimentar el fuego para que el calor fuera más intenso, cosa que hicieron siete veces.

Luego Sidrac, Misac y Abdénago fueron encadenados y lanzados al fuego. Las llamas eran tan fuertes que los guardias babilonios que los lanzaron murieron inmediatamente debido a la intensidad del fuego.

Pero la Biblia dice que el rey miró a través de una ventana y no los vio quemarse. Vio a un cuarto hombre —¡a un cuarto hombre! — en medio de las llamas junto a ellos, y parecía ser el Hijo de Dios. Tenía un cabello dorado y radiante. Estaba en medio de las llamas con Sidrac, Misac y Abdénago, y ninguno de los cuatro se estaba quemando.

La Biblia no nos dice que Sidrac, Misac y Abdénago hayan visto a ese hombre en el fuego.

Y eso nos demuestra algo: En realidad no importa si ves a Dios en medio del infierno que estás atravesando. Lo que importa es que tus enemigos vean a Dios en medio del infierno que estás atravesando.

> *Realmente no importa si ves a Dios en medio del infierno que estás atravesando. Lo que importa es que tus enemigos lo vean.*

---

1 Daniel, 3:8–30

Existen fuerzas opuestas en nuestras vidas, espirituales y de otro tipo, que se rendirán en el instante en que vean a Dios en medio de tu fuego. Así, esta noción de que si corro y no veo a Dios en este momento preciso, en este lugar preciso donde lo necesito, cuando pensaba que lo iba a encontrar y no lo veo, esa idea que de alguna forma nos dice que Dios nos ha abandonado es equivocada.

Necesitamos cambiar eso y decir: "Dios; preferiría verte, pero está bien si no lo hago, siempre y cuando mi enemigo, mis circunstancias, mis dudas, mi miedo, mi confusión y todo lo que se ha levantado en mi contra a través de estas fuerzas opuestas del Infierno o de la Tierra te vean. Entonces me sentiría tranquilo".

Dios está allí, aunque no lo veamos.

Juan y Pedro corrieron y no vieron nada cuando miraron dentro del sepulcro. No encontraron lo que estaban buscando. Lo único que vieron fue una sábana doblada.

Habrá momentos en nuestras vidas en los que tengamos expectativas, lo intentemos y busquemos, y diremos cuando no encontremos nada: "Dios. ¿Por qué me abandonaste? Tú no estabas allí".

Si Él no está allí cuando llegues, no significa que Él te haya abandonado. De ninguna manera. Eso sólo quiere decir que Él estaba librando la batalla por ti. Si no lo ves enfrente es porque está detrás de ti.

En el libro del Éxodo, la Biblia dice que Dios se dio vuelta y se convirtió en la retaguardia del pueblo de Israel cuando caminaban a través del Mar Rojo.[2] Él estaba librando la batalla. Él se convirtió la retaguardia.

La Biblia dice que Él era una nube en el día y fuego en la noche. Dice que Él estaba frente a ellos, en una nube, en una columna de humo, y que los guiaba. Y cuando caía la noche, Él se convertía en fuego para guiarlos con su luz.

> *Si no ves a Dios frente a ti, es porque está detrás de ti.*

Pero cuando el enemigo se acercó, Dios los persiguió. Él se convirtió en la retaguardia del pueblo hebreo.

---

2 Éxodo, 14:19

Cuando no vemos a Dios frente a nosotros, significa simplemente que Él está librando la batalla detrás de nosotros. Él nos ha prometido que nunca nos dejará solos ni nos abandonará. Él siempre está con nosotros, bien sea que lo veamos o no.

Capítulo 40

ENCONTRANDO LO INESPERADO

Siempre habrá un momento en el que correrás en busca de tus sueños y no encontrarás nada. Correrás y literalmente no encontrarás nada. Luego descubrirás que esa nada realmente lo es todo.

Llegará un momento en el que correrás en la oscuridad, escogerás a un socio, tendrás todos los respaldos que hemos mencionado en capítulos anteriores, y no encontrarás nada cuando llegues. Creerás que todo está vacío, que no hay nada, pero realmente está lleno de algo.

Ese vacío representa lo que realmente estás buscando. En otras palabras, es probable que aquello que creías estar buscando, realmente no sea lo que necesitabas. Y en su sabiduría divina, Dios te concede esta oportunidad: Correr y no encontrar necesariamente lo que esperabas, sino lo que necesitas.

No lo que estás buscando, sino lo que necesitas. Ese sepulcro vacío nos habla en términos proféticos de encontrar lo inesperado, de las grandes sorpresas de la vida. No se trata necesariamente de encontrar lo que querías —de encontrar tu sueño, tu día perfecto, tu momento perfecto— sino de lo que Dios sabe que realmente necesitas.

Esto suele ser una gran sorpresa. Creemos saber lo que buscamos, y pensamos que es justamente lo que necesitamos. Pero Dios sabe más que nosotros.

> *Es probable que aquello que creías estar buscando,*
> *realmente no sea lo que necesitabas.*

Michael Crichton, el autor de *Parque Jurásico*, *El hombre Terminal* y más de una docena novelas, estudió medicina antes de empezar a escribir.

Sus libros han enriquecido, entretenido e iluminado a millones. Pero él creyó que iba a ser médico. Comenzó a escribir con un seudónimo, utilizando un nombre de pluma para pagarse sus gastos mientras estudiaba. Posteriormente publicó *La Lucha de Andrómeda*, mientras realizaba su trabajo de especialización en el Instituto Salk, y descubrió que lo que había estado buscando—la medicina— realmente no era lo que necesitaba. No era su propósito. Dios lo sabía.

Algo semejante le sucedió a Sir Arthur Conan Doyle. El hombre que inventó a Sherlock Holmes y le reveló a la humanidad de qué manera el razonamiento deductivo, la observación detallada y la lógica podrían solucionar un crimen, también comenzó a escribir mientras estudiaba medicina. De hecho, él se basó en uno de sus profesores, quien les enseñaba a sus estudiantes a buscar todas las señales y claves en los síntomas de un paciente a fin de diagnosticar apropiadamente la enfermedad, para crear al brillante detective. Doyle trabajó como médico en un barco, antes de que Dios le diera lo que realmente necesitaba, y entonces su carrera como escritor despegó.

Existe otra historia que todos conocemos: La de Cristóbal Colón, quien estaba buscando una nueva ruta a la India. Y esto lo llevó a descubrir un Nuevo Mundo. Una nueva ruta le hubiera dado a España una ventaja competitiva en el mercado, una vía para traer muchas de las codiciadas especias de la India con mayor rapidez. Esto hubiera podido consolidar a Colón como un gran capitán y explorador, y garantizarle el éxito financiero. Pero Colón no encontró lo que fue a buscar. Dios sabía qué era lo que necesitaba, y se lo dio en cantidades tales que Colón nunca hubiera podido imaginar.

Recuerdo que yo tenía unos catorce años cuando una terrible tormenta azotó a Pensilvana. El río se desbordó y nuestro edificio se inundó. Y no es que el agua mojara simplemente la alfombra. En realidad, el agua subió más de cuatro pies en nuestro apartamento. Mi padre tuvo que rescatar a nuestra vecina. Ella vio que sus muebles flotaban y entró en pánico porque no sabía nadar. Y él la rescató.

Lo perdimos todo. Los muebles. La televisión. La cama. La ropa. Los cuadros. Yo tenía una colección de cartas de beisbolistas como Mickey Mantle, Yogi Berra, y otra de Reggie Jackson de 1977. Y todo eso se perdió.

Mi papá estaba sin empleo y el pago que le daba el sindicato ya lo había utilizado para pagar el hotel donde estábamos viviendo. No teníamos dinero.

Recuerdo la expresión de su rostro, que parecía decir: "Dios mío. ¿A dónde iremos ahora?".

Esa fue la primera vez que cuestioné a Dios. Le pregunté: "¿Por qué? ¿Acaso no habrías podido evitar esto?".

En ese momento no escuché su respuesta, que realmente fue: "Sí, claro. Ya lo verás. Lo hice a propósito. Y me darás gracias por eso".

¿Y sabes qué? Él estaba en lo cierto.

Y entonces vi lo siguiente: Que mi mamá y mi papá estaban más juntos que nunca. Vi que como familia, nos unimos como nunca antes. Y sentí júbilo.

Mis padres transformaron la experiencia de la inundación en una oportunidad para reconstruir y renovar nuestras pertenencias. En lugar del fin, fue un nuevo comienzo. Fue más un: "Después este caos y de este desorden, vendrá el orden y todo será mejor que antes".

En los momentos más difíciles de la vida siempre he encontrado algún tipo de narración bíblica que me ha sostenido. Y en aquella ocasión fue la historia de Jacob y la escalera.[1] La historia en la que él puso su cabeza en la roca y vio una escalera.

Lo que escuché de Dios después de esa inundación es que por cada roca tiene que haber una escalera, y por cada lugar difícil debe haber un sueño. Los lugares más difíciles facilitan los sueños y las bendiciones, y nos motivan a superarnos como nunca antes.

Eso fue lo que escuché de Dios. Y lo entendí. Fue algo totalmente inesperado. No encontramos lo que buscábamos, pero encontramos algo mucho más grande. Encontramos lo que necesitábamos.

Pedro, Juan y María Magdalena también lo hicieron. Ninguno de ellos encontró lo que estaba buscando. Encontraron algo que tenía un valor *mucho* más grande.

¿No te parece que esto significa que Dios te está concediendo mucho más de lo que le pediste, y más de lo que nunca esperarse? Así es como actúa Dios.

Ellos fueron a buscar el cuerpo de Cristo. Fueron a buscar la muerte. Y encontraron la vida eterna. Encontraron la resurrección y la promesa de una vida eterna en el paraíso.

---

1 Génesis, 28:11–19

Si eso no es más de la cuenta, absolutamente, por sobre todo, entonces no sé qué pueda serlo.

Y Dios no sólo hizo esto con ellos. Él nos dio la promesa de una vida eterna. A cada uno de nosotros. Nos prometió a todos que nos daría más de la cuenta, absolutamente, por sobre todo.

Simplemente tenemos que reconocerlo.

> *No necesariamente encontrarás lo que esperas sino lo que necesitas.*

Algunas veces —sólo algunas— tenemos los ojos vendados.

Estamos buscando algo y eso es todo lo que queremos ver, como la anécdota del pastor, que decía en medio de la inundación: "Dios me salvará".

Este ministro era el jefe de una iglesia situada en un pueblo que comenzaba a inundarse por las aguas del río, y les dijo a todos los habitantes que evacuaran la zona. Pasó un auto, y el conductor se ofreció a llevar al ministro, pero éste señaló: "No. Sigue adelante. Dios me salvará". El auto se alejó y el agua siguió subiendo. El ministro tuvo que subir al techo de la Iglesia para protegerse. Miró hacia el cielo y oró. Y un bote pasó por allí. Los que estaban en el bote se ofrecieron a llevarlo, pero el ministro dijo: "No. Sigan adelante. Dios me salvará". El bote se alejó y el agua siguió subiendo. El ministro tuvo que subir a la punta de la torre de la Iglesia para mantenerse a salvo. Continuó orando, un helicóptero pasó por allí, y el piloto le ofreció llevarlo. Pero el ministro le dijo: "No. Sigue adelante. Dios me salvará".

El ministro se ahogó. Y al llegar al cielo, le preguntó a Dios: "¿Qué sucedió? Pensé que ibas a salvarme".

Y Dios le respondió: "¿Y qué crees que hacía en el auto, en el bote y en el helicóptero?".

El ministro estaba tan preocupado con que Dios lo salvara, que no vio la forma en que Dios intentó hacerlo.

> *El sepulcro vacío habla no de lo que fue sino de lo que será.*

María Magdalena, Pedro y Juan todos corrieron al sepulcro esperando encontrar una cosa, y en cambio, encontraron en ese lugar vacío lo que necesitaban para continuar en sus vidas y tener éxito en el futuro.

Entonces, hay momentos en la vida en que desperdiciamos una gran cantidad de energía, cuando corremos, perseguimos y hacemos las cosas correctas, y hacemos las afirmaciones correctas, establecemos las relaciones correctas, adoptamos la cultura correcta, nos involucramos y activamos el ADN correcto, el Reino del ADN, y seguimos corriendo pero no encontramos nada.

Ese momento no es negativo.

En ese vacío es donde encontramos la base de la lucidez y los elementos necesarios para el triunfo. Ese sepulcro vacío le habló al futuro. Esa tumba vacía —esa nada de absoluto vacío, esa ausencia de cumplir deseos y lograr metas luego de gastar tanta energía y dinero— nos habla de lo que está por venir.

Ese sepulcro vacío no habla de lo que queremos, sino de nuestras necesidades. Ese sepulcro vacío no habla de lo que fue, sino de lo que será.

María Magdalena, Pedro y Juan corrieron y no encontraron nada. Luego Dios corrió y los colmó de todo lo que necesitaban. Y no sólo de lo que necesitaban para sobrevivir. No se trató de un compromiso para sobrevivir, sino de un compromiso para triunfar.

Dios nunca invitó a sus hijos a "limitarse a sobrevivir". Él nunca nos invitó a vivir simplemente a cualquier nivel. Él nos invitó a triunfar —dentro del significado completo del triunfo del Reino, y no a partir de la interpretación que el hombre hace del triunfo. No en términos exclusivamente materiales y de ganancias mundanas, sino desde el punto de vista espiritual, emocional y de relaciones del Reino.

Por eso es que somos algo más que simples conquistadores y triunfadores. La Epístola a los romanos 8:37 nos dice que Él libró la batalla, pero nosotros obtuvimos la recompensa. Específicamente, la Biblia dice: "Pero en medio de todas estas cosas triunfamos por virtud de aquel que nos amó".

PRINCIPIO CINCO

EL ORDEN PRECEDE A LA ASCENSIÓN

Capítulo 41

LA SÁBANA DOBLADA

Cuando María Magdalena entró en el sepulcro, vio la silla de la misericordia, el trono de Dios. Según las Escrituras, ésta fue la silla de la expiación, salpicada con la sangre del sacrificio para limpiar los pecados de la humanidad. La Biblia nos dice que Dios describió lo que sucedió: Había dos querubines —dos ángeles— mirándose el uno al otro desde cada extremo, con sus alas extendidas para cubrirlo.[1]

Eso fue lo que María Magdalena vio: Dos ángeles sentados al lado de la losa donde había sido dejado el cuerpo de Cristo.[2] Cristo, cuya sangre había sido derramada para limpiar los pecados del mundo.[3] El cuerpo había desaparecido, pero dos ángeles se encontraban sentados en cada extremo.

Unos minutos más tarde, Pedro y Juan llegaron al mismo lugar, pero no vieron a los ángeles, sino una sábana doblada.[4]

Eso es realmente asombroso. Juan (Capítulo 20), nos dice que María Magdalena vio la silla de la misericordia y a los ángeles. Pedro y Juan nunca vieron a los dos ángeles. Pedro y Juan vieron la sábana doblada. Perfectamente dispuesta, como dice la Escritura. El sudario estaba allí, así como la sábana doblada y perfectamente dispuesta. Tres personas entran al mismo lugar y ven cosas diferentes.

¿Qué nos dice esto? Nos dice que cuando activemos estos Principios del Reino y lleguemos a esa tumba vacía, veremos cosas diferentes. Otra persona puede recorrer tu camino, vivir tus experiencias y circunstancias, y ver algo totalmente diferente a lo que viste tú. Porque lo que ves es directamente proporcional a tu historia personal y a tu camino.

---

1   Éxodo, 25:17–22
2   Juan, 20:12
3   Juan, 1:29
4   Juan, 20:4–7

> *Dios jamás bendecirá el próximo capítulo y etapa de nuestras vidas sino hasta que todos los aspectos de nuestra vida se encuentren en perfecto orden.*

María Magdalena vio la silla de la misericordia. Vio a los dos ángeles. Uno a la cabeza y otro a los pies.

¿Sabes de qué nos habla esto? Del Antiguo Testamento, de la Biblia judía, del Arca de la Alianza. Lo que María Magdalena vio fue la gloria de Dios en el sepulcro: La silla de la misericordia donde ocurrió el perdón.

Una mujer que había experimentado el perdón vio el perdón. Le fue dado el poder de visualizar la personificación y la encarnación del perdón: La silla de la misericordia.

No hay nada que represente con mayor claridad el perdón para el pueblo judío que la silla de la misericordia y el ejercicio del sacrificio, el trabajo expiatorio, el Día de la Expiación, el derramamiento de sangre inocente. Eso es lo que María Magdalena vio que representaban los ángeles, uno en la cabecera y el otro a los pies. Cuando María Magdalena entró en el sepulcro, vio la silla de la misericordia.

Pero cuando Pedro y Juan entraron, y vieron la sábana doblada, vieron orden, porque el orden precede a la ascensión.

Es imposible que Dios bendiga el próximo capítulo, la próxima etapa de nuestras vidas, hasta que todos los aspectos de nuestras vidas se encuentren en perfecto orden. Necesitamos poner orden en nuestras casas. Poner orden en nuestras finanzas. Poner orden en nuestro caminar espiritual con Dios. Poner orden en términos espirituales, emocionales, físicos, financieros, corporativos, comunitarios: En todos aquellos aspectos necesitamos incorporar el orden.

El orden precede a la ascensión.

> *Cuando las cosas sean caóticas, es el momento de ponerlas en orden.*

Tenemos que afinar nuestras relaciones, nuestras profesiones y oficios, así como nuestras vidas, antes de descubrir nuestras recompensas. Tenemos que ser meticulosos y precisos, encargarnos de todos los detalles, asegurarnos de tener orden en nuestras vidas antes de recibir nuestra recompensa.

¿Cuándo debemos hacerlo? Ahora mismo.

¿Vas a esperar a que todo vaya de maravilla? No. ¿A que tu cuenta bancaria esté llena para pagar todas tus cuentas? No, porque tu cuenta bancaria nunca estará llena si dejas que tus cuentas se acumulen.

Cuando las cosas sean caóticas, es el momento de ponerlas en orden. Cuando tengamos problemas en nuestras relaciones. Cuando la fábrica en la que llevamos trabajando quince años cierre sus puertas. Cuando tengamos dificultades para pagar las cuentas a fin de mes.

Ese es el momento perfecto para poner las cosas en orden. El tiempo perfecto para ponerlas en orden es cuando no tenemos lo suficiente. Cuando tenemos que utilizar el gen de la fe y la fe de Dios.

Ese es el momento de poner las cosas en orden, y no cuando tenemos más de la cuenta, absolutamente, por sobre todo. No es cuando tenemos nuestro certificado de depósito y nuestras inversiones, nuestro portafolio de acciones y un futuro financiero, sino cuando no tenemos nada de esto.

Es cuando no tenemos nada que lo tenemos todo. Porque la Biblia dice que los últimos serán los primeros, y que los primeros serán los últimos.[5] La Biblia dice: "Bienaventurados los mansos y humildes porque ellos poseerán la tierra".[6]

Mi amigo Daniel Delgado aprendió a comenzar de ceros después de perder todo lo que tenía.

Daniel adquirió una fortuna en Wall Street durante el gran auge económico de los años noventa. En 1997 tenía su propia compañía, así como inversiones en varias empresas, y aplicaba estrategias que había aprendido en algunas de las firmas financieras más importantes del país, conocido como apalancamiento en el mundo de los negocios. Y que en Las Vegas se conoce como "apostar en grande".

Él utilizaba dinero prestado por otras personas, por compañías y tarjetas de crédito, y cubría sus apuestas con inversiones de capital que eran muy rentables. Pero de repente sucedió la tragedia de septiembre 11, y todo se derrumbó.

Sus inversiones se desmoronaron. Sus ganancias desaparecieron. Gastó todos sus ahorros y refinanció sus propiedades. Y finalmente se declaró en bancarrota.

---

5 Mateo, 20:16
6 Mateo, 5:5

Se quedó sin trabajo y su crédito estaba arruinado. Sin embargo, no se cruzó de brazos mientras sus deudas se acumulaban. Daniel sabía que no podía tomar un préstamo para pagar sus deudas. Identificó sus verdaderas necesidades y las cubrió con dinero en efectivo. Él y su familia eliminaron todos los gastos innecesarios, incluyendo los teléfonos celulares y la televisión por cable; vendieron uno de sus autos, no viajaron durante las vacaciones, prepararon el almuerzo para llevarlo a la oficina en vez de comer en restaurantes, y —lo más importante— elaboraron un presupuesto.

Sin embargo, no eliminaron los diezmos. Él dice: "Adquirimos la costumbre de ahorrar para fortalecer el ministerio".

Y dieciséis meses después, los milagros comenzaron a llegar. "Comenzamos a dar más y se nos abrieron las puertas financieras," dice. "Vimos que simplemente teníamos que esforzarnos un poco. Luego recibí ofertas para un empleo de tiempo completo. Recibí favores como nunca antes en mi vida".

Estableció un plan para pagar su deuda, y tres años después fue contratado por una firma que administraba activos: Su salario era de seis dígitos, y recibió bonos y beneficios.

La lección: Lo tuvo todo y lo perdió. Pero también dio y consiguió lo que necesitaba. Cuando reconoció y aplicó los Principios Reino en su vida, se encontró de nuevo en el Camino de los Milagros.

En muchos casos, los Principios del Reino son todo lo opuesto a la forma en que vemos las cosas en nuestro escenario mental materialista e individualista. Nuestra visión terrenal no es la realidad de Reino. Y tendré que hacer algo absurdo si quiero ver que se manifieste el Reino de Dios. Lo absurdo es cuando no tengo suficiente dinero para pagar la gasolina, y entonces hablo con mi familia y les digo: "Vamos a poner nuestras finanzas precarias en orden".

Siéntate con tu familia y analiza detenidamente tu realidad financiera y económica.

Número uno: ¿Estamos gastando más de lo que recibimos?

Número dos: ¿Somos irresponsables con nuestras tarjetas de crédito o hacemos malas inversiones?

Número tres: Lo más importante de todo, ¿le estamos dando algo a Dios y somos caritativos? ¿Estamos financiando el Reino de Dios y la Economía del

Reino de Dios? ¿Estamos financiando las buenas obras de Dios ayudando a los pobres, haciendo trabajo caritativo, ayudando a quienes más lo necesitan? Mientras más grande sean nuestras necesidades, más debemos ayudar a los demás.

Nuestra visión terrenal no es la realidad del Reino.

Poner orden en tu vida no se aplica sólo a tus finanzas. No consiste simplemente en balancear tu chequera ni en pagar tus cuentas. Es algo que se aplica a todos los aspectos de tu vida, y no sólo a los financieros. Y si éste es el aspecto que me causa el mayor sufrimiento, no creo que sea el aspecto por donde deba comenzar.

Podría evaluar mi situación familiar y mis relaciones. Podría empezar no con mis finanzas, sino con mi camino al lado Dios. Con mi caminar *en* Dios.

¿Qué es lo que no estás haciendo? ¿No estás orando diariamente? ¿No estás meditando ni reflexionando? ¿Estás sacando un tiempo para contar sus bendiciones, para darle gracias al Señor todos los días?

Eso no quiere decir que tengas que ir a la Iglesia todos los días (¡aunque esto podría ayudarte!). Y tampoco quiere decir que tengas que arrodillarte durante una o dos horas al día. Sin embargo, deberías sacar algunos minutos para reflexionar, para estar en calma. Dar gracias de todo corazón —que real y verdaderamente salgan del corazón; no porque debas hacerlo ni por salir del paso, sino porque honestamente sientes y quieres— es algo que vale más que mil oraciones forzadas.

¿Hay orden en mi ser físico? ¿Estoy haciendo lo que dice la Biblia: Glorificar a Dios en mi cuerpo?[7]

Tengo que definir claramente mi régimen diario de ejercicios. La Biblia dice que nuestros cuerpos son templos, y si no los tratamos con reverencia, estamos fallando en nuestro culto a Dios.[8] La vida es el primer regalo de Dios. Nuestros cuerpos son vida. Si no conservamos ese regalo, estaremos demostrando que no apreciamos lo que Dios nos ha dado, lo cual es lo mismo que demostrarle lo poco que lo apreciamos.

Si le das un regalo a alguien y lo tira a un lado o lo ignora, eso te dice que en realidad no le importas a esa persona. Y tratar mal este precioso regalo que Dios nos ha dado le envía el mismo mensaje a Él, que siempre está escuchando.

---

7   1 Corintios, 6:20
8   1 Corintios, 3:16–17

Si, por otra parte, le das un regalo a alguien, y esa persona te da las gracias cada vez que habla contigo; si lo trata con cuidado y le dice a los demás que están felices con lo que les has dado, entonces esto te permitirá saber también lo que esa persona siente por ti. Y eso te motivará a darle más regalos.

Dios quiere que seamos felices. Él quiere que disfrutemos de los regalos que nos ha dado. Demuéstrale que tú lo haces.

Capítulo 42

❧

LA ECUACIÓN DEL PROPÓSITO DE DIOS

Para mí, las matemáticas son la pura verdad. Las matemáticas son el lenguaje de Dios. Punto. Es verdad. Dos más dos siempre serán cuatro. El cálculo es el lenguaje maravilloso de Dios.

Hablemos entonces en el lenguaje de Dios y formulemos una proposición matemática:

P = H + F + D + C + R + RADN.

En esta ecuación, en esta proposición, *P* es propósito. *P* es lo que quiero hacer, para lo cual fui creado. Es la misión, el compromiso, la garantía y la promesa. Lo que Dios quiere que yo haga.

Como puedes ver en la ecuación matemática, *P* es la respuesta. No es parte de la fórmula para llegar a la respuesta. *Es* la respuesta. La fórmula nos dice cómo obtener la respuesta. La fórmula nos dice cómo determinar nuestro propósito. Pero la ecuación responde otra pregunta, una pregunta más grande, que muchas personas alrededor del mundo se preguntan de distintas maneras. La ecuación responde a la pregunta: "¿Cuál es el significado de la vida?"

Al igual que la respuesta a muchas de las preguntas realmente difíciles en la vida, la respuesta es simple, pero compleja. Es como la Teoría de la Relatividad de Einstein. $E=MC^2$ es simple, pero describe uno de los conceptos más complicados, complejos, y poderosos del universo.

Lo mismo sucede con esta ecuación. La ecuación del propósito de Dios responde a la pregunta: "¿Por qué estoy aquí?".

> *Cada uno de nosotros tiene un conjunto diferente de capacidades, habilidades y defectos que se suman para darle a un propósito único cada uno.*

Cuando conoces tu verdadero propósito, cuando conoces tu propósito profético, tu propósito del Reino, el propósito de Dios para ti, entonces conocerás el significado de la vida.

La respuesta es diferente para cada uno, así como la teoría de Einstein. Las cantidades y cosas que están a un lado del signo igual, determinan los valores que están al otro lado de la ecuación. En la teoría de la relatividad, la M, la Masa —de qué tipo y en qué cantidad— determina la cantidad de E, o Energía producida.

En la Ecuación del Propósito, las cantidades y tipos de cosas que sumes —esa combinación especial de cualidades y cantidades que posees— determinan tu propósito. Cada uno de nosotros tiene un conjunto diferente de rasgos y capacidades, de habilidades y defectos, que se suman para darnos un propósito único a cada uno.

Entonces, ¿cuál es la ecuación completa?

P es igual a propósito. H, en la proposición matemática, es igual a mis habilidades. F son mis fortalezas. D son mis debilidades —pues debes sumar, y no restar, tus debilidades a la ecuación. C es mi carácter. R son mis relaciones, y $RADN$ es mi Reino del ADN.

Entonces, $P = H + F + D + C + R + RADN$.

Así pues, Propósito es igual a mis Habilidades, más mis Fortalezas, más mis Debilidades, más mi Carácter, más mis Relaciones, más mi Reino ADN.

Y si reúno todo esto, podré resolver la ecuación y definir mi propósito.

¿Conoces tus habilidades? ¿Es decir, los talentos, habilidades, inclinaciones y capacidades que tenemos cada uno de nosotros? No se trata simplemente de decir: "Soy bueno para las matemáticas", ni: "Sé cómo coser", sino también decir: "Puedo dar palabras de aliento" y "Puedo hacer reír a los demás".

¿Puedes saltar edificios o eres capaz de construirlos? Los superhombres y los arquitectos son igualmente importantes en el reino de Dios. También lo son las personas que se ocupan de atender al enfermo y de enseñar. Se necesitan personas con todo tipo de habilidades en el reino de Dios aquí en la Tierra. Él quiere cocineros y presidentes de compañías, poetas y mandatarios, cirujanos y músicos. Los trabajos indignos no existen en el Reino de Dios.

No confundas el empleo que tienes con tus habilidades. ¿Cuántos actores trabajan como meseros? ¿Cuántos ingenieros pagan sus estudios trabajando en la construcción? Incluso aquellos que tienen suerte y hacen exactamente lo que aman y para aquello que estudiaron, tienen otros intereses y talentos.

Así seas un neurocirujano con una destreza increíble y un talento asombroso para salvar vidas, o un supervisor de una fábrica con el talento para aumentar la eficiencia de la línea de producción y hacer que todos trabajen juntos, tu empleo no es lo único que eres capaz de hacer.

Cuando un científico de la industria espacial llega a casa en la noche, seguramente no se dedica a diseñar cohetes, por más que le guste su trabajo. Probablemente se dedique a tocar el saxofón con una banda de jazz, o a dirigir un equipo de la liga infantil de béisbol.

Tu trabajo sólo muestra un aspecto de tus habilidades. ¿Tienes pasatiempos u otras habilidades? ¿Puedes hacer un pastel? ¿Confeccionar un vestido? ¿Pintas cuadros? ¿Fabricas muebles? ¿Juegas ajedrez? ¿Configuraste la red de computadoras de tu casa?

¿Sabes tocar el piano o redactar una hoja de vida? ¿Hablas otro idioma o podrías *aprenderlo*? No todo el mundo puede hacer eso. Y si tú puedes, esa es una de tus habilidades. No tienes que ser un traductor profesional para incluirlo dentro de las cosas que puedes hacer.

Tú tienes habilidades que contribuyen a tu propósito, y esas habilidades te ayudarán a determinar cuál es tu propósito.

Nuestras habilidades podrán incluir algunas de nuestras fortalezas, la *F* de la fórmula. Pero nuestras fortalezas van más allá. Incluyen nuestras fortalezas físicas, emocionales y psicológicas, nuestra habilidad para perseverar, para guiar, para ser compasivos y firmes. ¿Puedes lanzar una bola más lejos o correr más rápido que tus compañeros de equipo? ¿Se puede contar contigo porque eres honesto y leal? ¿Eres un individuo confiable y dedicado? ¿Tienes determinación?

¿Tienes fortaleza espiritual? ¿Qué tan sólida es tu fe y tu culto? ¿Qué tan fuerte es Dios en ti? Si vamos a decirle a Dios que sea fuerte con nosotros, tenemos que estar dispuestos a hacer lo mismo por Él. Tu fortaleza para mantenerte firme con Dios juega un papel crucial para determinar tu propósito.

También lo son tus defectos. Por eso es que tus debilidades también están incluidas en la ecuación. Pero no necesariamente son negativas. Todos tenemos debilidades. Todos tenemos cosas que *no podemos* hacer, o cosas que no hacemos muy bien. Pueden manifestarse incluso en algunas de nuestras habilidades. A los mejores cocineros del mundo también se les estropean algunos platos. Los mejores lanzadores del mundo raramente son buenos bateadores.

Eso es normal. Un equipo está conformado por integrantes de todo tipo. Nadie le dice a un delantero que juegue de defensa. Y si eres consciente de tus debilidades, puedes trabajar para mejorarlas. La ecuación no es estática. No es: "Así son las cosas. Así soy yo. Sólo podré contribuir con esto".

La ecuación es dinámica. Los componentes crecen y cambian, así como nosotros crecemos y cambiamos. Desarrollamos nuestras habilidades, consolidamos nuestras fortalezas, y —algunas veces, desgraciadamente pero es la verdad— nos hacemos débiles y vulnerables en algún aspecto de nuestra vida. Es probable que no les dediquemos a nuestras familias el tiempo que se merecen. Es probable que no nos desempeñemos al máximo en el trabajo porque estamos disgustados con lo que nuestro supervisor dijo o hizo. Es probable que no caminemos tan cerca de Dios como podríamos y deberíamos hacerlo.

Esto debilita nuestra capacidad de alcanzar nuestro propósito. Y si quieres recibir más de la cuenta, absolutamente, y por sobre todo, debes estar dispuesto a darlo todo. Debes tratar de eliminar tus debilidades, o por lo menos de reducirlas. Debilita tus debilidades todos los días.

Puedes debilitar tus debilidades o fortalecer tu carácter. Muchas personas creen que el carácter (la parte siguiente de la ecuación) está firmemente establecido. Dicen que el carácter es aquello que somos. Tienen razón y no la tienen, pues el carácter es aquello que somos, pero también podemos cambiarlo.

El carácter es más que nuestra personalidad. Es *cómo* nos comportamos, pero también *por qué* actuamos de la forma en que lo hacemos. Son nuestras intenciones, y no sólo nuestras acciones. Ayudar a una anciana a cruzar la calle porque ella lo necesita y tú puedes ayudarla es un gesto noble; pero hacerlo para que otros se den cuenta y digan lo bueno que eres, es ser presuntuoso y egoísta.

Sin embargo, puedes aprender a deshacerte de tu orgullo. Puedes ser una mejor persona. Puedes enseñarte a ti mismo a tratar mejor a los demás. Puedes aprender a controlar tu vida, a dejar de criticar a tu prójimo, a ofrecer aliento en lugar de desaliento.

También puedes mejorar tus buenas cualidades. Puedes ser más amable, más paciente y prestar más ayuda.

> *Debilita tus debilidades, y fortalece tu carácter todos los días de tu vida.*

En la medida en que lo hagas cada día, tu propósito será más claro y fuerte.

Pero, como ya lo sabes, no puedes hacerlo solo. Las relaciones, la *R* de la ecuación, son cruciales. Debes construir tu vida y asegurarte que todos los espacios en tu entorno sean llenados. Debes trabajar cada día para fortalecer tus relaciones primarias, tu relación con Dios. Y debes amar, honrar y querer a tu familia.

Como lo dijimos anteriormente, nuestras relaciones son vitales para ayudarnos a triunfar en la vida, para lograr nuestro propósito, y para descubrir las recompensas de Dios. Nuestras relaciones nos ayudan o nos estorban en nuestro Camino de los Milagros.

La última parte de la fórmula es RADN, nuestro Reino ADN, ese ADN Espiritual que Dios ha depositado dentro de cada uno de nosotros. Todos lo tenemos cuando llegamos al mundo, pero no es constante. No permanece igual. Depende de cada uno de nosotros activar nuestro ADN espiritual, esos genes de Dios, y agregarle su fuerza a nuestro propósito.

Todos nacemos con el gen de la fe, el culto y la gracia. Pero podemos vivir en contra de nuestro ADN. Podemos desafiar la llamada al culto, o permitir que nuestra fe se debilite. Haz esto y la fuerza de tu propósito disminuirá. Y si lo haces a medias, probablemente nunca encontrarás tu verdadero propósito.

Activa tu ADN Espiritual, activa la fe de Dios dentro de ti siguiendo los Principios del Reino, libera la fuerza del RADN y súmala a la Ecuación del Propósito.

Suma todos los elementos y descubre tu particular propósito en la vida. No hay dos propósitos que sean iguales. La respuesta es diferente para cada uno. Y nuestro propósito ayudará a determinar nuestro viaje, y lo que descubrimos en el camino.

> *Nuestro propósito determina nuestro camino y nuestro prisma.*

Por eso es que María Magdalena vio una cosa y Pedro y Juan vieron otra diferente en el sepulcro vacío. María Magdalena vio la silla de la misericordia y Pedro y Juan vieron la sábana doblada, porque el propósito de ella era diferente al de Pedro y Juan.

Llegaron al mismo lugar, pero llegaron con fuerzas diferentes, debilidades diferentes, personalidades diferentes, historias personales diferentes, batallas, viajes y habilidades diferentes. Aunque llegaron al mismo lugar, descubrieron cosas diferentes debido a sus diferencias y a sus propósitos.

Esto significa que la realidad del viaje, la forma en que llegamos allí y lo que llevamos en nuestro interior, es tan importante como nuestra meta o destino.

Los sabios y académicos siempre han dicho cosas similares. El camino es tan importante como el destino. Y lo que aprendemos mientras recorremos el camino determina aquello que vemos cuando alcanzamos nuestro destino, y la forma en que lo hacemos.

Otras personas pueden sumarse a nuestro viaje, tener las mismas circunstancias y vivir las mismas situaciones, pero verán sin embargo algo completamente diferente.

Nuestro propósito determina nuestro camino y nuestro "lente".

❦

Capítulo 43

PERCEPCIÓN PATÉTICA Y REALIDAD PROFÉTICA

Existe una línea delgada entre lo patético y lo profético. Cualquier cosa que sea cierta en un 99 por ciento sigue siendo una mentira, un engaño, una falacia: Algo falso. Es por eso que hay una línea delgada entre lo profético y lo patético.

Si realmente queremos la realidad profética, necesitamos comprometernos a vivir la verdad al ciento por ciento sin adulterarla, sin censurarla ni limitarla. Obviamente, esto significa decir la verdad, pero yo quiero ir más allá. Estoy hablando de *vivir* en la verdad.

Todos los días tenemos que tomar decisiones entre lo patético lo profético. Entre la verdad y el noventa y nueve por ciento de verdad, que es básicamente una mentira. Entre la mediocridad y la excelencia. Entre nuestro pasado y nuestro futuro.

Dios le dio al hombre dos grandes regalos: Una salida y una entrada. Eso es el libre albedrío y la salvación. El libre albedrío y la gracia. Nos dio la habilidad para escoger nuestro propio camino, y la oportunidad para encontrar el Suyo.

Cada día nos encontramos rodeados por lo patético y lo profético, por la maldición y la bendición, por el error y el milagro, por el problema y la promesa. Todos los días tenemos que escoger entre los dos.

> *Dios le concedió dos regalos al hombre: Una entrada y una salida.*

La percepción patética es mentirme a mí mismo, es no reconocer la verdad. Y mentirme a mí mismo habla de una mentalidad según la cual creo que puedo hacerlo todo por mí mismo; que puedo hacer todas las cosas sin Dios y sin la ayuda ajena.

Eso es patético. Mentirme a mí mismo es decir que puedo vivir más de la cuenta, absolutamente, por sobre todas las cosas para alcanzar mi sueño sin la ayuda de Dios ni de nadie. Sin tener compañeros de competencia. Sin mi Reino del ADN. Sin activación. Sin vaciarme de nada. Y mintiéndome a mí mismo.

Pero, ¿qué sucede si me comprometo a vivir en la verdad total y pronuncio estas palabras asustadoras y aterradoras? "Te necesito. Estoy incompleto sin ti".

La percepción patética significa estar satisfechos. Dice: "Estoy satisfecho". ¡Ya basta! Y básicamente nos rendimos.

La percepción patética significa claudicar. Justificamos nuestra rendición, nuestro fracaso y nuestra falta de cumplimiento, y dejamos lo espiritual para más tarde. Lo justificamos con frases como: "Hice lo que estaba a mi alcance. Lo di todo".

De acuerdo. Pero, ¿lo diste todo de *Él*? ¿Diste lo mejor de *Él*? ¿Les diste lo mejor a aquellos que te aman, y a quienes Dios ha puesto en tu vida para que te ayude a avanzar en tu camino?

La realidad profética es rectitud, paz y júbilo. En términos bíblicos significa: "Venga a nosotros tu reino, hágase tu voluntad".[1] Porque si vives en la verdad, entonces vendrá Su reino y se manifestará Su voluntad. Si te alejas de la percepción patética y vives en la realidad profética, entonces podrás ver Su reino de rectitud, paz y júbilo. Y se hará su voluntad.

¿Qué vio María Magdalena? ¿Vio que su Señor y Salvador la abandonaba? ¿Vio que la única persona que la había valorado y sostenido se había marchado? ¿Fue esto lo que ella encontró: El abandono de su seguridad, de su barrera protectora, la liquidación de su fuente de ingresos y de la conciencia de sí, y la aclaración de su identidad?

De ninguna manera. Eso habría sido una percepción patética.

Ella entró al sepulcro vacío y vio a dos ángeles. Vio la silla de la misericordia. Su realidad profética fue más grande que su percepción patética.

---

1 Mateo, 6:9–11

Si vives en la verdad, entonces Su reino vendrá, y se hará Su voluntad.

¿Cuáles son los lentes que utilizaremos diariamente? ¿Cómo nos veremos a nosotros mismos? ¿Cómo veremos nuestras relaciones, a nuestra familia y a nuestra comunidad? ¿A nuestros allegados? ¿Cómo veremos a las personas, circunstancias y oportunidades que tendremos? ¿Cómo veremos a Dios?

Los lentes que escojamos pueden ser patéticos o proféticos.

¿Cuántas veces has escuchado a alguien decir: "Fue una oportunidad desperdiciada"? ¿Cuántas veces has sabido de actrices principiantes de Hollywood a quienes les dan un libreto y lo rechazan; pero otra actriz lo acepta y termina recibiendo un premio Oscar? ¿Cuántas veces has escuchado esa historia?

¿Por qué esas actrices no aprovecharon la oportunidad?

¿Qué pasó con las acciones de Nike? ¿Qué pasó con esa marca cuyo nombre es una antigua palabra griega? ¿Qué pasó con esa compañía que comenzó fabricando zapatillas?

Mira el emporio en que se ha convertido.

¿Por qué no nos dimos cuenta de que estaba apareciendo toda una comunidad global, el mundo de la Internet y el trabajo en línea?

Porque teníamos los lentes equivocados.

Pero hubo otras personas que vieron esto y vieron la oportunidad que tenían.

El mundo está lleno de personas proféticas que tienen los lentes para ver aquello que no ven los demás. Y esas personas proféticas nos permiten ver más allá del aquí y del ahora. La habilidad de ver lo que no ven los demás, esa es la diferencia entre la maestría y la capacidad promedio. Entre el triunfo y la supervivencia.

Yo sostengo que toda persona que siga los Principios del Reino tendrá la capacidad de ponerse sus lentes proféticos. Verán oportunidades donde otros ven obstáculos. Verán los milagros donde otros ven errores. Verán oportunidades donde otros ven problemas. Verán el Camino de los Milagros.

Ese es el regalo de lo profético, y nunca de lo patético.

Capítulo 44

Editando nuestras vidas

Si activamos los Principios del Reino, tendremos la fortaleza para "editar" nuestras vidas.

¿Significa esto que podremos eliminar aquellos aspectos de nuestras vidas que no queremos confrontar o recordar? No, pues hacen parte de ella. Podemos eliminar nuestros errores, pero no necesariamente nuestra experiencia.

Permíteme explicar.

Dios no sólo dice: "Haré que tu futuro sea mejor", pues eso sería pensar de un modo anticuado. Dios dice que Él hará que nuestro futuro sea mejor, más brillante y más completo. Pero eso no es todo. Él también dice: "Y a propósito, quiero mostrarte cómo te beneficiaste de aquello que no hiciste correctamente, de las cosas en las que fracasaste, de tus momentos de dolor, angustia e inquietud".

Eso es lo increíble de Dios. Él no sólo nos da un futuro brillante y deslumbrante, un futuro que es abundante, más de la cuenta, por sobre todo lo que hemos tenido o esperado, sino que también nos da la capacidad — gracias a la activación de estos principios— de retroceder y descubrir que nuestro pasado realmente fue mucho mejor.

Él nos permite retroceder y "editar" nuestra vida.

Editar la vida significa volver a esos momentos que no queremos examinar, evaluar ni analizar de nuevo. Significa verlos de nuevo con la perspectiva que nos ofrece una vida llena de fe en Dios.

Editar la vida es volver atrás, regresar a esos momentos difíciles de tu pasado y preguntarte: "¿Hay algo bueno en esto?".

Porque lo cierto es que tú puedes hacerlo. En cada circunstancia y reto de nuestra vida está presente una pieza de Dios. En cada una de las circunstancias que atravesamos, independientemente de lo horribles, terribles y dolorosas puedan ser, Él está allí. Dios está presente en medio de nuestras circunstancias y momentos más tenebrosos, en nuestras pruebas y tribulaciones. Él siempre está presente.

> *Dios nos da la capacidad de descubrir que nuestro pasado fue mejor de lo que creíamos.*

Cuando te das cuenta y reconoces esto, cuando lo guardas en tu disco duro y le permites que se incorpore a tu sistema, será como un programa antivirus: Eliminará los virus y permitirá que tu programa interno funcione de forma correcta.

¿Qué elementos positivos puedes encontrar en el abuso, en las pérdidas que sufriste, en el accidente automovilístico o en la enfermedad que se llevó a tu ser querido?

No siempre lograremos comprender el plan de Dios. No siempre podremos saber por qué sucede algo, o —aunque parezca muy arrogante— no siempre estaremos de acuerdo con sus métodos. Pero lo cierto es que el bien está presente incluso en los peores momentos.

Ya conté la historia del padre que perdió a su hija adolescente por culpa de un conductor ebrio, que empezó a hablar en escuelas y colegios y explicaba las terribles consecuencias de conducir bajo los efectos del alcohol. Dije que ese programa, que nació de esa pérdida terrible, está salvando las vidas de muchas personas.

La siguiente es otra historia de un hombre que perdió a su hijo de veinte años en una emboscada en Irak, y convirtió su dolor en fortaleza para salvar a otros.

La muerte de John Hart devastó a su padre. Este ex presidente del grupo de universitarios republicanos se unió al senador liberal Edward Kennedy para quejarse en el Congreso de que los soldados de Estados Unidos estaban siendo enviados al campo de batalla sin la protección adecuada para sus cuerpos.

Y luego dio un paso adicional: Fundó una compañía para construir vehículos a control remoto que desactivan bombas en la vía y evitan así la muerte de soldados.

¿Vas a decirme que el bien no estaba presente en estas pérdidas trágicas?

"Editar" nuestras vidas nos hace volver atrás, y antes de salvar la versión final de esa experiencia en nuestro banco de datos, la editamos para descubrir a Dios en cada frase y cada párrafo.

De lo contrario, nuestra programación continuará siendo defectuosa y nuestro sistema se infectará con los mismos virus. Permaneceremos atrapados y no lograremos concluir nuestra misión en la vida. Los virus nos detienen o nos dan respuestas erróneas, y terminamos desviándonos del camino correcto.

Tendemos a escribir ciertos libretos basados en nuestras experiencias y a cumplir ciertos roles. Y repetimos esos roles que no nos llevan a ninguna parte, hasta que aprendemos a volver atrás y a editar el libreto, y entonces podremos reescribir nuestro futuro.

Cuando "editamos nuestras vidas", en realidad no cambiamos nuestro pasado, pero lo examinamos de nuevo para poder escribir nuestro futuro.

Piensa en ese hombre que tiene problemas con el alcohol, o en la mujer que está atrapada en una relación tormentosa. ¿Cuáles son los papeles que están cumpliendo? ¿Qué libreto tienen que escribir de nuevo para salir del círculo vicioso?

Si repites los roles del pasado, terminarás repitiendo el pasado. Los actores pueden cambiar, pero el final será el mismo. Hasta que no vuelvas atrás y edites tu vida, terminarás obteniendo los mismos resultados.

Tu pasado le da fuerza a tu presente e impulsa tu futuro.

"Editar la vida" también significa mirar nuestro presente y eliminar la voz pasiva.

La voz pasiva es hablar desde el pasado y no desde tu futuro y tu destino. Hablar desde el pasado es inaceptable en el "software" de Dios, el cual sabrá que estás hablando desde el pasado cuando deberías hacerlo desde tu destino, desde tu perspectiva de sepulcro vacío/salón lleno, desde tu propósito, y desde más de la cuenta, absolutamente, por sobre todo.

Veamos cada capítulo de nuestra vida. Regresemos a cada párrafo para asegurarnos de que hay continuidad y frases de transición. No saltemos presuntuosamente ni dejemos este proyecto medio vacío, esta visión medio vacía, ese sueño medio vacío de esa página de nuestra vida, ni pasemos a la siguiente.

Nuestro objetivo al editar nuestra narración de la vida es eliminar la voz pasiva, lo cual significa que cada circunstancia nos habla del futuro más que del dolor del pasado. Y aunque siga hablando de mi divorcio, escribiré sobre lo que me enseñó ese divorcio. Me referiré a él en términos de: "Aprendí lo siguiente de esa experiencia…".

¿Qué me dio ese divorcio? Me dio fortaleza interior. Me mostró la realidad de que puedo hacer las cosas por mis propios medios, que puedo triunfar aunque pensara que podía fracasar, que puedo encontrar el valor y la fe para aventurarme en lo desconocido. Me dio la capacidad para ver más allá, sin depender de nadie, y me permitió retomar mis sueños olvidados que no había perseguido nunca por haberme consagrado a un matrimonio en el que no encontré reciprocidad alguna.

Ver tus experiencias a través de este prisma, preguntándote, "¿qué me dieron? ¿qué obtuve?", te permitirá encontrar la fortaleza que te dieron para que tu presente fuera activo.

Visto desde esta perspectiva, tu pasado le da fuerza a tu presente e impulsa tu futuro. Te permite hacer que tu presente sea activo, y no pasivo. Las cosas no te suceden *a* ti, tú haces que sucedan. Tú no esperas a que las cosas lleguen a ti, tú corres hacia ellas. No vas trastabillando en la vida, sabes a dónde vas y cómo llegar allí.

Analiza entonces cada experiencia. Vuelve a visitar cada capítulo. Elimina la voz pasiva. Borra los fragmentos. Elimina las frases incompletas. Crea fluidez. Inserta frases de transición. Pero asegúrate que cada una de ellas identifique el núcleo y la esencia de Dios, el factor Dios.

Redactemos un cuadro general que tenga sentido, que sea coherente, persuasivo, poderoso e incluyente. Asegurémonos de describirlo adecuadamente, de que nuestra narrativa sea rica y no tediosa.

Edita tu vida. Ponle el punto final, ¡y un signo de exclamación si es necesario! Asegúrate de que has cumplido tu misión de manera exitosa, y que tu historia personal sea fluida, coherente y articulada en términos de sintaxis y de semántica. Luego asegúrate de guardar tu narrativa y que esté protegida en tu memoria. De esa forma, asegurarás el libreto que le dará fuerza a tu presente y que te conducirá a un futuro promisorio y lleno de propósito.

Capítulo 45

CERRANDO EL CAPÍTULO

Dios no bendecirá el próximo capítulo en la vida de nadie hasta que todos los aspectos del capítulo actual se encuentren en el orden.

Esto no significa que no puedas avanzar, que no puedas poner tu pie en el siguiente peldaño de la escalera, que no puedas pasar una página en el libro de tu vida. Puedes hacerlo, pero estarás desperdiciando tu tiempo.

Puedes escribir el capítulo siguiente, pero el libro nunca será publicado hasta que no termines el anterior. Sigue. Pasa la página. Pasa el capítulo. Sáltate tres capítulos. Pero te bloquearás y entonces dirás: "Me lo saltaré y empezaré en el próximo capítulo". Ese tipo de cosas suceden. Me han sucedido a mí. Puedes saltar la página. Pero el libro no será publicado. No será distribuido. Nadie lo leerá porque está incompleto.

Si tratas de poner tu pie en el siguiente escalón sin la bendición de Dios, no es seguro que te resbales y caigas. Pero sí es seguro que no llegarás al final de la escalera.

Si tratas de seguir adelante con el próximo capítulo de tu vida sin terminar éste, tu triunfo —ese ingrediente de abundancia y exceso— no se activará. Podrás sobrevivir, pero no triunfarás. Y probablemente fracasarás. Podrás tener un manuscrito, pero nadie lo publicará porque no está completo.

> *Tu pasado le da fuerza a tu presente e impulsa tu futuro.*

Es por eso que necesitamos confrontar los obstáculos y concluir todos los capítulos antes de continuar.

Ahora, quiero dejar en claro que *confrontación* no significa volver con ese esposo que acabó con tus días, con esa persona que traficaba con drogas, o con el padre que te abandonó y que los confrontes *físicamente*. No significa que tengas que decirles: "Ahora le pondré fin a este capítulo. Ahora te diré lo miserable que hiciste mi vida. Y ahora te perdono y te eximo de toda culpa".

No quiero decirlo en términos físicos, sino *espirituales*; es decir, en términos sicológicos y emocionales. Necesitas hacer esto *ante* el trono que está en el cielo, donde está sentado Dios.[1] Si lo deseas y es benéfico para ti, puedes concluirlo en términos físicos, aunque no es obligatorio hacerlo. Lo que sí se requiere es que concluyas estos capítulos con Dios y en Dios.

Para aquellas situaciones traumáticas, dolorosas y atroces de la vida, el perdón es el punto al final de la frase, al final del capítulo.

> ### La celebración y el arrepentimiento van de la mano.

¿Cómo puedo estar seguro de que Dios ha bendecido este capítulo o que bendecirá el próximo? ¿Cómo sé que he terminado este capítulo?

Pregúntate: ¿Vi mis errores en este capítulo? ¿Aprendí de mis errores en este capítulo? ¿Celebré mi triunfo en este capítulo? Porque las celebraciones y el arrepentimiento van mano a mano.

No se trata de un sacrificio poco celebratorio, ni de indagar de cerca en los aspectos negativos. No se trata de un festejo opaco. *Debes* celebrar tu triunfo. ¿Celebraste tu triunfo en compañía de otras personas? ¿Perdonaste y fuiste perdonado? ¿Lo hiciste con honor? ¿Ayudaste a hacer realidad el sueño de alguien mientras seguías trabajando en el tuyo? ¿Diste más de lo que recibiste? ¿Puedes decir: "¡Bien hecho!"? ¿Y puede Dios decir: "¡Bien hecho!"?

Sabemos qué es lo correcto. Sabemos cuándo podemos seguir. Sabemos cuándo apartar la mirada para no ver las cosas que dejamos sin concluir. Lavamos nuestros autos a medias y sabemos que realmente no nos esforzamos en dejarlo completamente limpio, y esperamos que los demás no vean esa mancha. Pero si intentamos seguir nuestro camino y no hemos sido sinceros con nosotros ni con Dios, tarde o temprano tendremos que darle una nueva pasada y asegurarnos de que realmente ha quedado limpio.

---

1 Apocalipsis 4:1-11

Sin embargo, tengo que hacer esto en compañía de alguien. Porque seré absolutamente honesto contigo: Por más que me esfuerce en dejar mi auto reluciente, *siempre* me quedaré corto. No podré limpiar todos y cada uno de los rincones. Hay cosas y objetos que se alojan entre los asientos; y hay cosas que para ser franco, simplemente no *quiero* recoger. Hay algunas cosas desagradables que llevan tanto tiempo en mi auto que no siento el menor deseo de recogerlas. Hay cosas en mi vida que simplemente no quiero limpiar ni recoger.

Es allí donde entra en juego la alianza estratégica con Dios. Él es el maestro de los detalles. Él se encargará de todo.

Sin embargo, se requiere algo. Se requiere que yo señale eso y le diga a Dios: "¿Podrías venir aquí? ¿Ves esa mancha y esos desperdicios? No quiero recogerlos. Es algo demasiado traumático y doloroso. Para decir la verdad, es algo difícil de ver. Está debajo del asiento, al lado derecho. ¿Puedes encargarte de eso por mí?".

Y Él lo hará. Él es el maestro que puede hacer exactamente ese tipo de cosas.

Capítulo 46

❧

EL ORDEN PRECEDE A LA ASCENSIÓN

La cierto es que más tarde en la vida, comprendemos que el viaje *era* el destino.

Es por eso que vemos cosas diferentes aunque lleguemos al mismo sitio, pues nuestras experiencias son diferentes. No puedes ver lo que yo puedo ver.

No puedes tener lo que yo tengo, por más que quisiera dártelo. Puedes haber pasado por lo mismo que yo, representar lo que yo represento, sufrir lo que yo he sufrido. Cada uno de nosotros tiene que identificar diferentes caminos y experiencias, identificar aquellos individuos y relaciones que son nuestros aliados en la competencia de la vida y poner todo en orden, para ver más de la cuenta, absolutamente, por sobre todo.

> *El conflicto siempre surgirá en nuestras vidas*
> *si algo no está en perfecto orden.*

El orden es sumamente importante. En todo existe un orden: Desde las partículas subatómicas y los seres microscópicos hasta las más grandes estrellas, planetas y la vastedad del maravilloso universo de Dios. Existe un orden en todo proceso, en los programas y en los sistemas. Existe un orden en las instituciones. Existe un orden en la unidad. Siempre hay un *orden*.

Y lo mismo debe suceder en nuestras vidas.

Es decir, ¿cuál es el conjunto de parámetros que debo utilizar para verificar si mi vida está en orden?

En primera instancia, ¿lo estoy haciendo todo con integridad? Eso es lo primero. Y tú y yo sabemos lo que significa la integridad: ¿Les estoy ocultando algo a mis familiares o compañeros de trabajo? ¿Estoy ocultando algo con respecto a mi situación financiera? ¿Hay algo con lo que no esté siendo totalmente honesto? ¿Estoy mintiendo? ¿Estoy engañando a alguien?

Segundo, ¿estoy dando más de lo que recibo así sea en mi trabajo? ¿Estoy dando más de lo que recibo en cualquier otro aspecto de mi vida?

Tercero, ¿estoy preparando el camino para que alguien tenga más éxito que yo en el futuro? ¿Estoy garantizando el triunfo de otra persona?

Cuarto, ¿estoy haciendo un buen uso de mi entorno? No me refiero simplemente al entorno corporativo, sino a mi entorno terrenal, espiritual y emocional. ¿Estoy creando o contribuyendo a un ambiente que sea positivo, productivo, edificante, enriquecedor, y liberador?

Y quinto, ¿estoy honrando a Dios? ¿A mi familia? ¿A mí mismo?

El desorden tiene consecuencias.

A eso me refiero cuando menciono la palabra orden: A involucrarnos con los detalles.

Si no lo hacemos, las consecuencias tendrán un impacto en todos los aspectos de nuestras vidas. El conflicto siempre surgirá en nuestras vidas si hay algo que no está en perfecto orden. Sin embargo, perfecto no quiere decir "sin ningún defecto", sino un alineamiento perfecto: un alineamiento vertical y horizontal. Dios ya se encargará de planchar las arrugas y de quitar las manchas.

Tomemos por ejemplo el caso de Donald Trump, quien tiene una gran sagacidad y éxito en los negocios. Y sin embargo, es evidente que no hay un orden perfecto en sus relaciones, en sus matrimonios y familia.

¿Es una coincidencia que Donald se declarara en bancarrota y su situación económica se hiciera caótica exactamente cuando su familia y su matrimonio no estaban en orden?

No. Estas cosas están relacionadas.

Creer que mi vida espiritual puede estar en desorden, y no obstante mis finanzas y relaciones, mi matrimonio, mi trabajo y mi carrera estén en perfecto orden, es algo que nunca sucederá. El desorden tiene consecuencias. De hecho, el desorden es lo que sucede después de la expulsión de Adán y Eva del Jardín del Edén.

Lo opuesto al orden sería el caos, la anarquía. Cuando tenemos un caos espiritual o en nuestras relaciones, ese caos se propagará a otros aspectos de nuestras vidas. Debemos analizar aquellos aspectos donde no hay orden. Y si no vemos en dónde comenzó el problema, toda nuestra vida podría desintegrarse en el caos. En anarquía. En desorden.

Esto es un principio básico de la gerencia organizacional. No se trata de un desorden obsesivo-compulsivo, sino del orden.

Me ocuparé de este aspecto, me ocuparé de este otro. Y si no lo haces, si saltas de un aspecto al otro, cuando pasas de una relación a otra y luego a otra, simplemente terminas con un historial de relaciones incompletas, de sueños abortados, de promesas incompletas. Terminarás con un prontuario de violaciones y fechorías.

Necesitamos aprender a poner las cosas en orden.

Debemos comenzar con el mundo espiritual. Es hora de dejar de andarnos con rodeos. Lo primero son el espíritu y el Reino, y luego está la Tierra. Es así, y no al contrario.

Primero tienes que alinearte espiritualmente. Tienes que alinearte y situarte en ese lugar o aspecto que no puedas poner en orden, y esperar que Dios lo haga por ti. No depende enteramente de ti. No tienes que poner toda tu vida en orden para ascender al próximo nivel. Pero debes estar estratégicamente localizado en un lugar donde haya orden. Dios se ocupará del resto.

> *Dios se ocupará de planchar las arrugas y de quitar las manchas.*

Ya vimos que una de las cosas de las cuales tenemos que deshacernos es de nuestra auto-dependencia exacerbada, de nuestra dependencia completamente descontrolada. No podemos hacerlo todo por nuestros propios medios.

Tenemos que trabajar con Dios para poner orden en nuestras vidas. Sin embargo, no se trata de hacerlo todo por mis propios medios, ni de dejárselo exclusivamente a Dios. Lo hago con Dios. Tengo que hacer las cosas con integridad, dar más de lo que recibo, honrar a Dios y a mi familia. Tengo que ocuparme de los detalles. Pero donde quiera que estén, si no tengo los medios, el valor, el tiempo, la disciplina o el compromiso para restaurar el orden por mis propios medios, se activará entonces el gen de Dios. Dios acude a mi rescate cuando siento ansiedad o temor.

Pero yo tengo que autorizarlo. Realmente, esto es algo que cuestiona las creencias teológicas generales —y para algunos puede ser incluso un sacrilegio— pero lo cierto es que tenemos que autorizar a Dios. Esa es la realidad bíblica, espiritual y cósmica. Es algo que está relacionado con el principio del libre albedrío y con la idea expuesta por tantos filósofos griegos: Dios conoce nuestro destino pero nos permite escoger nuestro camino.

Es como si Dios tocara nuestra pantalla-táctil y estampara su firma en la tarjeta. Dios se dispone a firmar y decimos: "Sí, lo autorizamos".

Si permitimos que Dios nos ayude, si lo autorizamos para que haga algo en aquellos aspectos y relaciones donde tengamos dificultades y no podamos controlar los detalles, entonces pondremos las cosas en orden.

Para ser honesto contigo, muchos individuos nunca viven más de la cuenta, absolutamente, ni por sobre todo, porque todavía viven engañados en algunos aspectos de sus vidas. Están allí en un noventa y nueve por ciento, pero hay un aspecto que está literalmente desordenado, no está funcionando. Y es por eso que nunca se dan cuenta que están recorriendo el Camino de los Milagros.

¿Por qué? Porque el orden precede a la ascensión.

María Magdalena, Pedro y Juan ascendieron gracias a las experiencias que tuvieron el tercer día, después de descubrir el sepulcro vacío de Jesús, de verlo y de encontrarse con él durante los cuarenta días en que estuvo en Jerusalén y en Israel después de su resurrección. Ellos fueron ascendidos a la posición de pilares fundadores de la Iglesia de Cristo. Pasaron de ser servidores a ser líderes de una religión mundial.

Para decirlo en otros términos, ingresaron a las Grandes Ligas. Eran reclutas y se convirtieron en principales. Porque vinieron, vieron, experimentaron, y pusieron las cosas en orden.

Y cuando tienes tu vida en orden, cuando tienes ese capítulo en orden, cuando puedes ver la silla de la misericordia y ese orden perfecto, entonces también podrás transformarte.

PRINCIPIO SEIS

HAY TRANSFORMACIÓN SEGUIDA DE RECONOCIMIENTO

Capítulo 47

❦

CÁMBIATE A TI MISMO,
CAMBIA TU VIDA

La gracia siempre corre hacia la misericordia. El amor siempre corre hacia la paz. La fe siempre corre hacia la esperanza. Correr para alejarse de los problemas es una cosa, y correr hacia las promesas es otra. Orar a Dios para que cambie nuestras vidas es una cosa, pero pedirle a Dios que nos cambie para que podamos prevalecer es otra.

Ese es un principio del Reino: No pidas que el mundo cambie para ti; tienes que ser tú quien lo cambie.

Esta idea primitiva de que las cosas a mi alrededor tienen que ser cambiadas está muy alejada de la realidad. Somos nosotros los que necesitamos cambiar. Somos nosotros los que necesitamos cambiar para encarar nuestras circunstancias y nuestra realidad actual.

La transformación exterior sólo se dará cuando haya una transformación interior. La transformación interna precede a la transformación externa. La transformación personal precede a la transformación corporativa.

> *No pidas que el mundo cambie para ti,*
> *tienes que ser tú quien lo cambie.*

Recientemente, y entre los diversos temas que discutimos en algunas de nuestras reuniones, hablamos sobre el problema del calentamiento global. Mi metáfora es la siguiente: Nunca tendremos éxito en solucionar el tema del calentamiento global, nunca tendremos éxito en solucionar el cambio climático en nuestra atmósfera, mientras nuestra atmósfera personal se encuentre contaminada. Tenemos que limpiar nuestra atmósfera personal, y yo tengo que limpiar mi atmósfera personal, si queremos limpiar la atmósfera que nos rodea.

> *Lo que vemos en el mundo físico es un reflejo de lo que está ocurriendo en nuestro mundo espiritual.*

Es claro que estoy hablando en términos metafóricos, pero esa es la realidad. ¿Con qué estoy contaminando el aire? ¿Lo estoy contaminando con ideas negativas? ¿Lo estoy contaminando con términos condescendientes? ¿Lo estoy contaminando con odio, envidia, celos y críticas? ¿Con qué estoy contaminando mi ambiente?

Si soy capaz de dirigirme a mi atmósfera personal y darle claridad, y dirigirme a esa capa de ozono, al gas, a los rayos ultravioleta que me están afectando porque he contribuido a alterar las partículas protectoras de la atmósfera, podré confrontar entonces lo que está sucediendo en mi mundo físico desde un punto de vista corporativo y comunitario. Pero debemos enfrentar nuestra realidad personal antes enfrentar nuestra realidad física.

Somos seres espirituales en primera instancia. Lo que vemos en el mundo físico es un reflejo de lo que está ocurriendo en nuestro mundo espiritual. Si queremos transformar nuestro mundo físico, tenemos que asegurarnos primero de que nuestro mundo espiritual haya sido transformado. Si queremos ver el cielo en la Tierra, ver llegar el Reino y que se haga su voluntad,[1] entonces tenemos que transformarnos a nosotros mismos y seguir los Principios del Reino.

> *Lo que vemos en el mundo físico es un reflejo de lo que está ocurriendo en nuestro mundo espiritual.*

Debemos cambiarnos a nosotros mismos si queremos cambiar nuestras vidas.

En lugar de pedirle a Dios que me dé un trabajo mejor, podría pedirle

---

1 Mateo, 6:10

que me ayude a ser una mejor persona, o un mejor trabajador. Que me ayude a ser mejor. En lugar de pedirle que lo haga todo por mí, podría decir: "Dios, voy a depender de ti. Voy a encontrarte a mitad del camino. Pero quiero hacer la parte que me corresponde".

Recuerda que María Magdalena no permaneció en su casa. No se quedó sentada esperando a que Dios le respondiera. Ella corrió. Y Cristo vino de entre los muertos y visitó a María Magdalena en ese momento.

María Magdalena lo encontró a mitad del camino.

Tenemos esta inclinación, esta propensión, esta tendencia a pensar que todo tiene que llegarnos desde arriba, pero no es así. Jamás se ha planteado que Dios deba hacerlo todo y que nosotros tengamos simplemente que sentarnos para luego recibir las bendiciones.

Algunos de nosotros recibimos una lluvia de bendiciones y no la apreciamos. En lugar de aplicar los Principios del Reino a nuestra vida, damos esos regalos por descontado. Mi amigo Everardo Zavala sabe lo que sucede a continuación.

Everardo creció en una familia en la que se le daba una gran importancia a la educación, pero nunca sintió deseos de realizar estudios universitarios. Sin embargo, un consejero académico de su colegio envió una solicitud a la universidad sin consultarle, y uno de sus profesores lo motivó a entrar a la facultad de leyes.

¿Reconoció él sus bendiciones? ¿Dio gracias? No. Ni siquiera lo hizo cuando pasó el examen de California para ejercer como abogado al primer intento.

No tardó en conseguir un empleo con un salario elevado, pero inmediatamente comenzó a despilfarrar su dinero en viajes a México y a Las Vegas, en mujeres y en alcohol.

Y no obstante, se sentía vacío. Tenía dinero, un buen trabajo, se daba placeres reprochables, pero no era feliz.

Un buen día lo perdió todo en un negocio, y casi muere luego de sufrir un accidente automovilístico. Y justo cuando comenzaba a recuperarse, su abuela —la mujer que lo había criado— falleció.

Por suerte, él comprendió que todo esto era un llamado de atención. Se dio cuenta que había tratado de hacerlo todo por su cuenta y por sus propios medios. Pero actualmente dice: "Mi único propósito es servir y ayudar a que los demás cumplan sus sueños y visiones, y a cambiar la imagen que tiene la sociedad de que a los abogados sólo nos importa el dinero, y que para decirlo de otra manera, somos pirañas con saco y corbata".

Actualmente, Everardo está recorriendo el Camino de los Milagros. Se le están presentando numerosas oportunidades. Está ganando compensaciones cuantiosas para sus clientes sin tener que ir a juicio.

"Dios me ha conectado con hombres y mujeres poderosos que me tratan más como a un hombre de Dios que como a un abogado," dice. "Gracias a estas relaciones se me se han abierto puertas de par en par en la política nacional, así como en la industria del entretenimiento. Mis clientes van desde ganadores de premios Grammy hasta magnates de la industria del cine. Dios también me ha hecho un favor en el campo educacional al darme un cargo de profesor en una de las principales facultades cristianas de leyes que hay en el país".

Tenemos que encontrar a Dios a mitad de camino. Es nuestra responsabilidad, y necesitamos ser responsables. Si llegamos a ese punto de convergencia —al vínculo— entonces Dios nos encontrará allí.

María Magdalena descubrió el milagro de la resurrección porque fue al sepulcro oscuro. Si no hubiera asumido su responsabilidad, nunca le habría sucedido eso.

Necesitamos hacer lo mismo. Necesitamos levantarnos. Somos nosotros quienes somos responsables.

No digas entonces: "Señor, por favor cambia las cosas a mi alrededor". Necesitamos decir: "*Cámbiame* para poder cambiar esas cosas". La verdadera fuerza del cambio está dentro de nosotros. Somos la fuerza del cambio.

Decimos: "Dios, cambia las circunstancias". Discúlpenme si soy presumido, pero basado en la Escritura, creo que el Señor nos está diciendo:

"Te he equipado para cambiar las cosas alrededor tuyo. Te he dado el ADN. Te he dado los ingredientes.[2] Te he dado los medios, la fortaleza y la sagacidad para cambiar las cosas a tu alrededor.[3]

"Me estás pidiendo hacer algo para lo cual ya te he equipado. Y no voy a hacer el trabajo por ti. Yo seré tu porrista. Y estaré aquí en caso de que caigas. Y si caes te levantaré.[4] Pero no voy a cambiar las cosas a tu alrededor.

---

2   Lucas, 17:21
3   Job, 22:28; Mateo, 17:20
4   Hebreos, 13:5; Génesis 28:15; Génesis, 21:22

Tú deberás cambiarlas. Yo te hice para que tú pudieras cambiarlas.[5] Yo te hice para que vivieras situaciones difíciles y horas oscuras. Te equipé para que estuvieras en medio de eso, y para que fueras la grieta en medio de la roca. Te hice para que fueras la dinamita que lo atraviese todo en los momentos más difíciles. Te hice así. Hazlo".[6]

Y cada vez que le pedimos a Dios: "Por favor cambia las cosas por mí", creo que realmente lo estamos insultando. Es una falta de reconocimiento de Su trabajo en nuestras vidas.

Podemos querer una casa más grande, tener una mayor seguridad económica y un mejor empleo, pero no puedes tener una casa mejor hasta que tú no seas mejor.

> *La verdadera fuerza del cambio está dentro de nosotros.*
> *Nosotros somos la fuerza del cambio.*

No puedes tener aquellas cosas hasta que tú no hayas aprendido a correr en la oscuridad, cuando reconozcas que hay un sepulcro vacío antes de un salón lleno, cuando puedas correr acompañado por alguien, y cuando pongas tu vida en orden.

Si haces esto, podrás tener entonces una casa más grande, un mejor auto y un mejor empleo. Sin embargo, no debes decir: "Dame una casa mejor" cuando ya hayas recibido una, porque entonces sabrás que una casa o un auto mejor son productos derivados del panorama natural.

El panorama natural es encontrar mi salón lleno. Mi ADN se manifestó, asegurándose que la próxima generación sea mejor que yo. Estoy ayudando a otros en su hora más oscura. Estoy corriendo con alguien. Cuando llegan estas cosas, no tendrás que pedir una casa más grande, un auto y un empleo mejor.

La Biblia dice: "Buscad primero el Reino de Dios y su justicia, y todo lo demás se te dará por añadidura".[7]

Esta es la añadidura. Una casa, un auto, un mejor empleo. Esos son los extras. El problema es que muchos de nosotros creemos que esta es la meta

5 Eclesiastés, 9:10; Mateo, 9:29
6 Efesios, 6:14–17
7 Mateo, 6:33

principal. Consideramos a estos productos derivados como el objetivo principal, cuando en realidad no son más que subproductos residuales.

Busca primero Su Reino y no tendrás que pedir esas cosas, pues las recibirás.

En lugar de pedir esas cosas, debería preguntarme: ¿Estoy cambiando el mundo? ¿Estoy dejando una huella? ¿Estoy haciendo el bien? ¿Estoy haciendo justicia? ¿Estoy ayudando a los demás?

¿Cuál es mi legado? ¿El hecho de haber tenido un empleo mejor? ¿Un auto mejor? ¿Una casa más grande? Espero que no. Quiero que mi legado sea haber hecho de mi mundo un lugar mejor. Que a otros les vaya mejor y les siga yendo aún mejor, que la próxima generación sea mejor que yo. Yo también quiero vivir más de la cuenta, absolutamente, por sobre todo, y que todos vivan más de la cuenta, absolutamente, y por sobre todo.

❧

Capítulo 48

DIOS CAMBIA

Te emanciparás de eso que te retenía. La Biblia lo dice.[1] La historia del sepulcro vacío nos lo dice.

En la Biblia, Mateo describe que María Magdalena encontró el sepulcro vacío. La piedra que había sido colocada para sellarlo había sido retirada y un ángel estaba sentado sobre ella.

Piensa en eso: La piedra ha sido retirada y un ángel está sentado sobre la piedra que tenía atrapado al Señor. La piedra que retenía la vida. Había un ángel sentado en ella. El ángel se sentó sobre aquello que retenía la vida. Asimismo, tú también te sentarás sobre las cosas que retuvieron tu vida.

A propósito, en términos del Reino, cuando te sientes sobre una piedra, significa que tú reinas sobre eso. Tienes autoridad y dominio sobre eso y no te puede retener más. No puede hablarte más. No puede cautivarte más. No puede obstruirte más. Está conquistada. Está bajo tu control completo y total.

> *Tú reinarás sobre aquello que te retenía.*

Cuando enterraron a Jesús, colocaron una piedra frente a la tumba para salvaguardar su cuerpo en el sepulcro. Esa piedra había sido extraída de una montaña. Y el hecho de que hiciera parte de una montaña significa que la piedra era parte de Dios.

Explicaré esto.

Volvamos al Génesis. Si crees en la historia de la creación o sientes por

---

1 Juan, 20

lo menos alguna afinidad con ella, ¿quién creó los cielos maravillosos y la Tierra? El Buen Señor.

Y si el Buen Señor creó los cielos y la Tierra, eso significa que él creó esa montaña de donde fue extraída la piedra, lo que obviamente significa que Él también creó la piedra.

Esa Tierra, esa montaña creada por Él, es el instrumento que retiene a Cristo. ¿Qué significa eso para nosotros? Que muchas veces, las cosas que nos retienen son creación nuestra.

En la gran mayoría de las circunstancias somos retenidos por las mismas circunstancias que hemos creado. Cristo estaba en una tumba. Estaba al lado de una montaña que fue creada por Dios, en una tumba creada por Dios.

La gran mayoría de obstáculos que nos retienen son una creación nuestra. Las mismas cosas que nos retienen son cosas que hemos creado a lo largo de nuestro viaje. Y como las hemos creado, también tenemos la capacidad de eliminarlas, pues conocemos su ADN.

Y cuando las retiramos, reinamos sobre ellas. Tenemos un dominio.

El ángel se sentó sobre la piedra. Luego, María Magdalena.

> *Muchas veces, las cosas que nos retienen son creación nuestra. Y como las hemos creado, tenemos la capacidad de eliminarlas.*

Maria encuentra a Cristo fuera del sepulcro pero no lo reconoce. A propósito, la Biblia dice que ella lo toma por un jardinero y que no lo reconoce.[2]

Esa es otra lección para estos tiempos: Si los demás no te reconocen, significa que has sido transformado. Y cuando digo que no te reconocen, me refiero a que tu apariencia física cambiará significativamente.

Si aplicas los Principios del Reino en tu vida y activas tu ADN espiritual, estarás en paz contigo mismo. Tu actitud cambiará: Serás más feliz y seguro, y te comportarás de un modo totalmente diferente. Y eso se manifestará en otros aspectos de tu vida. Podrás perder peso, o empezarás a ejercitarte o a correr, y tendrás una condición física como nunca antes. Podrás emprender ese gran proyecto en el trabajo en lugar de permanecer cruzado de brazos y

---

2 Juan, 20:14

dejar que otros te salgan adelante. O podrás hacer todo lo anterior. Pero el cambio será tan profundo que estarás cambiando. La gente que te conoce dirá: "Dios mío; ¡cómo has cambiado!". La gente que lleva un tiempo sin verte te mirará dos veces y dirá: "¿Realmente eres tú?".

Esa transformación será tan radical que hasta tus allegados tendrán dificultades para reconocerte, es la transformación de Dios y el cambio de Dios.

¿Y sabes qué? Si tus allegados tienen dificultades para reconocerte, tú tendrás problemas para reconocerte a ti mismo. Ese es el cambio de Dios.

Si piensas que has cambiado pero te reconocen al instante, sin ninguna clase de inquietudes ni dificultades, entonces no se trata del cambio de Dios. Puedes haber cambiado. Puedes haber hecho un cambio muy positivo y necesario. Puedes haber avanzado un paso en el camino al cambio de Dios. Pero no es el cambio de Dios.

¿Quién te cambia? ¿Tus circunstancias, Dios, o tú? Los tres pueden cambiarte. Pero ¿quién te transforma? Sólo la transformación de Dios puede generar esa reacción de tus allegados y hacerles decir: "¡Dios mío! No puedo creer que seas tú".

> *Los Principios del Reino nos cambian a tal punto*
> *que ya no somos los mismos.*

La mayoría de las personas no quiere llegar tan lejos. No quieren vernos cambiar tanto que no puedan reconocernos. Al menos eso es lo que piensan ahora.

Y por eso la mayoría de las personas sienten miedo de cambiar. Peor aún: ¡tienen miedo de admitirlo! El status quo es muy seguro. Pero sin transformación y sin cambio, estaremos en la tumba. Estaremos en la tumba del estancamiento. Estaremos en la tumba de la mediocridad. Estaremos en la tumba de la melancolía. Estaremos en una tumba de rituales, hábitos y tradiciones que no nos llevarán a ninguna parte.

Y aunque pensemos que nuestros allegados no quieren que cambiemos, se sentirán felices cuando vean que ese cambio es positivo. Me atrevo a decir que ellos podrían desearnos una transformación radical, siempre y cuando sea positiva y esté acompañada de honor, más amor, júbilo y una mayor autenticidad.

Lo mismo fue cierto en el caso de María Magdalena, Pedro y Juan. Ninguno de los discípulos quería ver inicialmente el cambio de Jesús. Ninguno de ellos quiso que muriera. Pero él sabía que tenía que sufrir esa transformación radical y pasar de la carne terrenal al espíritu celestial para ascender y sentarse al lado de su padre: El Padre, NUESTRO Padre. Y entonces fue crucificado.

Incluso después de su muerte, los discípulos no estaban preparados para verlo transformado. María Magdalena fue a la tumba a untar el cuerpo de Cristo con fragancias y perfumes. Y lloró cuando no lo encontró allí en el sepulcro donde supuestamente estaba. Y los ángeles que ella vio en la silla de la misericordia le preguntaron por qué lloraba si acababa de ocurrir el mayor de todos los milagros.

Tal vez podamos entender por qué estaba llorando en ese instante. Ella no sabía lo que había ocurrido. No entendió. Lo único que sabía era que el cuerpo de Cristo había desaparecido.

Pero momentos después se encuentra con Jesús afuera del sepulcro, y aunque él le aclara su confusión y ella lo reconoce, se resiste al cambio. Intenta detenerlo y mantenerlo a su lado, tal como era anteriormente, con su aspecto terrenal. Jesús tiene que decirle: "No te aferres a mí, porque aún no he ascendido hasta mi Padre".[3]

Él le estaba diciendo a ella que aunque había cambiado, no había terminado su transformación y ella no debía retenerlo. Que debía sentirse feliz por él y contarles la gran noticia a los demás: Que él había regresado y se encontraba en perfectas condiciones.

Después de tu transformación te sentirás mejor que nunca. Tu estado anterior no estaba mal, pero éste será mucho mejor: Todo será más rápido, más productivo, más rico y puro. Y las cosas no serán tan complicadas como lo eran antes.

Los Principios del Reino nos cambian de tal forma que ya no somos los mismos. Somos mejores. La vida es más fácil. Todo es más grande y abundante. Más de la cuenta, absolutamente, y por sobre todo. Jesús dijo: "Vine para que tengan vida, y la tengan en más abundancia".[4]

Como mencioné al comienzo de este libro, él no dijo que tuviéramos que esperar esto. Dijo: "Vida en abundancia". Esa abundancia, los tesoros y re-

---

3 Juan, 20:17
4 Juan, 10:10

compensas que Dios tiene para nosotros, existen justo aquí. No sólo en la vida después de la muerte. No. No. No. No y no. ¿Hice énfasis en el No?

El hecho es que la Biblia dice: "Venga a nosotros tu reino, hágase tu voluntad *en la Tierra* como en el cielo".[5]

¿Por qué tenemos que esperar a morir para vivir absolutamente? ¿Por qué tenemos que esperar a morir para ver a Dios? ¿Por qué tenemos que esperar a morir para experimentar la felicidad absoluta? ¿Por qué tenemos que esperar a morir para vivir más de la cuenta, absolutamente, por sobre todo?

Todas estas cosas están aquí. Justo aquí y ahora.

> *Después de tu transformación, la vida será mejor que nunca.*
> *Será más rica, más fácil, más pura, y más abundante.*

Jesús dijo que tendré garantizada la vida eterna si lo sigo a él. Tendré garantizado que mi vida continuará. Que después de la muerte hay vida. Que mi alma no morirá. Que mi espíritu perdurará. Que mi conciencia y mis sentidos vivirán para siempre a través de Cristo, y en él.

Puedo ver el Reino de Dios aquí en la Tierra. Puedo experimentar el amor de Dios y Sus bondades. Los Principios del Reino activan el cielo para que podamos *vivir* el cielo aquí. Podemos experimentar el cielo aquí en la Tierra. Venga a nosotros tu reino. Hágase tu voluntad en la Tierra. Eso es lo que dice la Biblia.

---

5 Mateo, 6:10

Capítulo 49

❧

TU LENGUAJE CAMBIARÁ

La Biblia describe que cuando Jesús resucitó, sus discípulos se reunieron otra vez en el salón donde habían celebrado la Última Cena. Y en Hechos 2 dice: "Fueron todos llenos con el Espíritu Santo y empezaron a hablar en otras lenguas".[1]

Eso significa que hablaron en otras lenguas.

Ahora, la Biblia dice que había ciento veinte personas aproximadamente: "De cada nación bajo el cielo". Eran de todas partes, y todos hablaban lenguas diferentes.

La Biblia dice que habían venido a Jerusalén para el Pentecostés. Judíos de varias partes del Medio Oriente se reunieron allí. Pero también había gentiles que no hablaban hebreo ni arameo. Había romanos, griegos y sirios. Había muchas otras culturas reunidas en aquel lugar, pero la Biblia dice que cuando las ciento veinte personas empezaron a hablar, cada uno comenzó a oír en su propia lengua. Todos entendieron. De hecho, Hechos 2:6 dice que ellos "estaban sobrecogidos porque cada uno los estaba oyendo hablar en su propia lengua".

Prepárense: Porque después de nuestra experiencia del sepulcro vacío, después de vivir nuestra propia experiencia del salón lleno, después de reconocer nuestro propósito y de habernos transformado, nuestro lenguaje también cambiará.

Después de nuestra transformación, hablaremos una lengua que todo el mundo podrá entender. Hablaremos una lengua universal.

---

1 Hechos, 2:4

> *Después de nuestra transformación hablaremos de tal forma que todo el mundo entenderá, y ellos también querrán cambiar.*

¿Quiere decir esto que hablarás en portugués, ruso o chino? No. tampoco estoy diciendo que si hablamos en español, alguien que sólo habla japonés entienda nuestras palabras. Pero sí entenderá nuestro significado. Porque no me refiero a un lenguaje terrenal, sino al lenguaje de nuestras historias y experiencias. Le hablaremos a la esencia de quienes nos rodean, independientemente de la lengua que hablen.

Tendrás la capacidad, la autoridad, la experiencia y la bendición de Dios para hablar con el rico y con el pobre, de hablarle al de arriba y al de abajo, al negro y al blanco, de hablar la lengua de aquellos que son solteros, casados, o divorciados.

Cuando sufrimos nuestra transformación, podemos hablarles a todas las especies que conforman el mosaico de Dios. Y podemos tener un impacto en todos y cada uno de quienes nos rodean, sin importar su sexo, clase o género o credo. Porque recibiremos este regalo increíble de hablarles a todos sin excepción.

Hablaremos a través de nuestras palabras y a través de nuestros actos, a través de nuestros sentimientos y de nuestros valores, de formas que todo el mundo entenderá, y que también los hará querer cambiar.

Una verdadera experiencia en el salón lleno nos permitirá hablarles a nuestras comunidades, a nuestras familias, a nuestros matrimonios, y guiarlos también por el Camino de los Milagros. Dios nos da el lenguaje para orientar a los que nos rodean —sin importar quiénes sean o de dónde vengan— para que también vivan la experiencia del salón lleno.

Capítulo 50

❧❧

RECONOCIENDO TU PROPÓSITO

Para qué naciste? ¿Cuál es el destino que debes realizar? ¿Cuál es tu propósito en el gran plan de Dios?

María Magdalena, Pedro y Juan descubrieron su propósito en su día más oscuro.

Tú también descubrirás tu propósito cuando corras en la oscuridad y el miedo esté a tu lado. Cuando corras hacia el vacío. Cuando encuentres el sepulcro vacío, justo antes del salón lleno. Cuando pongas tu vida en orden. Y cuando salgas de la tumba, aquellos que te conozcan tendrán dificultades para reconocerte. Y entonces descubrirás tu propósito.

Descubrirás que estabas en el camino pero no sabías a dónde te conduciría ni cómo deberías seguirlo. Verás que necesitas tomar un camino diferente porque tu propósito se te revelará. Lo reconocerás por esto.

Te diré cómo me sucedió a mí.

Recuerda que hablé sobre aquella ocasión que vi al evangelista en la televisión y que escuché a esa voz decirme que yo sería utilizado para difundir las Buenas Nuevas.

Sin embargo, yo tenía apenas catorce años e ignoré ese mensaje. En aquel entonces yo tenía otra cosa en mente: Estudiar ingeniería de sistemas, ser rico, y lograr el sueño americano.

Ese es el camino en el que creía que estar. Pero mi Camino de los Milagros estaba en otro lugar, y Dios insistió en asegurarse de que yo lo conociera.

No le conté a nadie de mi epifanía, pero justo después de aquella noche, comenzaron a pasarme cosas inauditas, realmente anormales. Fui a la Iglesia y una persona desconocida estaba hablando por el micrófono. Interrumpió los cánticos y dijo: "Aquí hay un Samuel".

Esta persona no me conocía. Me pareció estar en un espectáculo de Las Vegas, donde siempre hay un Samuel.

Pero ese día yo era el único. Y todo el mundo me señaló.

Y ese hombre dijo: "Samuel, déjame decirte lo que te manda a decir Dios: 'Samuel, esto es lo que voy a hacer contigo. Voy a construir una plataforma, y te pondré en ella. Todo será para gloria mía, pero tengo un gran destino para ti. Y voy a utilizarte para que toques muchas vidas. Muchos serán sanados, no sólo de sus achaques físicos sino también de sus achaques espirituales y emocionales. Te utilizaré para restaurar vidas, sueños destruidos y para inspirar a los demás. Y también te haré un líder entre tu gente' ".

Esto me recordó lo que yo había oído en la televisión.

Tres meses más tarde le sucedió lo mismo a otra persona.

Dudé de lo que estaba ocurriendo. Yo quería ser un ingeniero de sistemas, y Dios quería que yo reconociera mi verdadero propósito.

Y voy a decirte cuántas veces ocurrió: Cuarenta y cuatro veces.

Por eso es que hago lo que hago.

Soy un Tomás que se convirtió en un Pedro, en un Juan. Ese fue mi viaje. Así fue como reconocí mi propósito.

María Magdalena, Pedro y Juan todos reconocieron su propósito y fueron ascendidos de reclutas a generales. Y pasaron de ser seguidores de Cristo a ser líderes de su iglesia. De ser aquellos que escuchaban sus palabras, a aquellos que difundieron su palabra.

Tú también serás ascendido cuando reconozcas tu propósito.

Si activas tu propósito de lleno, podrás abrazarlo con pasión y con promesa, porque no estarás activando simplemente tu propósito, sino también tu pasión y tu promesa.

Tu propósito, tu pasión y tu promesa se activarán totalmente cuando sigas cada uno de los pasos de los Principios del Reino. La respuesta a la Ecuación del Propósito de Dios se hará deslumbrante y clara: Brillantemente, chispeantemente, luminosamente, radiantemente clara. Tú *sabes* que así será.

Mira lo que sucedió aquella mañana afuera del sepulcro. En ese tercer día después del entierro de Cristo, María Magdalena lo vio y no lo reconoció. Pero, cuando él le habló, ella lo reconoció y entendió lo que debía hacer. Supo que su propósito era informarles a los discípulos y prepararlos para el regreso de Cristo.

Cuando tengas tu experiencia del sepulcro vacío y te hayas transformado, también reconocerás tu propósito.

> *Tu propósito, tu pasión y tu promesa se activan totalmente*
> *cuando sigues los Principios del Reino.*

Cristo fue resucitado, pero también lo fue Pedro, que estaba muerto en términos espirituales y emocionales. Pedro estaba muerto. No en el sentido físico, sino en su hora más oscura, pues sus esperanzas, sueños y aspiraciones estaban muertas.

Sin embargo, fue transformado por el regreso de Cristo, y porque Pedro descubrió la sábana doblada y el orden: Ese orden que precede a la ascensión, al reconocimiento y a la transformación. Pedro fue resucitado. Y fue transformado.

Dejó de negar. La próxima vez que vemos a Pedro, exactamente después de regresar del sepulcro y de encontrarse con Cristo, éste le pregunta tres veces: "¿Tú me amas?" "*Aphilos, aphilos, agape*". ¿Tú me amas? ¿Tú me amas? ¿Tú me amas? Y Pedro le responde: "Sí, yo te amo".[1]

Muchas gracias, Pedro: Todo está claro. ¿Quién es el siguiente?

Luego vemos a Pedro de pie en el cuarto concurrido. Este es el Pedro que negó y se escondió cobardemente en las sombras. Pero ahora está de pie. ¿Por qué está de pie? Porque vio. Encontró la sábana doblada. Pedro fue resucitado.

Cuando Cristo resucitó, él fue transformado. Cuando resucites, tu transfiguración, tus relaciones, tu familia, tus finanzas, tus metas, tus estrategias y aspiraciones también resucitarán.

Tu transformación es contagiosa. Si resucitas y te sientes completamente vivo, las personas que te rodean también cambiarán. Ya se trate de negocios o personas, todo cambiará cuando tú cambies. La transformación será completa.

Es radical. Y no tiene que ser inmediata. Sin embargo, hará tres cosas: Que los "Tomases" quieran tocarte para creer que realmente eres tú.[2] Que los "Pedros" se bajen del bote[3] despojados de su pasado, y oren para ser salvados. Adicionalmente, la transformación te preparará para tu amanecer.

---

1   Juan, 21:15–17
2   Juan, 20:24–28
3   Mateo, 14:29–30

Capítulo 51

❧

AMANECER

Al comienzo de este libro dijimos que María Magdalena corrió justo antes del amanecer y se preparó para su propio amanecer. Ahora estamos llegando al final, y de nuevo al amanecer.

Después de tu transformación, descubrirás el milagro, el tesoro que Dios te tenía reservado. Ese es el amanecer. Ha llegado tu día. Tu día de victoria, tu autoconciencia, el esclarecimiento de tu identidad, tu claridad de propósito, tu sanación, tu restauración, tu transfiguración, tu iluminación y tu renovación han llegado.

En tu amanecer descubrirás las recompensas que Dios tenía reservadas para ti, y ellas te permitirán vivir más de la cuenta, absolutamente, por sobre todo. Descubrirás que Dios nunca responde a nuestras oraciones; no de la forma en que *tú* quieres que lo haga.

Las Escrituras no dicen que Dios responde a lo que le pedimos. Dicen que responde más de la cuenta, absolutamente, por sobre todo lo que hubiéramos imaginado pedir.[1] No dicen que si tú le pides una hamburguesa a Dios, él te dará una.

Dicen que si le pides una hamburguesa Dios y esto hace parte de Su voluntad, y es benéfico para ti y para Su reino, no te dará una hamburguesa —te dará una hamburguesa doble con todos tus aderezos favoritos: El pan caliente, las papas a la francesa, y una malteada cremosa y deliciosa. Dicen que sin importar lo que le pidas a Dios, Él te dará más de la cuenta, infinitamente más de lo que le pediste o de todo cuanto pensaste.[2]

Si le pides una casa, no recibirás una casa: Tendrás una casa con una piscina. Pero Dios no se detiene allí. Si tú le pides una casa, no te sorprendas

---

1 Efesios, 3:20
2 Efesios, 3:20

cuando veas la piscina y el perro y el auto. Porque te dará *más de la cuenta, absolutamente, por sobre todo.*

Eso es lo que sucede cuando activas los Principios del Reino. Si incorporas estos principios en tu vida y los activas en tu vida, encontrarás tu amanecer y recibirás tus recompensas más de la cuenta, absolutamente, por sobre todo.

Si pides que tu hijo sea salvado de la adicción, no sólo tu hijo, sino también sus hijos y los hijos de tus hijos y de tus nietos también serán salvados.

En esto consiste la activación. Tus tesoros ya están ahí. Existen literalmente en la realidad espiritual cósmica. En este dominio espiritual existe un Dios que está activo, que está involucrado, pero dentro de los parámetros del libre albedrío. Todo lo que necesitamos hacer es activar y encender esto.

Sin embargo, no hay activación sin revelación. Primero hay revelación, luego hay activación, y después plenitud: revelación, activación, amanecer.

> *Dios responde más de la cuenta, absolutamente,*
> *por sobre todo lo que jamás hubiéramos podido imaginar o pedir.*

Prepárate para tu amanecer.

Volvamos a la Biblia. La resurrección ocurre al amanecer. Encontramos a los ángeles sentados en la piedra al amanecer. Encontramos a Pedro nadando más tarde, precisamente al amanecer. Jesús aparece al amanecer.[3] ¿No es asombroso? Él siempre aparece al amanecer. El Hijo aparece, y el sol aparece. Eso es lo que lo hace el amanecer.

El amanecer siempre es significativo en la Biblia. Jacob peleó con el ángel hasta el amanecer, y cambió su nombre por el de Israel.[4] Y por eso quedó con una marca de la bendición, la cual nos dice muchas cosas: No sólo de lo que Jacob tuvo que vivir, sino también de su lucha. Era una insignia de honor: Luchó junto a Dios y salió victorioso.

El sol sale en cada amanecer, ofreciendo un nuevo día, y una nueva oportunidad. Ofreciendo un nuevo comienzo. Aparece anunciando que la noche se termina. Despojémonos entonces de las iniquidades de la noche, de la

---

3 Juan, 20:14
4 Génesis, 35:10

vergüenza de la noche. Celebremos la llegada del día, aquello que trae frescura, un nuevo comienzo, y todo lo nuevo.

Eso es importante. No olvidemos un aspecto del sepulcro de Cristo: Era nuevo. La Biblia dice que nunca antes había sido utilizado.[5] José de Arimatea, el acaudalado comerciante y propietario o del sepulcro, no lo había utilizado.

Quiero subrayar la palabra "nuevo". Eso es lo que dice la Biblia: Nuevo.

Cristo iba en un asno cuando entró en Jerusalén en lo que celebramos como la entrada triunfal del Domingo de Ramos.[6] No iba en un caballo de batalla, sino en un asno. ¿Qué clase de asno era este? Era nuevo. Léelo. Dice que nunca había sido utilizado antes.

¿Es una coincidencia que Cristo se rodeara siempre de cosas nuevas? No lo creo.

No creo tampoco que sea una coincidencia que haya resucitado, que haya regresado con vida al amanecer.

> *Démosle algo nuevo a Dios cada día.*

La Biblia dice: "Sus gracias son nuevas cada mañana".[7] Devolvamos ese favor. Démosle algo nuevo a Dios cada día. Démosle a nuestros allegados algo nuevo cada día. Démosle a nuestra comunidad, a nuestra región, a nuestro mundo algo nuevo cada día. Una nueva idea. Un nuevo sueño. Una nueva esperanza. Una nueva aspiración.

Siempre que introducimos algo nuevo, podemos casi ver a Dios sonreír, y escucharle decir: "Ese es mi muchacho. Esa es mi muchacha".

Ese es el creador de cada uno de nosotros. Él puede tenernos para hacer cosas nuevas. Eso hace que Dios llegue a nosotros y a quienes nos rodean.

Démosle entonces algo nuevo a Dios cada día. Él nos colma de regalos, bienestar y bendiciones, milagros, gracias y abundancia, cada día. Deberíamos de mostrarle que sabemos qué hacer con lo que Él nos da. Deberíamos

---

5 Mateo, 27:57–60; Lucas, 23:50–53
6 Mateo, 21:5
7 Lamentaciones, 3:22–23

compartir estos regalos con el mundo, así como Jesús compartió el milagro de la resurrección, de la vida eterna, con todos nosotros.

Vayan y hagan el bien cada día. Vayan y den lo que sea necesario. Vayan y compartan con el prójimo la abundancia que Él les ha dado. No acapares ni guardes la gracia de Dios que fluye en ti. Permite que su gracia fluya a través de ti y al mundo a tu alrededor. Así es como creas una Cultura del Reino aquí en la tierra. Así es como permites que se haga Su voluntad y que venga Su reino. Cuando haces brillar Su luz en el mundo a tu alrededor, ella brilla en el Camino de los Milagros y revela las recompensas que Él te tiene reservadas.

Capítulo 52

❦

La economía del Reino

Existen dos tipos de sistemas económicos. Hay un sistema económico terrenal que se rige por la oferta y la demanda. Y existe una economía del Reino que se define por la siembra y la cosecha.

Todos conocemos el primer sistema. Lo vivimos todos los días. Lo ves en la estación de gasolina. Los precios del petróleo suben porque cada vez crece la demanda y solo existe en cierta cantidad. Si el vendedor de un artículo o producto baja su precio, habrá más personas que querrán comprarlo. Lo opuesto sucede en caso contrario.

Y si hay muchas personas que quieren adquirir un producto determinado y el dueño sólo tiene una cantidad limitada, seguramente aumentará el precio para obtener la mayor ganancia posible. La economía terrenal —el mundo monetario, fiduciario, pecuniario, fiscal— hace que las personas paguen por los productos que pueda ofrecerles el mercado. El propietario cobrará lo que sus clientes estén dispuestos a pagar.

La economía del Reino y nuestra vida tienen que ver con la siembra y la cosecha. Cosecharás lo que siembres.[1] Lo que significa que mientras más siembres, más recogerás. Mientras más des, mayor será tu recompensa.

En la economía del Reino pagas con tus acciones, tus obras y tus pensamientos.

Podrás tener dinero en efectivo. Podrías usar la moneda de la economía terrenal para hacer tu contribución. Pero la diferencia es que en la economía del Reino no estás dando dinero para comprar algo. Lo estás dando para que otros puedan comprar productos de buena calidad. Aunque le des dinero a alguien para que alimente a su familia, el objetivo no es llevar comida a la

---

1   Gálatas, 6:7

mesa; sino la energía que esa familia obtiene de los alimentos y cómo la utilizan para hacer cosas que sean benéficas para toda la humanidad. ¿Quién sabe qué puedan hacer esas personas que ya tienen un sustento, o de lo que se hubiera perdido el mundo si esas personas no hubieran recibido estos alimentos?

Lo mejor de todo es que en la economía del Reino, mientras menos tengas cuando das, más recompensa recibirás. Mientras más te esfuerces en darle a otra persona, más se te dará. De nuevo, es algo proporcional. De la misma forma en que puedes medir el tamaño de tu recompensa por la magnitud del infierno que tuviste que soportar, también puedes medir el tamaño de tu cosecha por lo que necesitas sembrar.

> *La economía del Reino se define por la cosecha y por la siembra.*

No es por el tamaño de lo que des, sino por lo que represente para ti. Si un millonario dona un millón para obras de caridad, estará muy bien; es mucho dinero. Se pueden hacer muchas cosas buenas con ese dinero y Dios recompensará a ese hombre rico en la misma proporción. Pero si das tu último centavo para ayudar a otro, o si dedicas tu único día de descanso para hacer un trabajo de plomería en la casa de una mujer anciana, Dios sabe que diste todo lo que tenías.

El hombre rico dio mucho, pero tú lo diste todo. El hombre rico obtendrá mucho en retorno, pero tú lo recibirás todo.

Jesús habló de esto en la historia del Evangelio de la viuda y los centavos. Jesús observó a las personas hacer sus contribuciones al tesoro y vio que muchos donaban grandes sumas. Luego llegó una mujer anciana y dio dos centavos, y Jesús llamó a sus discípulos y les dijo: "En verdad les digo, esta pobre viuda dio más que todos los contribuyentes del tesoro; porque ellos todos pusieron de lo que les sobraba, pero ella, en su pobreza, puso todo lo que poseía, todo lo que tenía para vivir".[2]

Por eso es que el secreto más grande es dar cuando no tienes nada. Porque eso es dar cuando tu tumba está vacía. Suena extraño y absurdo. ¿Cómo puedes dar cuando no tienes nada?

---

2 Marcos, 12:41–44

Puedes. Porque tú puedes dar esperanza. Y puedes dar ayuda. Y aliento, y cuidado, y compañía. Pues recoger un martillo, una brocha, o basura en el parque. Puedes ayudar a un niño huérfano a montar en bicicleta, y eso es tan valioso como contribuir con un poco dinero para que el niño se compre una.

Puedes dar de ti aunque no tengas absolutamente nada más que dar. Y si lo haces, si das de ti cuando no tienes nada, entonces Dios colmará tu vida más de la cuenta, absolutamente, por sobre todo.

Capítulo 53

❧

VIVIR VERTICAL Y HORIZONTALMENTE

Lo que realmente necesitamos hacer en nuestro mundo actual, en este mundo turbulento, confuso y ansioso, donde hace falta tanta moral, donde hay guerras y tragedias, angustia e inquietud es concentrarnos en construir una Cultura del Reino a través de nuestro ADN.

Por Cultura del Reino quiero decir la Cultura del Reino de Dios: Venga Su reino y hágase Su voluntad aquí en la Tierra. *Ahora.*

Todo lo que estamos viendo aquí en la tierra es la manifestación física del amor de Dios por Su pueblo, por Su reino. Dije esto al comienzo de este libro. El reino de Dios no consiste en carne ni en bebidas, sino en rectitud, paz y júbilo en el Espíritu Santo.

¿Qué nos dice la Biblia?

Venga a nosotros Tu reino, hágase Tu voluntad aquí en la Tierra como en el cielo.

La Oración del Señor es mi oración personal diaria. Pero no necesariamente tengo que hacerlo todos los días del mismo modo. Puedo dividir la Oración del Señor en secciones. La divido en partes, en pensamientos, y realmente pienso en lo que significan para mí y en lo que quiero decirle a Dios con ellas:

Puedo empezar con "Padre Nuestro", y pasar mucho tiempo intentando saber quién es Él. "Que estás en los cielos, santificado sea Tu nombre..." Se trata de Él, de la oración y del culto.

"Venga a nosotros Tu reino..." Es ahí donde hablo de Su reino y Su voluntad, y de activar esto. El culto conduce al reino. Y al ofrecerle culto a

220

Dios estoy conectando Su reino con este mundo. ¿Qué nos dice esto? "Venga a nosotros Tu reino, Hágase Tu voluntad, *en la Tierra como en el Cielo*".[1]

El reino de Dios tiene principios específicos, Principios del Reino que conectan al cielo con la Tierra y a nosotros con Dios. Nos ayudan a tener el cielo en la Tierra. Nos muestran cómo debemos afrontar los temas de la injusticia y la pobreza, la guerra y el dolor de tantas cosas en esta Tierra.

Quiero ver los principios de Dios activados en la Tierra.

Entendemos la caída del hombre. Entendemos la noción de pecado. Entendemos la idea del fracaso y la caída de la especie humana. Entendemos todo eso en términos filosóficos y teológicos.

Sin embargo, ¿cómo obtenemos realmente el cielo en la Tierra?

Viviendo vertical y horizontalmente.

> *Tenemos tanto una existencia vertical como horizontal.*

No es ninguna coincidencia que Cristo hubiera llegado a esta Tierra. No es una coincidencia que él haya muerto en la Cruz, y que la Cruz represente actualmente la fe que él fundó y la de todos sus seguidores.

Pero la Cruz va mucho más allá de ser simplemente el emblema religioso de uno de los tres credos más importantes del mundo. La Cruz representa la conexión entre cielo y la Tierra.

El mayor mensaje de la Cruz es: La redención, la salvación, y el cielo que toca la Tierra. Pero también nos habla de cómo debemos vivir.

La Cruz revela el hecho de que realmente vivimos una vida doble. No quiero decir doble en el sentido de hipócrita o de otro tipo de falacia, sino más bien que debemos vivir tanto vertical como horizontalmente: Que el Cristo en la Cruz, que la vida que hay en la Cruz, nos muestra cómo vivir nuestras vidas.

La Cruz nos muestra que tenemos una existencia tanto vertical como horizontal. Básicamente vivimos dos vidas. El balance de esa vida es el secreto del éxito. El aspecto más importante de nuestro peregrinaje aquí en la

---

1 Mateo, 6:10

Tierra está en ese cruce, en esa convergencia: En el lugar perfecto donde lo vertical se conecta con lo horizontal.

Vivir verticalmente significa vivir con Dios: Vivir mi integridad y mi rectitud. Significa que el cielo y mi vida se comunican, y que mi carácter refleja los principios divinos. Significa entender y seguir el principio de: "Venga a nosotros Tu reino. Hágase Tu voluntad *en la Tierra*".

> *Vivir verticalmente vertical significa permanecer firmes
> en todo lo que hacemos.*

Vivir verticalmente es amor, júbilo, paz, paciencia, mansedumbre, bondad, decencia, sobriedad, gracia y fe. Vivir verticalmente significa tener una comunicación concomitante con Dios. Es ser crucificados diariamente. Es renovar tu mente. Es ser semejantes a Jesús. Es lo que dice Gálatas, 2:20: "He sido crucificado con Cristo; y no soy yo quien vive, sino Cristo que vive en mí; y la vida que ahora vivo en la carne la vivo por la fe en el Hijo de Dios, quien me amó y se entregó por mí".

Vivir verticalmente es mi capacidad de tocar el cielo. Y lo cierto es que yo *puedo* tocar el cielo, que tenemos el poder de tocar el cielo, y si hay un flujo libre en el amor y en la compasión bajo el manto de la gracia, el cielo nos tocará continuamente.

No se trata entonces de decir: ¿Puedo tocar el cielo?, sino de preguntarse: *¿El cielo me toca?* Es algo semejante a la escalera de Jacob.[2] Donde hay ángeles por todas partes, en un flujo continuo en el que el Cielo riega la Tierra, y la Tierra hace lo propio con el Cielo.

Vivir verticalmente significa exactamente eso: Vivir de pie. Significa vivir no "inclinados" a los asuntos mundanos ni a nuestras circunstancias terrenales, sino a vivir erguidos, verticalmente y de pie.

Esa cruz erguida nos está diciendo: "¡Levántate! ¡Enfrenta a tus enemigos! ¡No te rindas! ¡Haz lo correcto! ¡No te asustes!".[3]

Vivir verticalmente significa que no estás abajo, que no has sucumbido a los principios, a las ideas ni a los fracasos. Que no te has rendido a los fra-

2 Génesis, 28:11–19
3 Lucas, 12:3–5

casos. Que tus inseguridades o circunstancias no te han superado: Significa que estás de pie.

Cristo fue crucificado pero estaba de pie. Estaba erguido. Este no es un hombre de rodillas; este es un hombre levantado y erguido. Incluso en el momento de la muerte, aún en nuestras circunstancias más difíciles podemos estar de pie.

Estar de pie también es sinónimo de dignidad y virtud. Por lo tanto, vivir verticalmente significa estar de pie y erguidos en todo lo que hacemos, en todos nuestros actos, en todos nuestros negocios, y en nuestra familia.

Necesitamos preguntarnos diariamente si estamos viviendo verticalmente. ¿Estamos viviendo de tal forma que podemos tocar el Cielo? Y más importante aún, ¿no sólo lo estamos tocando, sino también lo estamos viviendo de tal forma que el Cielo se conecta con la Tierra?

Esa es la diferencia. No se trata simplemente de tocar el Cielo, sino también de conectarlo con la Tierra. No sólo quiero subir a un avión y tocar las nubes: También quiero construir un puente que sea permanente, que pueda cruzar y conectarme siempre con él.

Eso es vivir verticalmente.

> *La vida perfecta es vivir en el cruce entre la vida vertical y la horizontal.*

Vivir horizontalmente es la forma en que vivo con mis allegados. Vivir horizontalmente significa comunidad. Vivir horizontalmente significa compañerismo. Significa fraternidad.

Vivir horizontalmente es la forma en que trato a los demás. Vivir verticalmente es la forma en que trato a Dios y me trato a mí mismo. Vivir horizontalmente es la forma en que trato a los demás y me relaciono con ellos. Es mi relación con los que están a mi alrededor.

Vivir verticalmente habla de la redención y la salvación; vivir horizontalmente habla de mi transformación. Limitar nuestras vidas a buscar simplemente la salvación equivale a luchar a medias. La redención y la salvación son maravillosas en sí mismas, pero necesitamos sumarle la parte horizontal de la transformación: La transformación social, la transformación comunitaria, la transformación familiar.

Si estoy viviendo verticalmente, entonces necesito evaluar cómo estoy viviendo horizontalmente. ¿Cómo me estoy relacionando con mi comunidad? ¿Con mi familia? ¿Con mi lugar de trabajo? ¿Con mi Iglesia? ¿Con el medio ambiente? ¿Con mi ciudad? ¿Con mi mundo? ¿De qué forma participo en el mundo actual?

¿Cómo puedo evaluar esto desde una perspectiva práctica? Pasando de lo teórico y de lo teológico a lo práctico.

Cada día evalúo mi vida vertical y horizontalmente. ¿Cómo está mi relación con Dios? ¿Cómo está mi relación con el Cielo? ¿Cómo está mi relación con la eternidad? ¿Cómo está mi relación con lo divino?

Y luego me evalúo horizontalmente, y me aseguro de que mi vida vertical me libere en términos horizontales. Evalúo mi proceso de pensamiento y mis actividades diarias.

El aspecto más importante no consiste en estar tan imbuidos del Cielo que no diferenciemos lo peor de lo mejor, como se ha dicho tantas veces antes, sino en alcanzar un gran equilibrio, ese punto preciso donde se unen lo horizontal y lo vertical. Esa conexión y convergencia es el balance perfecto: Todo se encuentra perfectamente ordenado. Es allí donde podemos depositar nuestros sueños, nuestras esperanzas, nuestras aspiraciones y nuestra visión: En el cruce entre la vida vertical y horizontal.

Una vida suprema, en la excelencia, una vida en la verdad —una vida perfecta— es una vida en el cruce entre lo vertical y lo horizontal.

La redención proviene de la Cruz. Y cuando hemos puesto nuestras vidas perfectamente en ese punto donde se unen lo vertical y lo horizontal, aquello que brote de nuestro interior redimirá a nuestro prójimo; redimirá relaciones, momentos y circunstancias, pero sólo si estamos perfectamente ubicados en ese punto donde lo horizontal se encuentra con lo vertical.

> *Vivir verticalmente es la forma en que trato a Dios y a mí mismo.*
> *Vivir horizontalmente es la forma en que trato a los demás.*

Lo vertical y lo horizontal conectan al reino y la sociedad, a la redención y la relación, a la condena y la gracia, al *agape* y al *philos,* al ethos y al pathos, al espíritu y al hombre, al Cielo y la Tierra. El aspecto más importante es el cruce o convergencia de ambos.

El reino es vertical, la sociedad es horizontal. La condena es vertical, la gracia es horizontal. El ethos es vertical, el pathos es horizontal. La rectitud es vertical, la justicia es horizontal.

Y en el mundo religioso, lo que hemos hecho históricamente —y de manera errónea— es concentrarnos en el uno o en el otro. Nos hemos concentrado exclusivamente en: ¿Cómo llego al cielo? ¿Cómo aseguro la vida eterna? Pero nos hemos preocupado muy poco en transformar nuestro entorno. Es casi como un pensamiento posterior, o un accidente afortunado. Nos preocupamos a un nivel mínimo, y no incorporamos o invertimos nuestro tiempo ni recursos —intelectuales, espirituales, financieros, o de cualquier otro tipo— en la transformación. En lo horizontal.

Luego están aquellos que se van al otro extremo, donde todo es horizontal y gira alrededor de los asuntos terrenales, de esta vida, de nuestra comunidad. Pero no de la eternidad.

Lo vertical es la eternidad; lo horizontal es la comunidad. Y si podemos canalizar la eternidad en la comunidad, estaremos en el Camino de los Milagros. Es allí donde activamos nuestro camino, nuestra pasión, nuestra promesa y nuestro propósito: Donde se encuentran lo vertical y lo horizontal.

Se encuentran en este lugar perfecto donde podemos colgar en esa Cruz incluso el objeto más pesado, y el resultado será la redención. El *pneuma* —el espíritu— es vertical, y la carne es horizontal, pero cuando alcanzan juntos el equilibrio perfecto, conectan nuestros actos carnales con nuestro propósito celestial, y la gracia y bondad de Dios fluye a través de nosotros. Cuando se encuentran, nuestras emociones no están dictadas por nuestras circunstancias, sino por las realidades espirituales por encima y dentro de nosotros. No subyugamos nuestras emociones, sino que más bien las canalizamos como es debido, invertimos y dejamos de invertir basados en esto.

La oración hace parte de eso. La oración y la alabanza son absolutas. Podrían ser el primer paso en la escalera de Jacob. Es lo primero que debes hacer: Comunicarte y hablar con Dios.

Yo oro hacia arriba. Oro verticalmente. Oro para activar el reino. Oro para dar gracias. Pero luego también oro horizontalmente. Oro por aquellos a mi alrededor. Oro por su bienestar. Oro por su salud. Oro para que puedan recibir las bendiciones que sé que existen para ellos.

También oro hacia arriba: Reconozco a Dios. Lo honro y le rindo tributo. Pero también oro —no orar en términos de idolatría o de reconocer a Dios— y celebro las victorias de aquellos a mi alrededor. Y cada día me aseguro de reconocer la victoria de un allegado y el triunfo ajeno. Busco elogiar a alguien.

La fuerza de alabar a Dios y de elogiar a otros a mi alrededor me une verticalmente y horizontalmente con el cielo y con la Tierra. Es una comunicación fundamental con Dios, y una conexión fundamental con las personas a mi alrededor.

Si podemos reconciliar tanto el vivir verticalmente como el vivir horizontalmente y entender que cada día vivo dos vidas —la vertical y la horizontal— esto transformará mi forma de pensar, de vivir y de tratar a los demás.

Y esto activará el Camino de los Milagros.

PRINCIPIO SIETE

TIENES ASEGURADO UN SALÓN LLENO

Capítulo 54

DONDE EL PAN ES PARTIDO, DESCENDERÁ EL FUEGO

El salón lleno es un lugar interesante. El salón lleno es un lugar para los seguidores de Jesús, para sus discípulos. El salón lleno es el lugar de reuniones. También es el refugio. Era el lugar donde se reunían, donde celebraron la Última Cena,[1] donde Jesús se les apareció después de su resurrección,[2] y donde fueron llenados del Espíritu Santo.[3]

Es el lugar donde tendrás salvación, redención, y gracia personificadas. Donde tienes gracia penando, resonando y resplandeciendo. Donde la vida está rodeada de traición, de negación, de fe, de gestión, de duda. Porque la vida siempre está rodeada de estas cosas.

Pongamos esto en contexto. Recordemos que ya no estamos considerando a estos discípulos como a los seguidores de Cristo, sino como exponentes de diferentes personalidades y atributos. Por ejemplo, no vemos a Pedro, a Juan, a Marcos ni a Lucas, sino la negación y la fe, la ansiedad y el miedo; eso es lo que estamos viendo a partir de este momento.

Vemos que antes de su muerte, Jesús se reunió con sus discípulos en el salón lleno, y partió el pan con ellos.

> *El lugar donde seas más atacado es el lugar donde estará tu mayor recompensa.*

Obviamente, en esta metáfora, Jesús significa vida. Él representa la vida. Y cuando observamos el cuadro de la Última Cena pintado por Leonardo Da

---

1 Marcos, 14:12–14
2 Juan, 20:19
3 Hechos, 2:1–4

Vinci, lo que realmente vemos es la vida rodeada del bien, del mal y de lo feo.

Antes que nada deberías percibir que la vida está siempre en el medio. La vida está siempre en el medio porque estas cosas rodean la vida, pero la vida todavía brilla. La vida destella con la rectitud, la paz y el júbilo del Espíritu Santo, y la vida sigue alimentándose aunque él comparta su cuerpo, su sangre, y su espíritu con quienes lo rodean.

Entonces, el salón lleno donde celebramos la Última Cena es el lugar donde recibimos a ese Espíritu Santo, donde recibimos todo lo que Dios tiene para nosotros.

Segundo, percibe que el salón lleno es el lugar donde se parte el pan.

Déjame explicarte esto. La narración bíblica del salón lleno dice lo siguiente: Ellos bendicen el pan, y lo parten.[4] En ese orden, a propósito. Es muy importante aclarar esto. Porque la bendición precede a la partición.

Algunas veces, nuestras experiencias bendecidas significan que Dios quiere hacer algo con nuestras vidas y que compartamos nuestras experiencias con otras personas. Y nuestros momentos difíciles no significan una prueba o una dificultad, sino que Dios nos dice por medio de ellas: "Quiero compartir tu experiencia, quiero compartir mi trabajo en ti, y quién soy en ti, contigo y a través de ti, con otros. Voy a bendecirte para partirte".

Esto no significa que nos haga daño, que nos acurruquemos y digamos: "¡Pobre de mí!". El acto de partir no tiene el mismo significado en Dios que en las manos del hombre. De ninguna manera.

Dios no nos parte destrozándonos, sino tomando lo que somos porción por porción, pieza por pieza, y diciendo: "Voy a compartir una parte tuya con alguien más, porque hay tanta vida, belleza y fuerza en ti. Déjame partirte".

Todos necesitamos pasar por una experiencia de "partición". Ya sea que lo haga Dios, nuestras circunstancias, o lo que suceda en el mundo. Yo prefiero ser partido por Dios y no por las circunstancias que me rodean, porque ellas no saben cómo armarme de nuevo. Pero mi Maestro y mi Creador, el Propietario de la huella, el Ingeniero, el Arquitecto, sabe muy bien cómo armarme de nuevo.

---

4 Mateo, 26:26

> ### *Donde el pan es partido, descenderá el fuego.*

Lucas (Capítulo 22) dice que los discípulos se reunieron alrededor de Cristo durante la Última Cena, y que encontrarían un salón lleno donde habría de todo.

¿Qué nos dice Dios con esto? ¡Que ya todo está listo! Que nos encontramos en un momento en el que todo lo que necesitamos ya nos está esperando y que lo único que debemos hacer es llegar allá. No esperes más bendiciones; las bendiciones te estarán esperando a ti. Cada lugar vacío será llenado. Cada billetera, sueño o promesa vacía, será llenada.

Ahora, en la cronología literal de la historia bíblica, el salón lleno está más allá del sepulcro vacío, *y* también después.

Cuando vimos por primera vez a los discípulos en el salón, no estaba lleno. Nota el orden cronológico: Es bendecido, luego es partido, y luego es llenado. Dios nos bendecirá, para partirnos, para llenarnos. Eso es lo asombroso de Dios.

¿Sabes lo que realmente significa la bendición? Significa que Dios nos va a fortalecer. Nos va a dar la anestesia. Nos va a preparar para la cirugía. Se va a asegurar de que sobrevivamos. Él nos bendecirá y luego nos partirá. Y luego nos armará de nuevo y nos llenará. Pero no sólo nos llenará. Nos llenará más de la cuenta, absolutamente, y por sobre todo.

Luego la Biblia dice que después de llenarlos, colocó sobre ellos "lenguas como de fuego".[5] Está diciendo que descendieron lenguas de fuego sobre ellos, pero no los quemó. No. Porque el fuego que cae es el espíritu de Dios. El fuego que cae es el Cielo cayendo en tu Tierra. Esto significa que donde quiera que el infierno descienda sobre ti, si sigues los principios que hemos delineado aquí, entonces el Cielo descenderá sobre ti. Si ves el infierno, es porque ha llegado el momento de que veas el Cielo. En el mismo lugar.

Donde el pan es partido, descenderá el fuego. El mismo lugar donde experimentamos nuestro momento de partición —no necesariamente ese lugar físico, sino esa misma ubicación dentro de mí, el mismo aspecto de mi

---

5 Hechos, 2:3

vida donde he experimentado mi punto de rompimiento— es el mismo aspecto donde tendré mi mayor victoria.

Necesitamos subrayar esto porque nos habla en un sentido bíblico, espiritual y cósmico. No es estoy hablando de otro aspecto. Aquel lugar en donde experimente mi dolor es el mismo en el que también experimentaré mi mayor alegría. Podemos concluir experiencias, pero hay aspectos y compartimientos de nuestras vidas que no podemos cerrar hasta que Dios tenga la última palabra, ya se trate de un matrimonio miserable, de una relación traumática o de lo que sea.

Tu Departamento de Relaciones no podrá llegar a buen término hasta que no se transforme en una relación viable, dichosa, exitosa. No podemos cerrar ciertos aspectos de nuestras vidas hasta que Dios las haya llenado.

Si dices: "Nunca volveré a confiar...", te tengo noticias: Hasta que no aprendas a confiar otra vez y aceptes una confianza viable que no te traicione, que no te desaliente o te abandone, no triunfarás en la vida más de la cuenta, absolutamente, por sobre todo. Nunca sufrirás tu transformación total del Tercer Día.

Donde el pan es partido, descenderá el fuego. Ese mismo aspecto en el que eres más atacado, es el mismo en el que serás más bendecido. Si ese aspecto son tus finanzas, se habla proféticamente del hecho de que tus finanzas han sido estratégicamente puestas en la mira de Dios para ser bendecidas.

Esto lo sé por experiencia propia.

A finales de los años noventa tuve la oportunidad de fundar dos iglesias, una en Bethlehem, Pensilvana, y la otra en la ciudad de Nueva York. Las cosas iban bien hasta el 2000, cuando fui invitado para ser el orador principal en la reunión mundial de las Asambleas de Dios, la mayor iglesia Pentecostal a nivel mundial.

Hablando de bendiciones: Llovieron sobre nuestro ministerio y crearon una plataforma global para nosotros.

Y luego vino el desmoronamiento. Todo el infierno cayó sobre la iglesia que habíamos levantado en Nueva York.

Quería nombrar a mi hermana como pastora *principal* y dedicarme a supervisar. De esta manera podría viajar como orador y tener una sede al mismo tiempo. Actué correctamente, pero había otros líderes que creían merecer esa posición, y las cosas no tardaron en explotar. Mi reputación fue cuestionada. Mi integridad fue cuestionada. Lanzaron indirectas. Rumores. Chismes.

Posteriormente se retractaron y me pidieron excusas. Pero fue un momento muy difícil de angustia, de dolor, ansiedad y confusión. Fue muy difícil para mí y para mi familia, pero fue la mayor experiencia de aprendizaje de mi vida. Descubrí que no puedo predicar sobre la resurrección sin predicar sobre la crucifixión. Descubrí que necesitaba experimentar mi propia crucifixión.

Y esa fue el mayor llamado de alerta que pudiera recibir de Dios. Porque era el temor de Dios instaurado dentro de mí, como si se tratara de esteroides. Descubrí que había hecho del ministerio y de la iglesia algo más importante que mis tres niños y mi esposa. Había convertido a la iglesia en mi ídolo. Y entonces Dios me dijo: "No; este es realmente el momento apropiado para traerte la verdad".

Renuncié a esa iglesia en la ciudad de Nueva York. Y fue la mayor experiencia que puedas tener, la tumba vacía antes del salón lleno. Llegará un momento en el que correrás y no encontrarás nada, justo antes de que Dios se apresure y te lo dé todo. Pero deberás sentir deseos de correr aunque no encuentres nada. Y obviamente, yo aprendí eso.

Había sido bendecido. Había sido partido. Y luego, Dios me llenó. Y justo allí, en ese mismo lugar, descendió el fuego.

El presidente del Consejo Nacional Hispánico de Líderes Cristianos supo lo que me había ocurrido, y lo vio como una oportunidad de ofrecerles un liderazgo nacional a los hispanos cristianos de Estados Unidos que han nacido de nuevo en la fe, y me dijo: "Creemos que tú eres eso".

Nos mudamos a California en 2001, recorriendo de nuevo el Camino de los Milagros.

> *Donde sientas el vacío es donde encontrarás el salón lleno.*

Así es como sucede todo. El lugar donde sufrimos la mayor ruptura es el mismo lugar donde tendremos la mayor integridad y cohesión.

Piensa un momento en esto. El lugar donde eres más atacado es el lugar donde recibirás la mayor recompensa.

Si el aspecto más vulnerable de tu vida es tu matrimonio, será el primero que Dios quiera bendecir, así te parezca extraño.

Sé lo que estás pensando: "Espera un segundo, Sam. ¿Estás tratando de decirme que *porque* es mi tercer matrimonio y estoy viviendo otra vez un infierno, es allí donde recibiré mi mayor recompensa? ¿Estás tratando de decirme que el aspecto que más quiere bendecir Dios en mi vida es mi matrimonio y mis relaciones? Eso es bastante increíble".

De acuerdo, pero es la verdad. No a pesar del problema que tienes, si no por eso mismo.

Obviamente, este es un llamado de alerta. No es que Dios vaya a solucionar tu vida financiera sin hacer nada con respecto a tus relaciones traumáticas. Tampoco es que hayas sido programado para tener matrimonios fracasados y que no se pueda hacer nada al respecto. Lo siento, pero así es la vida. Todo es maravilloso en tu vida, salvo por este aspecto fundamental.

Las cosas no son así. El lugar donde seas más atacado es el lugar donde recibirás la mayor recompensa. Donde sientes el vacío es también donde encontrarás el salón lleno.

Capítulo 55

ACOGIENDO LOS ACTOS
"REPENTINOS" DE DIOS

Analicemos un poco la historia del salón lleno. La narración bíblica nos dice que allí se encuentran algunos principios definitivos.

Lo primero que señala es que hay algo "repentino". La Biblia dice: "Súbitamente, llegó un sonido como de un viento muy fuerte".[1] Literalmente. Llegó "de repente".

Necesitamos aceptar los actos repentinos de Dios. Muchas veces recibimos sorpresas. Suceden incidentes inesperados, sorprendentes, e impactantes. Y tenemos que aceptar esos actos extraños e intempestivos, o manejarlos al menos.

¿Por qué ocurrió algo de manera repentina? No lo esperábamos. ¿Por qué cambiamos de empleo o lo perdemos de un momento a otro? ¿Por qué reapareció esta persona en mi vida? Necesitamos analizar estas preguntas desde la perspectiva que nos ofrece la experiencia del salón lleno, porque las cosas repentinas son las primeras en manifestarse. Hay cosas que suceden instantáneamente, como si hubieran salido de la nada. Y estas experiencias que aparecen de la nada se refieren a los actos repentinos de Dios.

> *Dios está tan deseoso de estar con nosotros y en nuestra compañía, y de vernos realizar nuestro destino, como nosotros lo estamos de realizarlo.*

Los actos repentinos son las promesas de Dios para Sus hijos. Dios llegará cuando menos lo esperemos. Llegará al desierto y a la Tierra Prometida

---

1 Hechos, 2:2

con maná, y no sólo con leche y miel.[2] Aparecerá en medio de la tormenta en el mar de Galilea, y no sólo en el pináculo del templo.

Tu familia será salvada de manera repentina. Tus deudas serán canceladas de manera repentina. Tu salvación ocurrirá de manera repentina. Encontrarás la paz que sobrepasa toda comprensión de manera repentina.

Acoge los actos repentinos de Dios.

Segundo, la narración bíblica continúa diciendo: "Vino un viento rápido y muy fuerte". Rápido quiere decir que Dios estaba apurado.

Nota cómo ellos corrieron al sepulcro vacío. Nota cómo Dios actuó con reciprocidad. Ellos corrieron hacia Él, y Dios corrió hacia ellos. Dios está tan deseoso de estar con nosotros y en nuestra compañía, y de vernos realizar nuestro destino, como nosotros lo estamos de realizarlo. Hay una afinidad mutua, un deseo mutuo.

Dios nos quiere bendecir tanto como nosotros queremos ser bendecidos por Él, y probablemente más. Dios quiere estar en presencia nuestra tanto como nosotros queremos estar en Su presencia. Él quiere caminar con nosotros, exactamente como caminó inicialmente con Adán. Él desea y espera caminar con nosotros hoy. Así como nosotros queremos tener una relación personal con el Todopoderoso, Él quiere tener una relación personal con nosotros.

Apliquemos esto a otras esferas. No se trata simplemente de creer en Él, sino de que Él crea en nosotros. No se trata simplemente de que confiemos en Dios, sino en establecer con Él una relación que le permita decir: "Confío en ti. Te confío este talento. Te confío esta capacidad. Te confío este fruto, esta unción, esta sabiduría. Confío en ti y te confío esta capacidad intelectual para que revoluciones el mundo y seas un líder político. Confío en *ti*".

> *Cada uno de nosotros es una canción en la orquesta divina de Dios.*

Ocurre un acto repentino y un apresuramiento. Y luego hay un "sonido". La Biblia dice: "Vino un sonido como de un viento muy rápido".

Ese sonido es muy importante. El sonido nos habla de la melodía de Dios. De la música, de la canción de Dios.

---

2   Éxodo, 16:1-35; 3:8

En los Salmos, David habla de la "canción del Señor". Todos somos parte de esta gran presentación musical. Y cada uno de nosotros es una canción en la orquesta divina de Dios. Algunos de nosotros somos canciones de amor. Algunos de nosotros podemos ser música country. Algunos pueden ser rock. Algunos creen ser hip-hop. Pero cada uno representa una canción.

Presta atención a la narración bíblica. El viento en sí mismo nunca llenó el salón concurrido. Fue el sonido. Lo audible viene antes de lo visible. Tienes que decirlo antes de verlo. La confesión precede a la realización. Los sonidos de la vida preceden a los momentos decisivos de la vida.

Escucha el sonido. Escúchalo con mucho cuidado. Pon tu oído en la tierra y escucha el sonido de la gracia restaurar al alma caída. El sonido de la gracia les llega a aquellos en momentos de necesidad. Escucha a los niños jugar, al viento mover los árboles, a los pájaros cantar, y a las parejas susurrarse al oído.

La narración bíblica dice que vino un sonido. Después dice que los llenó y que luego llenó la casa.[3]

Llenó dos cosas. Los llenó individualmente y luego llenó la casa.

Estaban en el salón lleno. Cristo fue crucificado. Surgió de entre los muertos. Los doce discípulos ya eran ciento veinte y estaban reunidos en el salón lleno, orando para recibir aquello que Cristo les había prometido: El Espíritu Santo.

Jesús les dijo: "Os dejaré, pero ya vendrá Aquel que os consuele. Esperadlo. Orad y esperadlo".

Decidieron orar en el mismo lugar donde el pan fue partido la última vez que se reunieron para celebrar la vida. Porque sabían que donde quiera que la vida esté presente, dejará una huella que pasará a la próxima generación y al siguiente capítulo de nuestras vidas.

Entonces fueron al lugar donde el pan fue partido, y como dice en Hechos 2: "El Espíritu Santo los llenó".[4]

También llenó el salón. No solamente los llenó a ellos, sino también a sus familias, al salón y sus alrededores.

¿Qué sucede entonces cuando corremos y no encontramos nada? Dios corre y nos lo da todo. No sólo lo que queremos y lo que necesitamos, sino

---

3 Hechos, 2:2–4
4 Hechos, 2:4

más de la cuenta, absolutamente, por sobre todo. Los dividendos nos dan el doble de lo que invertimos.

> *Si corremos y no encontramos nada, Él corre y nos lo da todo.*

Recuerda lo que dije en el Principio 4 (Corriendo hacia el vacío):

Si has recorrido tu trayecto, has puesto tu vida en orden, has cerrado los capítulos abiertos y no has encontrado nada, quiero que sepas que lo próximo que ocurrirá en tu vida es que Dios está a punto de correr y darte todo. Siempre hay una tumba vacía antes de un salón lleno.

Se te ha asegurado un salón lleno. ¡Asegurado! Y puede haber más de uno.

Capítulo 56

LA PANTALLA TÁCTIL DE LA VIDA

El tiempo que pasaron en el salón lleno les dio poder a los discípulos. Después de estar allí y de tener esa experiencia, empezaron a hacer algo llamado: "La imposición de las manos".[1]

Esto se convirtió en una práctica dentro de la Iglesia primitiva y aún lo es en las iglesias Carismáticas Pentecostales del mundo. No basta con orar por otra persona. Si tienes una necesidad y vas a una iglesia Carismática Pentecostal, no orarán por ti. Ellos pondrán sus manos en ti. En la Iglesia Católica, esto solo se hace en los sacramentos de la penitencia, la Confirmación, y las Ordenaciones.

Esta práctica me parece sumamente hermosa, incluso cuando se da por fuera de las esferas teológicas. Me parece tan santo y tan puro que dos seres adultos puedan interactuar físicamente sin que haya ninguna connotación sexual, permisividad ni lujuria, y que haya en cambio una plataforma para la interacción humana. Es algo semejante a un niño que toma la mano de sus padres al cruzar la calle.

En esta época de la globalización en las que nos estamos aislando más debido a la revolución digital y somos parte de una comunidad virtual antes que de una realidad física, necesitamos recordar y utilizar el poder del contacto humano. Necesitamos recordar la potencia de la pantalla táctil.

> *Necesitamos recordar y utilizar el poder del contacto humano.*

---

1 Hechos, 8:17

La pantalla táctil de la vida es la capacidad de tocar el corazón de alguien. Es la capacidad de tocar las emociones de alguien. Es la capacidad para tocar los sueños de alguien.

Necesitamos incorporar la pantalla táctil de la vida.

Pregúntate a ti mismo: "¿He tocado a alguien hoy?". Esa es la simplicidad de la pantalla táctil de la vida.

Mira el poder que tiene una pantalla táctil en nuestra vida diaria. Si pongo mi dedo en mi iPhone, aparecerán varias fotos. Basta con tocar esa pantalla para escuchar música. Puedo ver imágenes de video y tener acceso a Internet.

Pensemos un momento en esto: Puedes tener acceso a la comunidad global. Puedo ver imágenes, retratos y fotos de personas que amo y aprecio. Y todo gracias al sentido del tacto que tiene mi mano.

De manera similar, creo que tenemos el poder de tocar aspectos en nuestras vidas y en las vidas de otras personas, y activar talentos, habilidades y destrezas. Creo que tenemos la capacidad de activar el destino y las vidas ajenas. Y esa para mí es la pantalla táctil de la vida. Al tocar con mi mano puedo activar una canción en la vida de alguien y en la mía. Puedo activar un sueño, y puedo activar una idea por las relaciones humanas y la conectividad.

Hablando en términos espirituales, creo que tenemos el poder de tocar la vida de alguien y activar imágenes positivas, música positiva, enriquecer e involucrar y dar fuerza a música e imágenes, comunidades, documentos, archivos y carpetas, marcando así la diferencia en la vida de alguien, y marcando también una diferencia en el mundo a través de ellos. Un toque puede cambiar a alguien para siempre.

Puedo activar los contenidos de nuestra naturaleza, del Dios Hombre en mí, de la Cultura del Reino de Dios, del ADN de Dios. Puedo activar eso, y no sólo en mí, sino también en los que me rodean.

A propósito, esta capacidad siempre ha estado allí. ¿Qué se necesitaba? Un toque. Una interacción. Y gracias a esa interacción, hay una transacción: Un intercambio espiritual, emocional, psicológico y físico que nos enriquece a los dos.

La transacción requiere una autorización, una validación y una firma autenticada, pues creo que tenemos el poder para autorizar a quien toca nuestras vidas. Cualquier violación de esa autorización es una confrontación.

Es violencia y guerra. No es nada agradable sufrir un robo, un asalto agravado, o que un extraño irrumpa en tu casa. Cualquier cosa que no esté autorizada, autenticada, ni tenga un acceso válido, es un crimen. No importa si se trata del acceso espiritual, o del acceso físico a mi casa o a mi persona. Si yo no lo autorizo, es una violación. Es violencia. Y es un acto criminal.

> *La pantalla táctil de la vida es la capacidad de tocar el corazón de alguien. Es la capacidad de tocar las emociones de alguien. Es la capacidad para de el sueño de alguien.*

La interdependencia (y la intra-dependencia) de la creación de Dios que está presente en Su reino, actúa como un factor preventivo contra la actual comunidad virtual y digital. Lo que necesitamos no es menos interacción humana, sino más interacción humana.

Yo busco esto y me anticipo a ello. Me complazco diariamente en la expectativa de esta oportunidad: ¿A quién me traerá Dios este día? ¿A quién me pondrá Dios enfrente? ¿Qué conversación y qué persona me permitirá activar y tocar esa pantalla? ¿Quién me ayudará a ver esa imagen que nunca antes había visto? Tal vez exista otro lado de la belleza que yo no haya visto. Tal vez haya otro lado de la paz que aún deba experimentar.

Ese es el poder y la recompensa de la pantalla táctil de la vida, el simple poder de tocar: Lo que haga por mi prójimo será hecho en mí. Que al activar el destino de otra persona, mi destino no sólo se activará, porque de ser así, recibiré una porción doble, más de la cuenta, absolutamente, por sobre todo.

Esa no debe ser mi motivación principal para querer activar a otra persona. No debe ser la razón por la cual hago esto. Lo importante es el beneficio que tiene aquello que yo hago. Cada vez que activo a otro ser algo se activa dentro de mí. Cada vez que activo algo, hay otra cosa —que es buena y es de Dios— que llena mi ser, que me enriquece, me da fuerzas y me involucra, que me fortalece y me protege.

Esa es la motivación intrínseca para ciertas personas. Quiero activarte porque al hacerlo, me activaré un poco más. Pero la motivación pura debería consistir en activar plenamente el gen de Dios y que sientas alegría al ver que alguien alcanza sus sueños.

La pantalla táctil contiene un principio de vida: Por absurdo que pueda sonar, quiero tocar la vida de alguien para que esa vida vaya más lejos de lo que yo he ido.

Sé que la idea de querer que alguien tenga, sea y logre más que yo suena absurda. Pero tiene un precedente bíblico. Juan Bautista le preparó el camino a Jesús. Él dijo: "El que viene es más grande que yo".[2]

Y de hecho, Juan lo dijo con palabras diferentes: "La persona que me sigue, a ella no merezco amarrarle sus sandalias. Yo te bautizo con el agua del arrepentimiento. Pero él va a bautizarte en el Espíritu Santo y el fuego".[3]

Básicamente, lo que estaba diciendo era: "¿Crees que soy bueno? No has visto nada todavía. Detrás de mi viene alguien más grande aún".

Él lo sabía. Y él sabía que eso significaba que había triunfado, pues lo que siguió fue aún más grande que él.

> *Cada vez que activo a alguien, eso me enriquece.*

Es así como mido el éxito. No lo mido a corto plazo. Creo que es imposible medir el éxito a corto plazo. Es completamente imposible decir: "Tengo éxito". Es completamente imposible para los Yankees de Nueva York decir después de diez juegos: "Estamos 10 a 0 en esta temporada. Eso quiere decir que somos los campeones de la Serie Mundial".

¡Después de diez juegos! No pueden. Es imposible medir el éxito a corto plazo. Totalmente imposible.

La verdadera forma de medir el éxito —ya sea de una compañía, un ministerio, una iglesia, un negocio, o una vida— no es por los parámetros que estableces por ti mismo a corto plazo, sino más bien, si aquellos que te siguen son más grandes que tú. Esa es la gran medida del éxito. Así es como lo mides.

Analicemos esto que llamamos cristiandad. Empezó con un hombre revolucionario, un gran filósofo, rabino y maestro. Un hombre que encontró doce personas para que lo siguieran y difundieran la palabra. Y no eran personas pertenecientes a la aristocracia; simplemente se trataba de doce judíos del Medio Oriente.

---

2 Lucas, 3:16
3 Lucas, 3:16

Y dos mil años después estamos aquí y seguimos con vida. Y estamos creciendo a un nivel sin precedentes en África y América Latina: con más de mil millones de fieles, ¡la Cristiandad es la religión más grande del mundo!

¿Y qué siguió después de ese hombre?

Él dijo incluso: "Y obras más grandes se harán en mi nombre, pues yo me dirijo al Padre".

Obras más grandes: Esto es asombroso.

¿Cómo saber que somos exitosos? Cuando lo que nos sigue es más grande que nosotros.

Mi padre siempre decía: "Quicro asegurarme de que avances en todos los niveles —académicos y financieros, en tu profesión y tu familia— más de lo que he podido darte. Quiero que les des más a los tuyos de lo que yo pude darte. Y trabajaré duro para asegurarme de que llegues más lejos que yo.

Yo estoy comprometido a asegurarme de que mis hijos lleguen más lejos que yo. Quiero que mi hijo sea un mejor padre. Quiero que mi hijo sea un mejor marido. Quiero que mi hijo sea un mejor hijo de Dios. Quiero que mi hijo sea un mejor agente de la transformación y del cambio. Quiero que mi hijo viva más de la cuenta, absolutamente, por sobre todo, y mucho más que yo.

Quiero que mi hija haga lo mismo.

> *Nuestro éxito se mide por el éxito de aquellos que nos siguen.*

Así es como mides el éxito. Esa es la pantalla táctil de la vida: Tocar al prójimo para que pueda ir más allá; tocar a mis semejantes para que puedan dejar un legado y midan el éxito asegurándose de que quienes les sigan sean más grandes que ellos.

Ahora, ¿qué podría suceder si aplicáramos esto a nuestras familias o a nuestras compañías? ¿Te imaginas a un Presidente que apoya a su sucesor y le diga: "Escucha, hijo, no estaré aquí para siempre? No seré recordado como un gran Presidente hasta que tú seas mejor que yo".

Esta es una historia asombrosa. Aplícala a cualquier campo que escojas. A cualquier aspecto de tu elección. ¿Qué potencial tiene? ¿Qué sucede si combinamos el efecto multiplicador de mi toque, del tuyo y del de aquellos que nos siguen?

Nuestro éxito se mide por el éxito de aquellos que nos siguen. De lo contrario, lo que hicimos fue construir nuestros propios feudos y reinos. Fue el resurgimiento egoísta, orgulloso y arrogante de una vieja modalidad, de una forma arcaica de pensar, donde todo comienza y termina en nosotros.

Debemos conservar el impulso y aumentar la narración para que aquellos que vienen después de nosotros guarden esa narración en su disco duro, la hagan crecer, la lleven más lejos que nosotros y que a su vez se la transmitan a la próxima generación.

Tienes que asegurarte que quienes la reciban de ti la lleven aún más lejos. ¿Podemos habilitar una plataforma para que nuestros herederos sean más grandes que nosotros? ¿Podemos mejorar relaciones? ¿Podemos crear las estructuras y los sistemas para asegurarnos de que las próximas generaciones puedan llegar más lejos que nosotros?

Eso es lo que nos conduce al salón lleno. Ese el compromiso del que lo hizo y lo logró todo, y quien declara: "Tendré que marcharme ahora para que llegues más lejos. Ahora que he ganado el premio, no solamente te doy el trofeo, sino que te permitiré disfrutar la recompensa, con el compromiso de que llegarás más lejos".

Capítulo 57

PORCIONES DOBLES

Jesús se les apareció dos veces a los discípulos en el salón lleno.[1] Pedro estuvo presente en ambas ocasiones. Sin embargo, Cristo no mencionó las tres ocasiones en que Pedro lo negó. Jesús le había dicho que estaría en el mismo lugar, pero no le habló de eso cuando lo vio allí.

Sin embargo, la siguiente vez que Jesús se le apareció a Pedro fue en el mar de Tiberíades,[2] a la orilla y en las horas del atardecer, allí donde Pedro había intentado caminar sobre el agua y se había hundido. No es una coincidencia que Cristo se le apareciera a Pedro en el mismo lugar donde éste fracasó: Exactamente en el mismo lugar.

Una vez más, el mismo lugar en el que fracasamos es donde tenemos nuestro mayor triunfo. El mismo lugar donde tenemos nuestros fracasos también tiene el mismo potencial para concedernos nuestro milagro más grande.

> *Por cada día que hayas estado abajo, podrás estar mil días arriba.*

Algunas veces buscamos un lugar diferente. Decimos: "Es imposible que este evento, este momento, esta tragedia o esta circunstancia de mi vida pueda producir algo bueno. Lo dividiré, le pondré un sello, lo cerraré con seguros y candados, arrojaré las llaves, y lo incluiré en mi base de datos. Y me aseguraré de no entrar nunca más allí".

Pero realmente, cada lugar donde hayas caído o experimentado un gran dolor tiene el potencial de ofrecerte tu milagro más grande.

---

1   Juan, 20:19; 20:26
2   Juan, 21:1

Jesús confronta a Pedro en el mismo lugar donde éste caminó y se cayó. Y Pedro está totalmente desnudo. Este pescador que había negado a Cristo está desnudo y despojado en más de un sentido. Había sido despojado de su lugar en este ministerio, que recibe tanta atención de los medios y elogios de la multitud. Había sido despojado de su fama. Había sido despojado de su popularidad. Había sido despojado de los ingresos financieros que le garantizaban su seguridad a él y a su familia. Había sido despojado de su reputación.

Y Jesús le pregunta tres veces, para igualar las tres ocasiones en que Pedro lo negó:

—¿Tú me amas?[3]

Luego le dice:

—Pedro; enmendaré lo que acaba de ocurrir. ¿Recuerdas que me negaste tres veces? Escucha: ¿Tú me amas?

—Sí, te amo.

Una vez.

—¿Tú me amas?

—Sí te amo, Señor.

Dos veces.

—¿Tú me amas?

—Claro. Dije que te amo, Maestro.

Tres veces.

Y básicamente, Jesús dice:

—Pedro, ahora estamos a mano. Muchas gracias.

Y allí está este gran momento, esta gran epifanía, este gran acto de restauración, este gran ejemplo de logro.

Y entonces Pedro se levanta. Está restaurado y activado.

Ahora: Ten en cuenta que Pedro, justo unos días antes, era uno de los que habían vivido la experiencia del sepulcro vacío. Pero fue necesaria esta confrontación (una vez más: se trata de "confrontación, revelación, activación") y esta revelación para que fuera posible su activación. Porque algunas veces tenemos que golpear esa pared con fuerza para poder despertar. Algunas veces tenemos que golpear ese lugar con fuerza, y tener ese momento de intervención para poder despertar.

---

3 Juan, 21:15-17

> *Algunas veces tenemos que golpear ese muro*
> *con fuerza para poder despertar.*

Pedro es restaurado. Y entonces predica su primer sermón, y tres mil personas son transformadas.[4] Ahora devolvámonos: ¿Cuántas veces negó Pedro a Jesús? Tres. ¿Y cuántas personas respondieron a su primer sermón y fueron transformadas? Tres mil. Es decir, mil por cada vez que negó a Jesús.

No es una coincidencia, sino una lección: Por cada día que has estado abajo, estarás mil días arriba. Por cada día que has estado fragmentado, tendrás mil días en que estés completo. Por cada día que te has lamentado y llorado, tendrás mil días de baile. Por cada día que has tenido las puertas cerradas ante ti, tendrás mil días con las puertas abiertas.

La lista es muy extensa. Por cada día de un "no", tendrás mil días de "sí".

De hecho, uno de los editores de este libro descubrió literalmente la verdad sobre las porciones dobles de Dios.

Menos de un año después de haberse casado, los médicos le diagnosticaron un cáncer testicular a Kevin Carrizo di Camillo. Lo detectaron temprano, pero había un dilema: Él y su esposa querían tener hijos. Sin embargo, el tratamiento requería una cirugía y un mes de radioterapia que podría dejarlo estéril. Como practicantes católicos que eran, tanto Kevin como su esposa no estaban dispuestos a que su esperma fuera congelada, violando así una prohibición de la Iglesia.

Sin embargo, él derrotó al cáncer. Pero las visitas a varios especialistas confirmaron sus temores. Kevin era totalmente estéril.

Para empeorar las cosas, el tratamiento médico diezmó sus finanzas. Y aunque tenían un seguro médico, los costos del tratamiento fueron astronómicos. Las semanas se transformaron en meses y luego en años, y no recibieron respuesta a sus oraciones. La ciencia parecía tener la última palabra: No podrían tener un hijo. Kevin y su esposa no tenían dinero extra para adoptar a un niño.

Sin embargo, no se rindieron. Tomaron cursos dirigidos a futuros padres

---

4 Hechos, 2:14–41

adoptivos, los cuales eran patrocinados por el Estado. Y continuaron orando: "Dios, si esa es tu voluntad, por favor danos un hijo".

Pero Él no lo hizo. Oraron, corrieron y no encontraron nada durante cuatro años.

Y luego, sus oraciones fueron respondidas en porciones dobles:

"Él nos dio *mellizos*: Un niño y una niña que habían nacido seis días atrás en perfectas condiciones de salud," dice Kevin. "Eran hijos de una mujer que viajó desde Latinoamérica para tenerlos acá, y se los dio al Gobierno. Ellos son ciudadanos norteamericanos, pues nacieron aquí. No tuvimos problemas legales, porque la identidad del padre era desconocida".

Los regalos de Dios no terminaron allí. Como los niños estaban "a cargo del Estado", Kevin y su esposa recibieron más de mil dólares mensuales para la manutención de los niños. El Estado también cubrió el seguro médico, la alimentación, la leche, y artículos como sillas para el automóvil, caminadores, y sillas para infantes.

Y aunque Kevin y su esposa adoptaron formalmente a los niños, el Estado acordó pagar el cuidado diario de los mellizos durante cinco años, por un valor aproximado de $72.000.

Eso es más de la cuenta, absolutamente, y por sobre todo.

Capítulo 58

El perfeccionamiento espiritual

Antes de subir al salón, los discípulos dijeron: "Cristo: Si te vemos, te seguiremos". Y lo siguieron a todas partes. (Excepto, obviamente, a la Cruz.)

Pero después la experiencia que tuvieron en el salón, ocurrió un cambio. Se presentó un perfeccionamiento espiritual. Después del sepulcro vacío, de la reunión en el salón y del viento rápido, ellos dicen: "Tú estás en mí. No necesito ver más para creerlo. Tú estás en mí".

El perfeccionamiento espiritual habla de la noción de "signos y maravillas" expuesta en el libro de los Hechos.

Antes, yo seguía a Jesús. Ahora que Jesús está en mí, soy seguido. Antes, yo seguía a Cristo, antes del sepulcro vacío y del salón lleno. Ahora que vive en mí, hay ciertas cosas que me siguen. Y las cosas que me siguen son el bien y la gracia, los signos y las maravillas.

> *Cuando activas los Principios del Reino, te seguirán el bien*
> *y la compasión, los signos y maravillas.*

Adonde quiera que vaya me siguen. La Biblia dice: "El bien y la gracia me seguirán todos los días de mi vida".[1] Entonces, yo soy seguido por el bien y la gracia.

Pero lo que necesitamos hacer es entrar en esa dimensión donde realmente activemos este principio. Hay personas acosadas por el fracaso, por la

---

1 Salmos, 23:5–6

derrota, por la depresión y el desaliento, por la ansiedad, el miedo, la confusión y la decepción. Pero cuando activas los Principios de Reino, cuando
activas la realidad del salón lleno, cuando activas estas verdades, te seguirán
el bien y la gracia, los signos y las maravillas.

El bien se explica por sí mismo. La gracia se explica por sí misma. Pero
no así los signos ni las maravillas.

Por su definición misma, los signos apuntan. Señalan una dirección.
Cuando activamos los Principios del Reino y vivimos nuestra experiencia del
sepulcro vacío y del salón lleno, alcanzamos nuestro perfeccionamiento espiritual y nos convertimos en faros para los demás. Conoceremos el camino.
Conoceremos la dirección en que Dios quiere que vayamos. Conoceremos
el camino planeado por él para que lo sigamos. Conoceremos el Camino de
los Milagros.

Conoceremos la verdadera dirección para que venga Su reino y Su voluntad se haga aquí en la Tierra, y otros verán que sabemos y nos seguirán.
Después de alcanzar nuestro perfeccionamiento espiritual, todos tendremos
seguidores en alguna parte en nuestras vidas.

No es que seamos cuasi-Mesías o pequeños Mesías. No, pero tendremos
seguidores. En algún aspecto de nuestras vidas realizaremos alguna clase de
liderazgo, independientemente de quiénes seamos.

La manera más usual podría ser como padres o madres. Nuestros hijos
nos siguen porque les ofrecemos un liderazgo. Pero queremos estar seguros
de guiar al lugar correcto a aquellos que nos siguen. Con la motivación correcta. Con los valores correctos. En el momento correcto.

Y ahí es cuando aparecen los signos. Los signos nos señalan la dirección,
para que se la podamos mostrar a otros. Los signos nos muestran el camino para
que podamos liderar la ruta. Los signos nos señalan para no extraviarnos.

> *Una vez alcanzamos nuestro perfeccionamiento espiritual,*
> *nos transformamos en faros para los demás.*

Luego están las maravillas. La Biblia dice: "Signos *y* maravillas".[2]
Las maravillas son las manifestaciones extemporáneas de la gracia de

2 Hechos, 5:12

Dios. Son aquellos eventos, incidentes y momentos por los cuales tenemos que atravesar: "¡Me pregunto cómo ocurrió!", decimos.

Las maravillas son aquellas cosas que nos hacen sacudir y comprender que existe una fuerza superior a nosotros, y darle gracias a Dios por cuidarnos. Son los momentos en los que pensamos: "No puedo creerlo. No puedo creer que Dios me haya rescatado de esto. No puedo creer que Él haya hecho esto por mí".

Son esas circunstancias —grandes y pequeñas— donde es imposible darle el crédito a alguien que no sea a Él.

Y sin embargo, hay personas que siguen dudando. Ven esos signos, ven esas maravillas y las llaman coincidencias. O están ciegos a ellas.

Después de tu perfeccionamiento espiritual, las vendas de tus ojos caerán. Los velos serán levantados. El humo desaparecerá. Es probable que todo esto no suceda de manera simultánea, pero muy pronto, los demás comenzarán a ver el innegable cambio en ti, la transformación que te hace completamente diferente, y la forma en que eres colmado una y otra vez con los regalos de Dios.

Recuerda ese viejo dicho: "Sonríe y los demás se preguntarán cuáles son tus intenciones".

Es cierto. Cuando vean tu sonrisa, se preguntarán. Cuando vean tu paz interior, tu calma y tu confianza, se llenarán de curiosidad. Cuando vean lo agradable que se ha vuelto tu vida y la forma en que triunfas sin esfuerzo, querrán seguirte.

Todos los días tendrás oportunidades para darles una dirección a otros por medio de los signos. Todos los días sucederán maravillas.

Dios hará por lo menos una cosa maravillosa al día. Lo único que necesitamos es estar abiertos, ser lo suficientemente sensibles para detectar esa maravillosa demostración de la compasión y la gracia de Dios en nuestras vidas. Es algo que sucede todos los días.

Lo veo en los ojos de mi pequeña hija cuando la veo llegar del colegio y me muestra su alegría. Lo veo en el rostro de mi hija de diecisiete años, recientemente graduada de la secundaria, quien se debate entre su paso a la edad adulta, pero que al mismo tiempo me mira con una expresión infantil que parece decir: "Papi, no abandones a tu pequeña".

Lo veo en los momentos extraordinarios. Lo veo en la sonrisa de mi esposa cuando jugamos voleibol.

Todos los días veo las maravillas de Dios.

Lo veo cada vez que asistimos a aquellos que tienen necesidades. Lo veo cada vez que vemos la sonrisa de un niño pobre y le suministramos algún tipo de recurso, así sea solo por un día, una semana o un mes. Lo veo en las cosas pequeñas y lo veo en las cosas grandes. Lo veo en los logros individuales, en los hechos y en los actos. Lo veo a nivel corporativo.

Cada vez que restauramos una sonrisa y acercamos a una pareja que tiene dificultades y contribuimos a que las posibilidades de divorcio sean cada vez más remotas. Cuando le damos esperanzas a un joven involucrado en pandillas y le decimos: "Puede que hayas crecido sin un padre, pero algún día serás un papá maravilloso si sigues a Dios y te adhieres a los siguientes principios. Tu verdadera herencia no viene del padre que te abandonó, sino del Padre que ha creado un futuro increíble para ti. Tienes la capacidad dentro de ti mismo para cambiar tu destino".

Veo la maravilla de Dios en todo esto. Lo veo en el empresario que cierra un buen negocio y consolida el futuro de la compañía. Lo veo en la persona que soñó tantas veces, que lo intentó una y otra vez, que encontró tantas tumbas vacías, pero que finalmente llegó al salón lleno y dijo: "Me alegro de no haberme dado nunca por vencido".

Estas son las maravillas que vemos cada día. Son resultado del perfeccionamiento espiritual. Porque antes del salón lleno y del sepulcro vacío éramos seguidores. Y ahora estas maravillas nos siguen.

> **Las gracias de Dios son nuevas cada mañana.**

Uno de los factores más importantes para obtener el perfeccionamiento espiritual es la ubicación. Debes ser capaz de restaurar el lugar fragmentado, es decir, que allí donde fue partido el pan, también descenderá el fuego.

En otras palabras, el mismo lugar donde tienes la Última Cena, el mismo lugar donde tu vida está rodeada, es el mismo lugar donde recibirás el perfeccionamiento espiritual. Y cuando yo llegue allá, recibiré el perfeccionamiento espiritual y luego recibiré bendiciones adicionales.

Se trata simplemente de estar en el lugar indicado en términos espirituales y de reposicionar nuestras vidas. Anteriormente éramos seguidos por nuestro pasado, por nuestros fracasos, nuestras ansiedades, nuestras inseguridades y nuestras limitaciones. Pero si miro mi pasado ahora, ¿qué veo? Signos, maravillas, bondad y gracia.

Siempre me aseguro de que la gracia esté tan cerca de mí como sea posible. Porque si alguna vez caigo o doy un traspié, de nada me servirán los signos ni las maravillas. Y la bondad podría serme útil, pero necesito la gracia para levantarme.

La Biblia nos dice que el único atributo que es nuevo en cada mañana es la gracia.[3] Porque cada mañana Sus gracias son nuevas, cada mañana Dios está listo para levantarnos si caemos. Para ayudarnos en nuestro momento de necesidad. Para empujarnos si nos retrasamos. Sus gracias son nuevas cada mañana.

Acoge la gracia cada mañana. Dile a la gracia: "Sígueme".

---

3 Lamentaciones, 3:22–23

Capítulo 59

❧

LA MARATÓN DE MILAGROS

Hay una maratón de milagros para aquellos que quieran correr. Hay una maratón de oportunidades, puertas abiertas y bendiciones por doquier para aquellos que quieran correr.

Dios nos ofrece oportunidades y milagros en los lugares más inesperados y en nuestro camino. Pero sólo aquellos que estén dispuestos correr en la oscuridad y en su hora más oscura podrán encontrarlos.

La Vida y Dios nos ofrecen una multitud de milagros disponibles sólo para aquellos que tienen la audacia de correr en la oscuridad. Pedro, María Magdalena y Juan corrieron en la hora más oscura y encontraron una verdad poderosa: La vida eterna. Descubrieron la resurrección. Descubrieron el regreso. Descubrieron la vida de nuevo. La vida nueva. Y la descubrieron cuando sintieron deseos de correr mientras otros no.

Hay un milagro esperándome aunque yo no lo esté esperando.

Creo que el Señor ha puesto cosas en nuestro camino y que aparecerán si corremos en medio de la oscuridad.

Necesitamos encontrar el milagro en los lugares más inesperados, y no en los más comunes. Encontraremos milagros en esos lugares.

Sin embargo, están esperando a que los encontremos. Y necesito saber que este día me ofrecerá oportunidades para encontrar un milagro.

Dios no me está diciendo: "Voy a darte una oportunidad y un milagro cada semana. Ni tampoco: "Voy a darte una oportunidad y un milagro cada mes". No. Cada día hay un milagro que me está esperando.

Subrayemos esto: *No estoy esperando un milagro; ya hay un milagro que me está esperando a mí.*

Yo no tengo que pedir ni decir: "Dios, por favor. Necesito un milagro". El milagro ya está allí. Es cuestión de descubrirlo. No de recibirlo, sino de descubrirlo. Los milagros ya están ahí. Mi labor consiste en encontrarlos.

Cada día hay un milagro esperando a que tú y yo lo descubramos. Por medio de una relación, de una conversación, de un encuentro. Pueden parecer inesperados, pero realmente han sido ordenados con antelación. Hay milagros que nos están esperando. Un milagro de vida. Un milagro de amor. Un milagro de relación. Esa casa. Esa nueva oportunidad laboral.

Me están esperando en este instante, y cuando active plenamente los Principios del Reino, cada día descubriré uno nuevo. Es como encender una linterna en un túnel oscuro: Puedo ver adónde voy, así como las recompensas que estaban ocultas. Todo se hace claro.

Y todo esto lo hice yo. Encendí la luz. Activé los principios en mi vida. Activé mi ADN espiritual. Generé la atmósfera apropiada para que florecieran los genes de mi Dios. Me aseguré de llenar todos los aspectos de mi vida. De vivir vertical y horizontalmente.

Todo esto me conducirá al viaje que Dios quería que yo emprendiera, y me hará seguir el camino que Él tenía para mí, y cumplir así con mi propósito. A medida que recorra este camino, descubriré los milagros que Él decretó para mí antes de que yo diera mi primer paso.

Esa es la clave: Hacerlo por mis propios medios y encontrar los milagros. No esperé a que me los entregaran. No le pedí a Dios que me concediera un milagro. No le pedí a Dios que quisiera el trabajo por mí. Yo mismo me encargo de encontrar los milagros todos los días. Y cada día encuentro más. Es una maratón de milagros que nunca termina, pues simplemente están esperando a que yo los descubra.

Hay una maratón de milagros, y todas las bendiciones y los regalos de Dios. Nací para que llovieran sobre mí.

Y cuando estoy en el Camino de los Milagros, no puedo detenerme. No puedo decir: "Lo logré: ya amaneció. Me detendré aquí. No seguiré. Ya he terminado".

No. No. No. No. No. Porque todo es más de la cuenta, absolutamente, por sobre todo. Es una maratón de milagros, y no uno sólo. Hay una multitud de amaneceres, y no uno sólo.

No olvidemos que cada amanecer trae nuevas oportunidades. Mayores oportunidades. Mayor enriquecimiento, mayores relaciones. Mayor fortaleza. Cada día te permite ver más de Dios. Absorber más de Dios. Una mayor parte del reino de Dios cobra vida en cada amanecer.

> *Hay una maratón de milagros, y todas las bendiciones*
> *y regalos de Dios. Nací para que llovieran sobre mí.*

Pero cada amanecer que te rindas, es un amanecer donde permites que tus milagros se desvanezcan. Cada día que te detengas, que no te entregues de lleno, que permitas que tu carne controle a tu espíritu, que no actives los Principios del Reino en tu vida, será un día en el que los milagros permanecerán ocultos. Porque tú no estás esperando un milagro: Hay un milagro que te está esperando a ti, y recibirlo es algo que depende exclusivamente de ti. No podrás recibirlo si te rindes.

Debo seguir el camino correcto y los Principios del Reino si quiero encontrar los milagros. Dejaré de orar para que me sea concedido un milagro. Oraré para que Dios que me de la energía, la fortaleza y los medios para activar Su ADN en mi interior y poder recibir mi milagro.

Esto es lo que haré.

No oraré para que Dios cambie mis circunstancias, sino para que Él me cambie y me dé las herramientas para cambiar mis circunstancias. Porque cuando yo cambie, mis circunstancias cambiarán para siempre.

Es un asunto personal. Esa circunstancia representa lo que yo soy y lo que puedo ser y hacer. Se trata de mí.

Soy yo el que está en el Camino de los Milagros.